AF453872

Le Traité de la Culture des Fleurs qui forme
la plus grande partie de ce Volume est
attribué au fameux La Quintinie dont
nous avons déjà d'autres Ouvrages sur la
même matière.

La première Édon de ce Traité des Fleurs
parut à Paris chez Barbin en 1695. Pelley
en vient estimée, parcequ'elle contient le
Traité de la Culture des Melons qui en est sort
rare et qu'il ne se retrouve pas, à ce que je crois, dans les
éditions postérieures en Paris
1715 et 1730 ou ce Traité se trouve joint à celui des Fruitiers et
potagers du même auteur.
La Quintinie naquit en 1626, mais l'année
de sa mort n'est marquée nulle part.

NOUVELLE INSTRUCTION

POUR LA CULTURE DES FLEURS.

Contenant

LA MANIERE DE LES CULTIVER,

& les Ouvrages qu'il faut faire chaque Mois de l'Année
felon leurs differentes Efpeces.

AVEC UN CATALOGUE DES FLEURS

les plus belles & les plus Rares.

Suivant la Copie de Paris.

A AMSTERDAM,

Chez HENRI DESBORDES, dans le Kalverfiraat, prés le Dam.

M. DC. XCVII.

TABLE DES CHAPITRES

& des Fleurs contenuës dans cet Ouvrage

PREMIERE PARTIE.

SECONDE PARTIE.

F I N.

NOUVEAU TRAITÉ

DE LA

CULTURE DES MELONS.

Sous un climat tel qu'eft celui des
Provinces Unies.

A AMSTERDAM.

Chez HENRI DESBORDES, dans le Kalverftraat, prés le Dam.

M. DC. XCVII.

NOUVEAU
TRAITÉ
DE LA
CULTURE DES MELONS.

Sous un climat tel qu'eſt celui des Provinces Unies.

Comme le Melon eſt un des plus excellens fruits, il eſt auſſi l'un des plus difficiles à cultiver. Il lui faut de certains degrés de chaleur & d'humidité: il faut préparer d'une façon toute particuliére les endroits où on le ſème: quelquefois il veut être couvert, & quelquefois il veut de l'air. Enfin on peut dire qu'il n'y a pas de plante commune en ces païs-ici, qui demande plus de ſoin, ni qui donne plus d'exercice à ceux qui font leurs plaiſirs du Jardinage.

Cette difficulté de bien cultiver les Melons étant généralement connuë, on a crû que les Curieux feroient bien aifes de trouver ici la maniére dont on fe peut fervir, principalement dans ces Provinces, afin d'y bien réüffir. Mais fur tout on eft perfuadé que ceux qui ne font que commencer à s'adonner au Jardinage, & à qui cette inftruction épargnera la peine & le tems qu'il faut emploïer pour aprendre les chofes par experience, feront ravis de trouver un moien facile d'a-bréger un fi long chemin. Il pourra même arriver que les uns & les autres, je veux dire les experts & les novices, en tireront de nouvelles lumiéres, puif-que ce petit Traité part des mains d'un homme extrémement habile, & auffi expérimenté fur la matiére dont il s'agit, ou peut-être plus, qu'aucun autre qui foit dans les Païs-bas.

Pour préparer la terre, ou plutôt le terreau, où il faut femer les Melons, on doit prendre avant l'hyver du fumier vieux de cheval & de vache, & une terre neuve mélée avec du fable blanc, & remuer fouvent le tout enfem-ble. On prépare un baquet de planches atachées enfemble de la longueur de la couche qu'on veut faire. On creufe en terre, & on y fait une tranchée de la profondeur de deux à trois piés, felon que le terrein eft fec ou humide, & de la même grandeur que le baquet: on remplit cette tranchée, jufqu'à un demi-pié au deffus du terrein, de fumier de cheval tout neuf, dont la paille fraîchement imbibée du crotin & du piffat, en conferve encore la premiére cha-leur, afin que donnant beaucoup de réchaufement au terreau, il faffe germer la graine & lever la plante.

Lors que la tranchée fera faite, & que le baquet & le fumier y auront été mis on couvrira le fumier de huit ou dix hottées du terreau qui aura été prépa-ré, jufques à ce qu'il y en ait environ huit pouces d'épais, & on le couvrira d'abord de chaffis, & de paillaffons. Deux ou trois jours après on percera du doigt dans la couche pour favoir fi elle s'échaufe; car fi le tems eft rude cela pourra n'arriver que quelques jours plus tard.

Les Melons fe fèment au mois de Fevrier ou de Mars, felon que la faifon le permet, c'eft-à-dire felon que le tems eft doux ou rude. Quelle que foit la graine dont on fe ferve on ne fauroit s'affurer de la qualité du Fruit, ni de l'ef-péce de Melon qu'elle produira, parce que fouvent elle dégénére & change en quelque maniére de nature; & que la graine qui eft dans les bouts, n'eft pas fi bonne que celle du milieu: ce qui fait que des graines forties d'un mê-me Melon, & même également bien nourries à la vuë, produifent néanmoins des fruits bien différens, tant pour la figure & pour la couleur, que pour le goût.

On enfonce ordinairement la graine en terre de l'épaiffeur du doigt, à un bon demi-pié ou un peu plus de diftance l'une de l'autre. Il y a une autre ma-niére particuliére que peu de gens favent, mais dont fe font toûjours bien trouvez ceux qui l'ont pratiquée. On enfonce le doigt jufqu'à la premiére join-ture dans le terreau fur la couche; on y met les graines à la diftance déja mar-quée; & on laiffe les trous ouverts. Lors qu'elles ont germé & qu'elles com-mencent à fortir, on tire bien doucement les tiges qui s'élevent trop, & on

rem-

remplit de terre les petits trous d'où fortent celles qui reftent, & qu'on avoit laiffez ouverts afin que la graine ne pourrît pas. D'ailleurs il eft certain que la chaleur du fumier neuf qui eft au fond de la couche, s'exhale par ces ouvertures où l'air l'attire, & par où elle trouve une voie plus facile de s'évaporer. Ainfi la graine en eft beaucoup plus échaufée que fi elle étoit femée à champ, fur une terre unie & horizontale, où la chaleur fe répandant également par tout fa force feroit diminuée par cette raréfaction. Ceux qui auront la curiofité de faire cette expérience en connoitront fans doute l'utilité, & verront la différence qu'il y a de cette métode d'avec celle dont ils fe feront fervis auparavant.

Dès qu'on a femé les graines on couvre le baquet d'un chaffis de vitres, fur lequel on met encore un paillaffon ou des nattes. Lors que le tems eft doux on les lève un peu, & on donne de l'air à la couche, afin de retarder la tige, & de l'émpêcher de pouffer & de s'élever trop promtement. Quelquefois afin de tenir le chaffis plus longtems ouvert on met les paillaffons autour en brifevents, parce que comme l'air fortifie les plantes, lors qu'il eft d'une température convenable, & qu'en ce cas le plus qu'on leur en peut donner eft le meilleur, les brifevents, qui les garantiffent des mauvais effets du vent, & qui confervent la chaleur du Soleil qui s'eft renfermée entre eux, contribuent ainfi à entretenir un air plus doux fur la couche; ce qui fait qu'on peut fans danger tenir les chaffis plus longtems ouverts.

Quand la plante a quatre feüilles il la faut châtrer on tailler en pinçant le jet qui monte en haut. Par ce moien on empêche qu'elle ne *s'étiole* ou s'allonge trop, & le pié en devenant *plus trappe*, les bras qu'il pouffe demeurent plus rampans fur la terre, & ont plus de vigueur.

On tranfplante les piés de Melon quand ils ont commencé à faire leurs bras. L'endroit où il faut les mettre doit auffi être une couche, ou plufieurs couches, de longueur proportionnée à la quantité des plantes qu'on a ou que l'on veut planter. Cette couche fe fait dans une tranchée de deux à trois piés de creux, & ordinairement de la même largeur. On y met du fumier de cheval, de la même qualité qui a été ci-deffus décrite, & on le foule un peu afin qu'il s'afaiffe, & que la chaleur en foit plus grande. La couche ainfi formée doit toûjours fortir d'un demi-pié hors de terre: on la couvre encore de chaffis de vitres & de paillaffons; & lors qu'elle commence à s'échaufer on met deffus dix à douze pouces d'épais de bonne terre, de la qualité ci-devant marquée.

Quelques jours après on perce avec le doigt dans la terre, pour connoître fi elle commence à s'échaufer, & lors qu'on lui trouve le degré de chaleur néceffaire, on y tranfplante les melons à trois piés & demi de diftance l'un de l'autre. On les enlève de deffus leur première couche avec le déplantoir de cuivre, ou de fer blanc, afin qu'il demeure beaucoup de terre à leurs racines, & qu'elles ne s'éventent que le moins qu'il eft poffible.

Quand tout eft tranfplanté on remet fur la couche les chaffis de vitres & les paillaffons: on les y laiffe le jour auffi-bien que la nuit, de peur que le Soleil

don-

donnant fur la tête des plantes ne les faſſe faner, & qu'enſuite elles ne périſſent. Cela dure quatre, cinq ou ſix jours, plus ou moins ſelon le temps & à la diſcretion de celui qui les gouverne, & juſques à ce qu'il voie qu'elles ſont bien priſes & qu'elles commencent à avoir de la vigueur. Alors il ne les faut plus couvrir avec des paillaſſons que la nuit.

Que ſi peu après que les Melons auront été tranſplantés on remarque que la chaleur du Soleil ait été trop âpre pour eux, & que les feüilles baiſſent & aient de la diſpoſition à faner, il leur faut donner un peu d'air, en élevant les chaſſis ſur des fourchettes de bois, ou ſur quelque autre choſe capable de les ſoutenir. Pour peu qu'on ait d'expérience au fait du Jardinage on connoîtra aſſez ce qu'il faut leur donner d'air; il n'eſt pas beſoin d'ajoûter ici des inſtructions particuliéres ſur ce point.

Les Melons ne noüent que très-rarement ſous les chaſſis & dans le déclin de la lune: c'eſt ordinairement à la nouvelle lune, & ſi elle paſſe ſans qu'on les voie noüer, on doit preſque tenir pour aſſuré que cela n'arrivera qu'à la lune ſuivante. Il eſt aſſez ſurprenant qu'il y ait des gens qui combatent cette experience, laquelle eſt ſi certaine, & qui a été faite & réitérée tant de fois. Ils ſoutiendront tant qu'il leur plaira, que la lune n'a aucune influence ſur les plantes, & qu'elle ne leur cauſe ni bien ni mal; mais ils permettront à ceux qui voient tous les jours le contraire, de ne s'en pas raporter à leurs ſpeculations.

Quand les plantes des Melons commencent à jetter des bras il faut néceſſairement châtrer juſqu'au deuxième nœud le gourmand, ou le bras qui prédomine, lequel eſt d'ordinaire materiel, large & épais, & qui attirant trop de ſéve rend les autres bras veules & menus faute de nourriture, enſorte qu'ils ne peuvent produire du fruit. Il eſt bon auſſi de ficher de petits crochets en terre pour ſoutenir les bras & les y atacher, de peur que les vents ne les gâtent, en les agitant trop & les faiſant rouler ſur la couche.

Vers la mi-Mai ou ſur la fin du mois, lors qu'il commence à faire un tems doux, on ôte les chaſſis, les paillaſſons, les briſevents, & même les baquets qui ſont autour des couches, qu'on laiſſe par ce moien en plein air. Alors le Soleil, la roſée & les autres influences produiſent leurs effets juſques à ce que le fruit ſoit en maturité. Que ſi la ſaiſon étoit encore trop rude en ce tems-là il faudroit attendre à découvrir ainſi entiérement la couche; car cela dépend de la qualité du tems, & non du quantiéme du mois.

Il faut bien ſe donner de garde de laiſſer trop de bras à la plante, & trop de fruits aux bras; ce qui eſt ſeulement dit ici en général, parce que dans le particulier la choſe doit être remiſe à la diſcrétion du Jardinier, ou de celui qui fait ſon afaire de cultiver la couche, lequel laiſſera plus ou moins de branches, ſelon qu'elles ſeront fortes & bien nourries, ou menuës.

On connoît facilement les bonnes fleurs parce que le fruit y paroît auſſi-tôt que la fleur, & même avant qu'elle s'épanoüiſſe par le bout. Alors ſi le tems eſt propre le fruit noüe, & s'il eſt fâcheux & contraire le fruit coule, & à cela il n'y a point de reméde. Mais pour faire mieux noüer le fruit dans les bonnes

fleurs

fleurs, & à l'avenir dans celles qui ne paroiſſent pas encore, le ſecret eſt d'ôter les bources des fauſſes fleurs, en les pinçant avec les ongles auſſi avant qu'il eſt poſſible; mais néanmoins ſans toucher à la branche où il y a du fruit. Par ce moien les fruits prendront vigueur & recevront un plus grand accroiſſement de la nourriture que tiroient les bources. Cette métode abrége le travail; on fait plus en une heure qu'on n'a acoutumé de faire en pluſieurs jours ; & cela fait plus de bien au fruit, que tous les autres ſoins qu'on prendroit ne lui en ſauroient jamais aporter.

Si la couche ſe trouve refroidie par quelque cauſe que ce puiſſe être, il ne faut pas manquer de la réchaufer. Pour cet éfet on creuſe tout autour juſqu'à un pié & demi de profondeur, & on y met du fumier neuf de cheval: autrement les Melons couleroient & la plante même pourroit périr. Que ſi après le réchaufement on voioit encore la couche ſe refroidir, il faudroit en faire un nouveau en changeant le fumier. On couvre auſſi ce nouveau fumier de terre pour la propreté, afin que la couche n'en ſoit pas défigurée.

Les Concombres ſe cultivent à-peu-près de la même maniére: il y faut même encore plus de ſoin & d'éxactitude, ſur tout lors qu'on veut en avoir de hâtifs; mais comme tous ces ſoins ne vont qu'à bien échaufer les couches, à les bien couvrir, & à faire toutes les façons qu'on fait aux Melons avec des ménagemens encore plus grands; & que ces ménagemens dépendent plutôt de l'habileté du Jardinier, que des règles qu'on pourroit préſcrire à cet égard, il n'eſt pas néceſſaire de s'étendre davantage ſur ce ſujet.

Il y a d'autres païs où au lieu de chaſſis de vitres on ſe ſert de cloches de verre qu'on couvre de paille: on les découvre, on les hauſſe & on les baiſſe pour donner de l'air, tout de même que les chaſſis, & cela fait à-peu-près le méme éfet.

Il faut prendre garde à ſarcler les couches des Melons, & à n'y laiſſer pas croître de mauvaiſes herbes, parce qu'ils en prennent aiſément le goût, ſur tout celui de rame & de ramberge qui y croiſſent le plus ordinairement.

Dans les autres climats qui ſont plus chauds & plus ſecs, on arroſe raiſonnablement les Melons deux ou trois fois la ſemaine, pendant les mois de Juin & de Juillet: mais en celui-ci où les plüies ſont plus fréquentes & le terrein moins ſec, cela ne ſe pratique que rarement.

On ſème auſſi en ces lieux-là les graines de Melon dans de petites foſſes rondes, qu'on a creuſées d'un à deux piés de profondeur, & où on a mis du fumier neuf dans le fond & d'autre vieux au deſſus, mêlé avec de bonne terre. Comme on les ſème plus tard que ſur les couches, & que la ſaiſon eſt plus chaude en ces païs-là, on n'y fait preſque pas d'autres façons : on les couvre quelquefois de petites clochettes de verre, qu'on n'y laiſſe pourtant pas longtems. On met cinq ou ſix graines dans chaque rond à une palme l'une de l'autre. Lors que les tiges paroiſſent & qu'elles commencent à croître, on arrache les moins fortes & les plus étiolées, & à la fin on n'y en laiſſe qu'une ou deux des plus vigoureuſes. Si la ſaiſon ne ſe porte pas belle, & que l'été ne

ſoit

ſoit pas fort chaud , on ne voit pas beaucoup de fruit, & il ne s'en trouve que bien peu de bon: mais ſi le temps eſt favorable, cette maniére de culture, preſque ſans artifice, donne de meilleur fruit, & en plus grande abondance que tout ce qu'on en peut recueillir ſur les couches. Il ne faut pas néanmoins manquer d'arrêter les bras, de ſarcler, de mouver la terre pour lui donner un petit labour, ſur tout aprés qu'elle a été battuë par de grandes pluïes, ou par pluſieurs arroſemens.

NOU-

NOUVELLE
INSTRUCTION
POUR
LA CULTURE DES FLEURS.

PREMIERE PARTIE.

CHAPITRE PREMIER.

De la Culture des Fleurs en général.

Du Jardinier, & des qualités qu'il doit avoir.

U N Jardinier doit être jeune, soigneux, diligent, & assidu ; il faut qu'il sçache la région & les effets, au moins, des quatre vents principaux, pour faire le discernement d'une bonne situation. Quelque intelligence des ordres de l'Architecture lui est necessaire pour former la figure d'un plan, & compasser regulierement les figures d'un parterre. Les qualités du Jardinier.

Il doit aussi connoître parfaitement toutes sortes de Fleurs, pour les sçavoir placer dans les endroits qui leur sont propres.

Tome III.   B   Pour

Pour la pratique de fa profeffion, il doit, outre ces connoiffances, avoir fait provifion de tous les outils & de tous les inftrumens qui font à l'ufage du Jardin, fçavoir, une Bêche, une Pelle, une Pioche, une Serpe, un Râteau, une Regle, des Cordeaux, & une Equierre, deux Cribles, un gros pour les oignons, & un fin pour les graines, un Marteau, un Arrofoir, & quelques cloches de verre ou de terre cuite, fans ouverture par le haut, avec lefquelles dans les grandes chaleurs de l'Eté, on couvre quelques plantes délicates, qui craignent la trop grande ardeur du Soleil; le Couteau & la Scie pour enter; & généralement toutes les commodités requifes pour la culture & la propreté du Jardin. Toutes ces chofes doivent être ferrées dans quelque endroit proche, afin de s'en fervir au befoin.

CHAP. II.

De la Situation du Jardin.

Situation du Jardin.

L'Affiette d'un Jardin doit avoir un peu de penchant, afin que dans les temps de pluye l'eau fe puiffe écouler fans croupir.

Son afpect veut être tourné vers l'Orient & à l'abry du vent de Bife; Il faut qu'il foit fermé de muraille, ou du moins entouré d'une forte haye vive.

Faute de puits, il faut y faire une cîterne, ou du moins une foffe pour garder l'eau de la pluye, afin d'en arrofer les plantes, dans les temps qu'elles en auront befoin. Il eft bon d'y laiffer deux places vuides, l'une à l'ombre, pour y retirer en Eté les pots de fleurs, & les garantir par là des exceffives chaleurs. Et l'autre, doit être à l'abry du froid pour les défendre de la rigueur de l'Hyver.

CHAP. III.

De la Figure & du compartiment du Jardin.

Figure du Jardin.

UN Jardin doit être quarré, parce qu'outre que cette figure paroit plus fpacieufe & qu'elle tient plus de fleurs, elle eft encore bien plus facile à faire que les autres.

Le compartiment des planches doit être compaffé en forte que dans chacune, on puiffe mettre de plufieurs fortes de fleurs : Et il eft bon d'en laiffer quelques-unes de vuides pour mettre dedans des pots de *Giroflées*, de *Hyacinthes* des *Poëtes*, des *Tubereufes*, ou autres fleurs qui ne font pas communes dans la faifon.

Dans les petits Jardins, au lieu de bordures de *Buys*, de *Myrthe* & femblables, on conduit des traits de briques blanches bien cuites, & bien ajuftées, entre lefquelles on peut planter des fleurs communes, qui étant proche de l'entrée & expofées à la premiere curiofité d'un chacun, font comme les gardes & le luftre des plus precieufes qui font au milieu du parterre.

Les bordures ne doivent point être faites d'*Auronne*, de *Thym*, d'*Hyfope*, de *Lavande*, ni d'autres femblables plantes, parce qu'elles deffechent la terre, & qu'elles tirent l'humeur des oignons & des racines qui en font proches, mais elles doivent être faites de la maniere cy-deffus, avec du marbre, ou au moins avec des briques blanches bien cuites & bien unies, afin qu'elles joignent mieux, Il faut les mettre fur le côté & non pas de plat, parce qu'elles font ainfi un trait bien

plus

plus delié, & qu'elles tiennent plus ferme étant enfoncées dans la terre, par deffus laquelle elles ne doivent déborder, que de trois ou quatre travers de doigts tout
au plus.

CHAPITRE IV.

De la Qualité du Terroir.

COmme Il y a deux chofes qui produifent les fleurs, fçavoir les racines & les
oignons, auffi y a-til deux fortes de terroir propres à les faire venir l'un compofé
d'une terre graffe & liante, & l'autre d'une terre maigre & legere. C'eft une regle générale, que toutes les racines demandent une terre graffe & bien detrempée,
qui ait été au moins l'efpace de trois ans à s'appréter & affaifonner, & qui n'ait point
de méchante odeur.

Les oignons au contraire fe plaifent dans une terre maigre & legere; & celle
des Jardins, pourveu qu'elle foit un peu amandée, leur eft meilleure que pas une
autre.

Il la faut changer tous les trois ans, & pour cet effet on en ôte de chaque planche
la hauteur d'un demi pied ou environ, pour y en remettre de la nouvelle.

CHAPITRE V.

Des Fleurs en général, & pour les connoître.

IL faut toûjours choifir entre les Fleurs, celles qui font les plus belles & les plus
eftimées. Il en faut mettre chaque efpece à part, & particuliérement celles qui
ont la fleur plus groffe que l'oignon; par exemple, la *Jonquille d'Efpagne double*,
le *Narciffe Royal*; & entre les racines, les *Ranoncules*; parce que ces fortes de fleurs
ne veulent point fouffrir la compagnie des autres.

Les *Tulippes* & les *Anemônes* peuvent être placées autour des planches proches
des bordures, & les autres fleurs au milieu, mêlées avec d'autres efpeces; & ainfi dans chaque planche la diverfité des fleurs fera trés gaye & trés agreable à la
veüe.

La connoiffanc de ces efpeces de fleurs eft neceffaire, pour fçavoir dans quelle
fituation elles doivent être mifes, c'eft à dire, s'il faut les planter à l'ombre ou au
Soleil; dans une terre, ou graffe ou legere; dans des pots plûtôt qu'en pleine ter-
te: Et c'eft en cela principalement qu'il fe faut exercer pour cultiver chaque efpece,
felon fes qualités & fa nature.

CHAPITRE VI.

Generalités concernant la culture des Fleurs.

UN bon Jardinier ne doit pas ignorer la maniére de cultiver les Fleurs, quoi
qu'elles ne fe cultivent pas toutes de la même façon; car comme elles font
differentes entr'elles, auffi leur faut il donner à chacune une recherche particuliere.

B 2

C'eft

C'eſt pourquoi il faut connoître le temps de travailler au Jardin, la régle qu'il faut ſuivre pour planter, l'ordre qui ſe doit obſerver à receüillir les graines; la façon de les ſemer, la Saiſon de tranſplanter, la maniere d'arroſer les plantes, le temps d'arracher les plantes inutiles & les heures d'ôter les animaux malfaiſans (enfin quand & comment-il faut tirer & conſerver les oignons & les racines des fleurs, afin que toutes choſes ſe faſſent réguliérement.

C H A P I T R E VII.

Quand il faut travailler au Jardin.

Temps pour travailler au Jardin,
LE temps le plus propre pour travailler au Jardin, c'eſt à dire de ſemer & de planter les oignons & les racines des fleurs; eſt depuis l'Equinoxe de Septembre juſques à la fin d'octobre, parceque les pluyes qui ſont alors frequentes, rafraichiſſent & détrempent la terre, dont la grande ſechereſſe fait mourir les plantes.

C H A P I T R E VIII.

De la Regle qu'il faut tenir pour planter.

La Regle pour planter
SI le Jardinier veut planter regulierement ſes fleurs, il doit auparavant tirer ſur une carte le deſſein & le plan de ſon Jardin; & à proportion qu'il plantera les oignons & les racines dans les planches de ſon parterre, il les marquera de la même maniere dans celles qui ſont figurées ſur ſa carte, afin de mieux connoître la qualité des fleurs qu'il a miſes en chaque planche.

Voici ce qu'il faut obſerver dans chaque planche pour bien planter, On creuſe la terre à la profondeur d'un pied ou environ, & on la jette dans le ſentier, ou dans l'endroit le plus commode. Il faut delicatement remuer avec une petite Bêche ce qui demeure au fond, de peur d'ébranler les bordures de briques qui ſont autour.

Cela fait on crible de la terre au deſſus de la planche, juſque à ce qu'elle ſoit revenüe à ſa hauteur, & l'ayant bien unie avec un roüable, ou le dos du râteau, on y place les oignons dans une diſtance proportionnée.

Pour les bien arranger, il faut auparavant marquer la terre avec la regle; & tirer des rigoles avec un piquet en long & en travers, en forme de grille; & dans les croiſées on met les oignons, ſelon la groſſeur ou la petiteſſe qu'ils ont: Aprés, on les recouvre de la meme terre, qui s'éleve deux doigts au deſſus de l'extremité des bordures, puis on l'égale avec un rouleau. Et ſi les pluyes & la peſanteur même de la terre la faiſoit affaiſſer, on remplit la profondeur qui s'eſt faite, avec de la terre criblée, mais qui ſoit maigre & legere.

Autour des bordures, comme on a déja dit, on pourra mette des *Anémones* ou des *Tulippes*: Mais il faut bien ſe donner de garde d'y mettre des Ranoncules, parce que cette ſorte de fleur, auſſi bien en pleine terre que dans des pots, veut être ſeule.

Ayant achevé de planter le Jardin dans cette regularité, il faut bien nettoyer & épouſſeter autour des bordures & balayer les ſentiers & les chemins avec un balay de
jonc.

jonc, qui y est plus propre que les autres, dont la rudesse fait des marques sur la terre, ce qui cause au Jardin la même diformité que la verole aux petits enfans.

CHAPITRE IX.

La Manière de planter dans des Pots.

LES Pots vernis sont les meilleurs, mais généralement tous doivent avoir autant de hauteur, que d'ouverture ; néanmoins le fond doit être plus étroit de deux ou trois doigts que l'entrée, afin d'en pouvoir facilement & sans danger tirer les plantes avec leur terre. *La Manière de planter dans des Pots.*

Si on veut mettre des oignons dans des Pots, il faut prendre de la terre maigre & legere passée par un crible, & la faire entrer dans les Pots jusques à la hauteur du liét sur lequel il faut planter l'oignon, qui doit être de quatre doigts au dessous de l'entrée du Pot, ou plus ou moins, selon que le requiert la qualité de la plante qu'on y met.

Il ne faut planter qu'un oignon ou une racine dans chaque Pot, & s'il est assez grand pour en tenir davantage, il faut, pour éviter la confusion, n'y en mettre que de la même espece & les éloigner à quatre doigts du cordon du Pot, pour leur faire recevoir plus de nourriture de toutes parts.

Le lit étant rangé & applani de la manière qu'on vient de dire, il faut y placer proprement les oignons ou les racines, puis les couvrir de la même terre, tant qu'elle s'éleve un peu au dessus du Pot, sa pesanteur fait qu'elle s'affaisse toûjours assez

Aprés qu'on les a plantés de cette forte, il ne faut pas d'abord les exposer au rayons du soleil, & principalement si la chaleur prédomine en Automne.

Si ce sont des oignons, il faudra les tenir en un endroit à l'ombre, mais pourtant aëré : Et si ce sont des racines, on attendra qu'elles commencent à germer, & alors on les arrangera au Soleil & à l'air, dans l'ordre que l'on jugera à propos pour l'embellissement du Jardin. Voyés le traité des Tulippes & des Oeillets.

CHAPITRE X.

La Manière de receüillir les graines.

LES graines de quelque forte de plante que ce soit se receüillent ainsi. On laisse à la plante une fleur ou deux tout au plus, c'est à dire de celles qui sont plus vigoureuses, & qui ont été des premieres à fleurir, à la reserve desquelles on coupe toutes les autres. *Manière de receüillir les graines.*

La graine de ces fleurs reservées étant meure, on la receüille soigneusement, & on la garde pour la semer en Automne.

Il faut pourtant excepter de cette regle, les graines de *Girofiées*, & d'*Anémones*, qu'il faut semer aussi-tôt qu'on les a ceüillies, un jour avant la pleine Lune, dans lequel le vent vienne du côté du Midy, parce que ces deux choses-là, plûtôt que toute autre, ouvrent les pores de la terre, & donnent de la force aux semences ; c'est pourquoi ſi dans ce temps-là le vent n'étoit pas du Midy, ou ſi par le ſoufle d'un autre vent l'air ſe réfroidiſſoit, il faudroit attendre juſques à la pleine Lune ſuivante.

CHAPITRE XI.

Quand & comment-il faut ſemer.

Quand &
comment
il faut ſe-
mer.

LA meilleure Saiſon de planter c'eſt le mois de Mars, & le mois de Septembre à la pleine Lune, c'eſt à dire depuis le ſeize juſqu'au vingt, conformément au proverbe qui dit,

Dans la nouvelle Lune il faut planter des Fleurs :
Les ſemer en decours ; & par cette obſervance,
On leur procure l'excellence
Et la vivacité des brillantes couleurs.

Pour ſemer voici la regle qu'il faut ſuivre ; les graines qui ont l'écorce dure, & qui ont de la peine à lever doivent être un peu fenduës, parce que recevant ainſi plus de force en dedans, & ayant le paſſage plus libre par dehors, elles germeront aiſément.

Pour bien connoître les graines, il faut les mettre dans l'eau, celles qui vont au fond ſont les meilleures.

Pour les empêcher d'être mangées par les animaux, qui vivent en terre, il faut les mettre tremper dans une infuſion de jus, ce qui non ſeulement ſert à les conſerver, mais ſert encore à les faire venir plus belles & plus variables.

Aprés cette infuſion, on les ſeme dans de bonne terre, mais legére & paſſée par un crible fin, préparée pour cet effet dans des Pots, ou dans des cuviers.

Ces graines ainſi ſemées, doivent être recouvertes de terre, de la hauteur d'un doigt, ſi elles ſont grandes ; ou d'un demi doigt au moins, ſi elles ſont petites.

On les met au Soleil deux à trois heures, & tous les jours, & on les moüille de la maniere qui vient d'être dite, ſans manquer, tous les ſoirs & à proportion qu'elles s'éleveront au deſſus de terre, elles s'enfonceront auſſi en dedans

Il faut remarquer que les graines des oignons doivent être plus médiocrement arroſées, & il ſuffit de les entretenir humides, de peur que la quantité d'eau ne les faſſe pourrir, attendu qu'elles ſont tendres & plus petites que les autres.

CHAPITRE XII.

Dans quelle Saiſon il faut tranſplanter.

Saiſon
pour
tranſplan-
ter.

ON tranſplante les fleurs au Prin-tems & en l'Automne, au mois de Mars, & au mois de Septembre.
Cela ſe fait dans la Nouvelle Lune, depuis le dix juſques au quatorze, mais particulierement le douziéme de la même Lune, & alors on transplante en bon-

bonne terre toutes sortes de fleurs, soit dans des pots, ou en pleine terre également.

Il faut en Hyver les garantir du froid, en les mettant à couvert en quelque endroit qui soit pourtant aëré : Et dans l'Eté, il faut les defendre de la chaleur, en
les retirant dans un endroit, où le Soleil ne soit pas trop ardent.

Les oignons qui viennent de graine, ne se transplantent qu'aprés deux années, au
bout desquelles on les met en bonne terre & legere pour leur faire avoir des fleurs à la
troisiéme année.

Il faut mettre dans les planches les petis oignons, peu avant en terre, & proche les uns des autres, au lieu que les gros doivent être plus enfoncés & plus éloignés.

CHAPITRE XIII.

L'heure & la Maniére d'arroser les Plantes.

PEndant l'Hyver les Plantes ne demandent pas d'être humectées d'une grande
quantité d'eau, mais pour lors, il les faut seulement arroser mediocrement,
deux ou trois heures aprés Soleil levé, & jamais le soir, parce que le froid de la nuit
pourroit géler la terre, ce qui feroit infailliblement mourir les plantes.

Quand on les arrose en Hiver, il faut prendre garde à ne les point moüiller, mais
mettre seulement de l'eau tout à l'entour.

Et tout au contraire en Eté, il les faut arroser le soir aprés le Soleil couché & jamais le matin, parce que la chaleur du jour réchauferoit l'eau & cette eau échaufée
brûleroit tellement la terre, que les Plantes tomberoient dans une langueur, qui
les feroit flétrir & sécher.

Un bon Jardinier doit savoir que quand les Plantes sont encore naissantes & petites, elles demandent moins d'eau que quand elles deviennent grandes : C'est pourquoi
quand elles sont venuës à une certaine grandeur, il faut plus les arroser qu'auparavant, ce qui veut bien de la conduite & du soin.

CHAPITRE XIV.

Le Tems & la Maniére d'ôter les herbes inutiles.

LA politesse & la propreté d'un jardin, ne sert pas seulement à contenter la veüe,
elle sert encore à donner la vie & la nourriture aux fleurs ; C'est pourquoi on
doit non seulement arracher des sentiers & des chemins les herbes infructueuses, &
en ôter toutes les immondices, mais il faut aussi avoir soin de bien nettoyer les planches de toutes les plantes inutiles.

Cela ne se doit pas faire quand la terre est trop séche, parce qu'alors on ne feroit
que couper ces herbes, & on laisseroit aux racines, qui resteroient sous terre, plus
de force & de facilité pour en pousser de nouvelles.

Il ne faut pas aussi le faire quand la terre est trop moüillée, parce qu'en arrachant
les racines, la terre qui y est atachée viendroit aussi, ce qui causeroit un grand dommage aux plantes voisines

Le tems le plus prore pour cela est quand la terre n'est ni trop seche ni trop humide

de, mais quand par la mediocrité de l'humidité & de la chaleur, elle est plus relâ-
chée & plus facile à manier, & que les herbes sont asez grandes, il faut avoir soin
au même temps de reparer proprement la terre avec les mains, afin de rétablir les
planches dans l'égalité qu'elles avoient auparavant.

CHAPITRE XV.

Le Tems & la Maniére de purger un jàrdin des Animaux malfaisans.

Les animaux qui font le plus de mal dans un Jardin font les *Chenilles*, les *Limas*, les *Vers*, les *Pucerons*, les *Punaises vertes*, les *Ascarides*, les *Fourmis*, les *Souris*, & les *Taupes*.

Pour ôter *les Chenilles*, il faut tous les matins secoüer chaque plante avec la main. Alors ces Insectes demi-mortes & roides du froid & de la gelée de la nuit, tombent facilement par terre, sur laquelle on les écrase, en mettant le pied dessus.

Quant aux *Limas*, le Jardinier doit avoir grand soin de les chercher soir & matin, & particulierement en tems de pluye, alors ils sortent de terre pour aller à la pâture, ainsi on les trouve & on les tuë aisément.

Pour les *Vers*, il faut suivre la même métode parce que c'est aussi dans le temp plu-vieux qu'ils ont coûtume de sortir de leurs trous, & si on les veut faire sortir en d'au-tre tems, il ne faut que répandre sur les chemins une decoction de graines ou feüilles de chanvre, & aussi-tôt on les verra paroître.

Pour les *Pucerons*, on fiche en terre une baguette de la hauteur d'un demi pied, au haut de laquelle on met un gaudet le goulet en bas dans lequel ces petis animaux, qui aiment à être cachés ne manqueront pas de se venir mettre & ainsi on les tue sans peine; ou bien il ne faut que mettre sur le pot un morceau de linge humide, les Pu-cerons s'y amassent tous, & il est facile de les tuer.

Pour faire mourir *les Punaises vertes*, qui mangent les boutons de roses, & gâtent les autres fleurs, on prend du vinaigre que l'on jette sur les plantes, cela les fait tou-tes mourir.

Contre les *Ascarides* & autres semblables vermines, qui s'attachent plûtôt aux plantes qui font dans des pots, qu'aux autres, on prend ce pot que l'on met dans un seau ou il y a de l'eau, en sorte que le pot puisse tremper à la hauteur de cinq ou six doigts, il faut le laisser là pendant l'espace d'un quart d'heure, & ces petites bêtes inondées de cette humidité, sortiront aussi tôt.

Pour les *Fourmis*, il faut prendre un ou plusieurs os à demi décharnés, & les jetter à terre dans les endroits où ces petits animaux font leur demeure, attirés par cet a-pas, ils accourent à grandes bandes, & quand ces os en font tout couverts, on les retire, & reïterant cela plusieurs fois, on les exterminera aisément. Ou si on les voit sur terre marcher en rang, on les consumera avec du feu de paille, ou de la cendre chaude.

Pour les *Souris*, il faut prendre des Chats, plus il y en a, & mieux c'est On les écorche & on en remplit de paille les peaux, & les ayant bien recousues & mises comme s'ils se tenoient sur leurs pieds, on les frotte par dehors de leur propre graisse, & on les met dans les endroits où les Souris ont coûtume d'aller, l'odeur de cette graisse, & la veüe de leurs ennemis, les épouvante & leur fait prendre la fuite. On peut encore mettre des *trappes* & des *souricières* & semer par-cy par-là une composi-tion de verre broyé mêlé avec du plâtre & du fromage, & il ne faut point se servir de poison, ni d'arsenic, crainte des grands accidens qui en peuvent arriver.

Pour

Pour les *Taupes*, lors que l'on voit la terre se soûlever, & quelque chose qui y remue, il faut s'en aprocher sans bruit, de peur que la Taupe ne s'enfuye, parce qu'encore qu'elle n'ait pas l'usage de la veüe, elle a neantmoins l'oreille tres subtile : s'étant ainsi aproché, il faut prestement renverser une bechée de terre ; parce que tres souvent avec cette terre, on tire aussi l'animal : Que si la terre étoit trop ferme pour être renversée, il faudroit en ce cas ficher plusieurs fois la béche dans cet endroit afin d'étourdir au moins la Taupe à force de coups.

CHAPITRE XVI.

Le Tems & la Maniere de tirer & de conserver les oignons & les racines.

IL faut tirer les oignons & les racines, tous les trois ans, pour le plus tard.

Le veritable tems de les tirer, c'est depuis le commencement de Juin jusques à la fin d'Aoust.

Alors ils s'arrachent plus facilement parce que la terre se trouve sechée par la chaleur du soleil. Il faut tirer avant les autres ceux qui fleurissent les premiers, comme les *Narcisses* & les *Bassins*.

En creusant pour les tirer il faut observer cette regle-ci.

Il faut ôter adroitement la terre avec la pioche, par l'entrée de la planche, & prendre garde que le fer ne touche ni ne perce quelque oignon, & si par hazard cela arrivoit, il faudroit prendre aussi-tôt de la terre bien séche & bien adulte, & la répandre sur la blessure. Cela y est excellent.

Quand on a retiré les oignons, il ne faut pas laisser de repasser une seconde fois dans le même endroit, afin qu'il ne demeure rien qui empêche l'ordre & l'arrangement des autres oignons que l'on y pourra mettre aprés.

Cette régle est pour toutes les planches.

Les cayeux ne doivent point être détachés des gros oignons qui les ont produits, mais il faut les y laisser unis avec leurs tuniques & pellicules & les garder dans une loge ou une serre chaude & seche, où on les laisse étendus à terre ou sur une table l'espace de huit jours, aprés quoi il faut les serrer dans des paniers, chaque espece à part & les pendre aux soliveaux de quelqu'autre loge tournée au vent de Bise, qui est un air tres salutaire aux oignons, parce qu'il les conserve en les maintenant toûjours frais.

Il faut sçavoir que les petits oignons, comme ceux des *Jonquilles* & semblables, pour être mieux conservés, doivent être envelopés dans du papier & enfermés dans des boëtes.

Il y a des gens qui les tirent tous les deux ans, foüillant chaque année une partie de leur Jardin, ce qu'ils font aprés l'Equinoxe de Septembre, en observant ce qui suit.

Ayant creusé soigneusement une planche, & levé tous les oignons, ils en ôtent subtilement ce qui s'étoit multiplié ; & aprés avoir accommodé leurs planches de la maniere qu'il a été dit ailleurs, ils la replantent en même tems de la même maniére qu'elle étoit, & mettent à part ce qui s'y étoit multiplié, pour le placer dans un endroit separé.

Les racines se doivent tirer de la même maniere que les *Anemones* & les *Argomones*, qu'il faut lever tous les ans, soit qu'elles soient dans des pots, ou en pleine terre, parce qu'elles sont fort sujettes à pourrir.

Quand elles feront féches, avant que de les remettre dans les paniers, il en faut arracher toutes les languettes fuperflues, on les garde, comme les oignons.

Pour les *Renoncules*, il les faut ôter de terre dés que les feuilles en font féchées, & aprés que les racines en auront été efforées, on les mettra dans des boëttes avec du fable.

Les autres Plantes qui ont une racine perpetuelle, fe tireront au mois d'Octobre ou de Novembre, & il faut les replanter auffi-tôt.

CHAPITRE XVII.

Calendrier pour des ouvrages qu'il faut faire au Jardin des Fleurs, felon chaque Mois de l'Année.

EN JANVIER.

Janvier.

IL faut couvrir les plantes qui craignent le froid, à la veille du mauvais temps, & n'attendre pas que la terre foit durcie par la gelée.

Sur les canaux couverts, il faut tenir des Souricieres tenduës pour prendre les Rats des Jardin & les Mulots qui vont là chercher de quoi paître. L'amorce fera des pois, des amandes ou des avellaines. On doit préferver des grandes pluyes & des gelées les Anemones qu'on auroit plantées dans des pots, comme auffi plufieurs jeunes plantes qu'on auroit femées, dans des pots, ou dans des caiffes.

EN FEVRIER.

Fevrier.

IL faut obferver les trois Articles du mois précedent. Au commencement de ce mois on doit femer fur couche les plantes jardines à porter leurs fleurs ou leurs fruits en ce païs, comme *Balfamine, Melanzene ou Pommes d'amour, Datura, Canne d'Inde, Pomme d'Ethiopie, Pomme dorée, Amaranthe ou Paffevelours*, ayant grand foin de les préferver des gelées, les couvrant lorfqu'elles font levées, de cloches de verre, & jettant de la paille par deffus, s'il eft befoin ; comme on a coûtume de faire pour conferver les Melons.

EN MARS.

Mars.

APArés le dix ou douze du mois ; & même plus tard on ôte les couvertures des plantes, crainte qu'elles ne foient furprifes des gelées, par la queuë.

Il vient quelquefois de grands vents ou de grands hâles qui defféchent la terre, pendant lefquels on ne doit ni femer ni tranfplanter.

A la mi-Mars on peut replanter, les plantes fibreufes, comme *les Violettes de Mars, Hépatiques, Plaquettes ou Marguerites, Primeveres, Ellebores, Camomilles*, & femblables & *les Jacinthes tubereufes*.

En ce même temps on femera fur couche diverfes fortes de graines comme *Oeillets, Giroflées, Bafilic, Oeillets d'Inde, Marjolaine, Phafeol incarnat d'Inde, Merville du Perou* on *Herbe à Suiffe, Creffon d'Inde, Souci double, Volubilis* des trois efpeces, *Poivre d'Inde, Myrthe, Carouge* ou *Carobe*, & d'autres que la fraîcheur de la terre ne permet pas d'y femer

Pour ce qui eft des *Oeillets*, des *Giroflées*, *Myrthe* & telles autres plantes qu'on tire

de

de la terre, il faut les mettre à l'ombre pendant huit ou dix jours pour les preparer à ne pas craindre les chaleurs de cette Saison.

L'on tranſplante les Arbriſſeaux qui craignent le froid, comme *les Jaſmins d'Eſpagne, Orangers, Myrthe, Laurier Roſe & Cyclamens Autonnaux.*

Il vient quelque fois des gelées de nuit qui ſe fondent le lendemain au Soleil, & qui durent quelque fois quatre ou cinq nuits ; pendant ce temps là, il faut ſoigneuſement couvrir les belles Tulipes pour les préſerver d'autant que ces ſortes de geleés cauſent des taches blanches dans leurs Feüilles, ce qui les fait mourir le plus ſouvent.

On doit obſerver la même choſe aux Anemones, aux Oreilles d'Ours, aux Jacinthes brumales & aux Cyclamens printaniers, afin de préſerver leurs fleurs de ces gelées

EN AVRIL.

LE commencement de ce mois eſt la meilleure ſaiſon pour tranſplanter toutes ſortes de plantes fibreuſes ſpecifiées au ſecond Article du mois precedent.

L'on tire de la terre toutes les plantes qui craignent le froid, ſi on avoit oublié de les tirer en Mars.

Il faut arroſer ſoigneuſement les *Renoncules & les Anemomes,* lors que la terre eſt deſſéchée, & auſſi toutes les plantes qu'on tiendra dans des pots ou dans des caiſſes.

Il faut préſerver des vents, des pluyes, de la gréle & du Soleil ardent, les belles *Tulipes panachées, les Oreilles d'Ours, les Anemones, les Renoncules,* & autres belles fleurs, & pour cet effet tenir des couvertes toutes prêtes dés le commencement de ce mois.

EN MAY.

ON tranſplante les Cyclamens Autonnaux ; ſi on les veut changer de place, car autrement cela n'eſt pas neceſſaire.

En ce mois-ci la graine *d'Anemone* ſe trouve meure, il la faut recüeillir & tenir en lieu ſec, juſqu'au temps de la ſemer.

L'on départ les *Giroflées muſquées doubles,* dites *Julianes,* pour les multiplier.

L'on ſeme diverſes ſortes de graines de plantes annuelles, pour en avoir des fleurs, tout le long de l'Eté, comme *Souci double, Thlaſpi de Candie, Muſcipula, Scabieuſe veloutée, Cyanus* de toutes ſortes, & *Penſées* de jardins.

Les Iris bulbeux fleuriſſent vers la fin de ce mois : lors qu'ils ſont fleuris l'on coupe leur tige, que l'on fiche en des pots pleins de terre, & on les tient ainſi en une ſale fraîche, pour les faire durer plus long temps. On les peut auſſi tranſplanter en même temps, les arroſant auſſi-tôt qu'ils ſeront replantés

A la fin de ce mois l'on commence à déplanter les *Tulipes* plus hâtives qui ſont deſſéchées.

L'on couvre les autres comme au mois precedent, pour les préſerver principalement des pluyes trop frequentes.

EN JUIN

L'on peut encore ſemer diverſes ſortes de graines de plantes annuelles pour en avoir des fleurs tout le reſte de l'Eté vers l'Automne, ainſi qu'au mois de May.

Il faut recüeillir les graines meures, comme de *Iacinthes Orientales*, *Narcisses*, *Oreilles d'Ours*, *Renoncules*, & autres semblables & les garder en lieu sec, pour les semer chacune en sa Saison.

L'on déplante les *Tulipes* & on les replante incontinent qu'elles se trouveront dépoüillées, ou qu'elles sembleront se dessécher : on les met fort avant en terre, ou en lieu frais moins avant, les arrosant par le dessus pour tenir seulement la terre fraîche.

Il faut déplanter les *Anemones* & les *Renoncules*, aprés les pluyes qui viennent vers la fin de ce mois, non pas devant.

L'on peut à la fin de ce mois lever les plantes qui ne veulent pas demeurer long temps hors de terre & les replanter incontinent comme *Cyclamens printaniers*, *Iacinthes Orientales*, & autres *Iacinthes bulbeuses*, *Iris*, *Fritillaires*, *Hemerocales*, *Martagons* & plusieurs autres semblables.

EN JUILLET.

Juillet.

L'On peut encore lever les *Cyclamens printaniers* & plantes bulbeuses specifiées au dernier Article du mois précedent, pour les transplanter aussi-tôt.

La graine de *Cyclamen printanier* se trouve meure en ce mois : il la faut recüeillir & semer en même temps dans des pots.

L'on ente en approche les *Myrthes*, *Iasmins*, *Orangers*, *Rosiers* & autres pareils Arbrisseaux.

Depuis le commencement de ce mois jusqu'en Septembre, on fait des marcotes d'œillets.

EN AOUST.

Aoust.

AU commencement de ce mois on seme la graine *d'Anemones*, la couvrant legerement de terre, & on la tiendra à l'ombre, & on l'arrosera souvent pour empécher que la terre ne se desséche.

L'on plante aussi les Anemones simples pour en avoir dés fleurs en Automne & tout le long de l'Hyver.

C'est la Saison pour semer les graines de *Narcisses*, & de *Jacinthe Orientale*.

EN SEPTEMBRE.

Septembre.

L'On transplante *les Myrthes*, *Lauriers-Rose*, *Jasmins*, & toutes autres especes d'Arbrisseaux qui sont sujets à la gelée, ou toûjours verts, & aussi toutes sortes de plantes fibreuses comme *Hepatique*, *Oreilles d'Ours*, *Ellebore*, &c.

Il faut semer les graines *d'Oreilles d'Ours*, *Renoncules*, *Alaternes*, *Iris*, *Couronne Imperiale*, *Martagons*, *Hemerocale*, *Tulippe*, *pied d'Aloüette*, *Thlaspi de Candie*, *Pavots*, & généralement les plantes annuelles qui ne sont pas sujettes à la gelée.

L'on plante toute sorte *d'Anémones*, après les premiéres pluyes qui viennent dans ce mois, & aussi les *Renoncules de Tripoli*.

EN OCTOBRE.

Octobre.

L'On peut encore planter & semer toutes toutes les plantes & le graines specifiées au mois precedent.

Il faut mettre dans la terre par un beau temps, sur la fin de ce mois, les Arbrisse-aux qui craignent la gelée, comme *Orangers*, *Myrthes*, *Iasmins*, *Laurier-Rose* & au-tres semblables, en laissant toutes les portes & les fenêtres ouvertes, jusques à ce que la gelée y puisse entrer, car alors il faut avoir soin de les fermer·

EN NOVEMBRE·

IL faut préparer les couvertures pour les plantes qui sont sujettes au froid, afin de les couvrir lors qu'on jugera le temps être disposé à la gelée.   Novemb,

L'on peut planter & semer encore les plantes fibreuses & les graines marquées au mois de Septembre.

Voyés & observés les trois Articles du mois de Janvier.   Ce mois est la meilleure saison pour planter les belles *Tulipes Panachées*, principalement dans les petits Jardins renfermés de hautes murailles & qui n'ont gueres de Soleil.

EN DECEMBRE.

IL faut observer encore les trois Articles contenus au mois de Janvier, où l'on ren-   Decemb, voye le Lecteur pour éviter les redites.

CHAPITRE XVIII.

Memoire de Plantes qui sont sujettes à perir par la gelée, & pre-mierement des plantes les plus delicates qui craignent le froid au premier degré.

D'Autant qu'il y a des gelées plus âpres les unes que les autres, & qu'ainsi les plan-tes y resistent plus ou moins, selon qu'elles sont delicates ou robustes, il est à propos d'en faire la distinction, & de les diviser en trois Classes. *Dans la premiére,* seront les plus tendres au froid & qui ont peine à resister même aux premiéres gelées. *Dans la seconde,* celles qui ne meurent que par de plus fortes gelées. *Dans la troisiéme,* celles qui y resistent encore davantage & ne perissent que par de grands Hyvers.   Ce sont là comme trois dégres de gelées qu'il faudra observer, afin d'en garantir lesdites plantes par des couvertures convenables.   Plantes qui craignent le froid.

Voici la Liste de celles qui craignent le froid au premier dégré.

Aloë d'Afrique.
Amaranthe ou Passevelours,
Amaranthus tricolor.
Baliamine mâle.
Basilic.
Canne d'Inde.
Elychison ou fleur immortelle.
Figuier d'Inde d'Amerique, trés-épi-
  neux.
Figuier d'Inde de la grande espece.
Gladiole d'Ethiopie,
Rubarbe arborée.

Melanzene ou Pomme d'Amour.
Nasturtium Indicum.
Narcisse du Japon & autres Narcisses des
  Indes.
Oeillets d'Inde.
Ornithogalon d'Arabie.
Phaseol incarnat des Indes,
Poivrier d'Inde.
Pomme d'Ethiopie,
Pomme dorée.
Pomme épineuse dite Datura.
Sarriette d'Eté,

II. *Plantes qui craignent le froid au second degré.*

Aloë d'Amerique.
Anemones.
Aron des Indes.
Cyclamen Printanier,
Cyclamen de Verone.
Digitale ferruginée d'Espagne.
Fleur du Soleil.
Girofliers.
Jacinthe du Perou.
Jasmin d'Espagne.
Jasmin jaune des Indes.
Iris de Suze.

Laurier Rose.
Myrthe.
Narcisse à bouquet du Levant.
Oeillets.
Orangers.
Phalangium de Crete.
Renoncules de Tripoli doubles & simples.
Renoncules de Portugal.
Soucis doubles.
Violiers doubles de quelque couleur qu'ils soyent.

III. *Plantes plus robustes qui craignent le froid au troisiéme degré.*

Bellis d'Espagne.
Fritillaires de Montagnes.
Genest d'Espagne à fleurs blanches.
Grenadier à fleur double & autres.
Jacinthe à fleur double & autres.
Jacinthe Orientale Zunbuline.
Iris Bulbeux.
Lychnis ou Jacée blanche double.

Marjolaine.
Matricaire à fleur double.
Pavot épineux.
Plante de la Passion.
Veronique à fleur double.
Violiers simples , car les doubles resistent moins au froid.

CHAPITRE XIX.

En quel Solage ou Aspect on doit planter les Fleurs.

Aspect pour planter les Fleurs. EN ceci il faut considerer quel est le naturel de la Plante qu'on veut mettre en terre, ce qui consiste en deux choses. I, Si elle est sujete à la gélee ou non, ce qu'on pourra apprendre par la Table precedente. II. Si elle aime la terre grasse & humide, ou maigre & séche, ce qu'on apprendra par les deux Tables suivantes : Et ayant par là reconnu sa nature , il sera aisé de la placer au lieu qui lui sera le plus propre; par exemple, si vous reconnoissés qu'elle craigne la gelée, ou qu'elle aime une terre seche, il faudra la planter au lieu le plus chaud du Jardin. Au contraire si elle ne craint pas l'Hyver & qu'elle aime une terre grasse & humide, vous la mettrés au lieu le plus froid & à l'ombre, comme celui qui conserve le plus d'humidité pendant les chaleurs de l'Eté. Toutes les autres plantes se pourront placer par tous les autres endroits du Parterre. Ainsi vous leur donnerés le lieu où elles se plairont le mieux & où par consequent elles profiteront davantage.

Plantes qui aiment la terre grasse & humide.

Anemone de Bois.
Anemone 3 de Mathiole.

Bassinet double.
Calceolus Mariæ.

Cycla-

Cyclamens Autonnaux.
Ellebores.
Fritillaires communs
Fumeterre Bulbeufe.
Laureole.
Laurier Thym.
Limonium vulgaire.
Marguerites.
Martagons.
Muguet des Bois.
Nafturtium Indicum.
Narciffe blanc double.
Narcifle jaune double à molette d'epe-
ron.
Oreilles d'Ours.

Orobus Pannonique.
Penfées jaunes & les communes auffi.
Pervanche.
Phalangium de Virginie.
Primevere de toutes fortes.
Pulfatille.
Renoncule bouton d'or.
Renoncule blanche double d'Angleterre.
Satyrions.
Sedum ferratum.
Serpentaire à trois feüilles d'Amerique.
Soucy double.
Veronique grande & petite.
Veronique droite.
Violettes.

Plantes qui aiment la terre maigre & féche.

Abrotane mâle & feméle.
Geneft d'Efpagne.

Marjolaine.
Rofmarin.

CHAPITRE XX.

Quelles Saifons font les plus propres pour femer les Graines.

LEs Graines fe peuvent femer en diverfes faifons, mais il y en a quelques unes qu'il faut neceffairement femer au Printemps, d'autres en Autonne feulement, & d'autres en diverfes faifons, comme l'on verra cy aprés. Cela s'entend pour les graines qu'on connoit, car pour les autres qu'on ne connoit pas encore, comme fi l'on en recevoit venant de Païs étrangers, fans noms, ou qu'elles fuffent des plantes à nous inconnuës, il faudroit en ce cas les partager en trois portions égales, pour en femer l'une en Autonne en pleine terre, ou dans des pots, & les deux autres au Printemps; une en pleine terre ou dans des pots, & l'autre enfin fur couche, comme les femences des plantes qui font fujettes à la gelée. C'eft là l'unique moyen de les élever feurement, car fi on les femoit toutes en même tems, & que ce ne fût pas la faifon propre, il ne faut pas douter qu'elles ne viendroient pas en perfection, Il y a encore d'autres regles generales pour femer des Graines qu'on connoit, foit qu'on les ait receüillies foi-même, ou receües d'ailleurs.

I.   Si ce font des plantes anuelles craignans la gelée, il les faut neceffairement femer au Printems.

II.   Si ce font des plantes annuelles & qui ne craignent pas le froid, la faifon la plus propre c'eft l'Autonne.

III.   Si elles font produites de plantes vivaces & perennelles, il les faut femer devant que leurs meres plantes pouffent leurs germes, foit qu'elles craignent la gelée ou non.

Quelle

Quelle graine il faut femer au Printemps en pleine terre ou dans des pots.

Alaternes, en Autonne auffi
Ambrette, pour en avoir des fleurs en Eté
Anagallis Lufitanica.
Beleveder.
Chondrille aux fleurs carnées.
Coquelicoc double.
Cyanus de toute couleur.
Laurier-rofe.
Laurier-thym.

Lolac.
Marjolaine.
Mufcipula.
Nafturtium Indicum, & fur couche auffi,
Oeillets, & fur couche auffi; on les peut femer encore en Eté & en Autonne.
Scabieufe.
Soucy double.
Thlafpi de Candie.
Violiers ou Girofliers, fi on veut.

Quelles graines il faut femer au Printems fur couche, pour de là étre tranfplantées en pleine terre, quand elles font levées.

Graines qu'il faut femer au Printemps

Amaranthe ou Paffe velours
Balfamine mâle
Bafilic.
Canne d'Inde
Fleur du Soleil.
Geranium trifte.
Girofliers, fi on veut.
Hedifcrum clypeatum.
Melanzene.

Nafturtium Indicum.
Oeillets, & en pleine terre auffi.
Oeillets d'inde.
Phafeole incarnate des Indes.
Pomme d'Ethiopie.
Pomme dorée.
Pomme épineufe.
Violier ou Giroflier, fi on veut.

Quelles graines il faut femer en Autonne.

Graines qu'il faut femer en Au-tonne.

Alaternes
Ambrettes.
Ancolies.
Antirrhinon.
Argemone.
Chamæ-Iris.
Coquelicoc.
Couronne Imperiale,
Chanus de toutes fortes.
Cyclamen.
Digitale.
Eryngium planum.

Fraxinelle.
Hepatique, fi on veut.
Mufcipula.
Nigelle de Dames & autres.
Oreilles d'Ours.
Pavot.
Pavot épineux.
Pied d'Alöuette de toute forte.
Scabieufe de montagne.
Thlafpi de Candie.
Tulipes,

CHAPITRE XXI.

Memoire des Saisons auxquelles chaque belle Plante se trouve en fleur, selon les douze mois de l'Année.

EN JANVIER.

Aconit d'Hyver.
Anemones simples de toutes couleurs.
Anemone violette à peluche rouge, & les Regates *plantées au commencement de Septembre.*

Cyclamens hyvernaux.
Jacinthes brumales.
Narcisse du Levant à bouquets *de diverses especes.*
Primeveres simples de diverses couleurs.

EN FEVRIER.

Aconit d'Hyver
Anemones simples.
Anemones à peluche hâtives.
Crocus printanier.
Hepatiques simples.
Iris de Perse.

Leucoïon à trois feuïlles, ou perce neige.
Leucoïon hexaphyllon.
Violiers jaunes à grandes fleurs, *sont quelques fois en fleur en ce mois.*

EN MARS.

Aconit d'Hyver
Anemones de toutes especes.
Chamæ-Iris de toute couleur.
Chalcedoine petite à fleur double.
Cyclamens printaniers.
Crocus printaniers
Fritillaires.
Hepatiques double & simple.
Iris tubereux
Jacinthe Zumbuline.
Jacinthes brumeles.
Jacinthes étoilées.
Jacinthes Orientales
Jonquille simple à grand calice.

Iris de Perse
Leucoïon hexaphyllon
Leucoïon triphyllon.
Narcisses à bouquets de toutes sortes.
Narcisse jaune double commun.
Narcisse jaune double d'Angleterre.
Narcisse jaune simple.
Narcisse jaune doré, dit de Tradesque.
Oreille d'Ours hâtif.
Primevere simple de diverses couleurs.
Tulipes précoces.
Trombons d'Espagne, qui est une espece de Jonquille
Violiers jaunes d'Allemagne.

EN AVRIL.

Anémones de toutes sortes.
Chamæ-Iris de toutes couleurs.
Couronne Imperiale.
Chevre-feüille.
Cyclamens Printaniers.
Fritillaires de toutes especes.
Giroflée simple & double de toutes les especes.
Hepatique double.
Jacinte étilée d'Alemagne.
Jacintes grapües, dites Grappettes.

Jacintes Orientales tardives.
Jacintes d'Angleterre.
Jonquille double.
Jonquille reflexe ou renversée.
Iris de Florence.
Marguerites.
Muscari.
Narcisse à bouquet de toutes sortes.
Narcisse jaune vulgaire.
Narcisse d'Angleterre, dit Trombon double

Tome III.   D   Nar-

Narcisse blanc à calice Orangé.
Narcisse blanc double.
Oreilles d'Ours.
Pensées.
Primeveres.

Pulsatille.
Renoncule de Tripoli.
Tulipes.
Violettes de Mars.

EN MAY.

May.

Anëmone 3. de Matthiole.
Ancholies.
Chamæ-Iris à feüilles étroites.
Cyanus de toutes couleurs.
Fraxinelles.
Gladicles.
Giroflées de toutes sortes.
Geranions de toutes sortes.
Horminum de Crete.
Hermerocalle jaune.
Jacinthe à panache.
Iris bulbeux hâtifs.
Lys Asphodele jaune.
Lys Orangé hâtif.
Lychnis dit Jacée double, blanche &
   rouge.

Marguerites.
Muguet des bois.
Oeillets de montagne.
Oeillets des Poëtes.
Pensées.
Pivoines de toutes sortes.
Phalangium des Alpes.
Renoncules de toutes les especes.
Roses.
Syringa.
Sedum serratum.
Tulipes tardives.
Veronique grande & petite.
Violiers musqués doubles & simples.

EN JUIN

Juin.

Antinhinon de toute couleur.
Argemone.
Clematis Pannonica.
Cyanus de toutes les couleurs.
Digitale de toutes sortes.
Filipendule.
Giroflée de toutes especes.
Geranion de toutes especes.
Horminum de Crete.
Jacinthe tubereuse des Indes.
Iris bulbeux.
Iris maritime.
Iris jaune varié d'Angleterre.
Lychnis double blanche & rouge.

Lychnis alcine-foliis.
Martagons.
Nasturtium d'Inde ou Capucine.
Oeillets de toutes sortes.
Orangers.
Ornithogalon à Alpi.
Pensée.
Phalangion de Virginie.
Pied d'Aloüette hâtif.
Sauge à fleur blanche.
Thlaspi de Candie.
Veronique grande & petite espece.
Viola Pentagonia.

EN JUILLET.

Juillet.

Ambrette ou fleur du grand Seigneur.
Basilic.
Campanelle.
Cyclamen de Uerone.
Cyclamen pourpré odoriferant.
Digitale ferruginée d'Espagne.
Erpigium planum,
Falcol d'Inde nacarat.
Geranium triste & celui de Crete.
Giroflée.
Grenadier à fleur double & simple.
Jacinthe tubereuse des Indes.

Laurier-Rose.
Limonium.
Lunaire de Crete.
Lychnis dit Jacée blanche.
Marguerites.
Nasturtium d'Inde.
Oeillets.
Pensées.
Pied d'Aloüette double de toutes cou-
   leurs.
Rose Muscade.
Rose d'outremer.

Soucy

Soucy double.   Veronique grande & petite.
Thlaſpi de Candie.   Volubilis à feüilles de mauves.

EN AOUST.

Ambrette.   Merveille du Perou.
Afteraticus ou Oculus Chriſti.   Myrthe de toute ſorte.
Beleveder.   Naſturtium d'Inde.
Campanelle bleüe & blanche.   Oeillets d'Inde de toute ſorte.
Canne d'Inde.   Orangers.
Clematis de toute eſpece.   Paſſevelours.
Cyclamen de Verone.   Penſée jaune de Montagne.
Cyclamen pourpré odoriferant.   Pied d'Alloüette de toutes couleurs.
Cyclamen autonnal Byzantin.   Plante de la Paſſion.
Elycriſon ou fleur immortelle.   Phaſeole incarnate d'Inde.
Geranium triſte.   Roſe Muſcade.
Giroflier jaune.   Roſe d'outremer.
Jaſmin d'Eſpagne.   Soucy double.
Jaſmin jaune odoriferant des Indes.   Thlaſpi de Candie ſemé en Mars ou
Jacinthe tubereuſe des Indes.   Avril.
Laurier Roſe.   Veronique.
Limonium de toutes ſortes.   Volubilis de toutes eſpeces.
Lychnis blanche double.

EN SEPTEMBRE.

Amaranthus tricolor.   Lys-Narciſſe des Indes.
Ambrette ſemée au Printems.   Melanzene ou Pomme d'amour.
Anagallis de Portugal.   Merveille du Perou.
Antirrhinon de toutes couleurs.   Myrthe de toute ſorte.
Aſter Atticus, ou Oculus Chriſti.   Naſturtium d'Inde.
Baſilic.   Narciſſe de Portugal autonnal.
Beleveder.   Oeillets d'Inde de toute ſorte.
Bellis grande d'Eſpagne.   Orangers.
Canne d'Inde.   Paſſevelours.
Campanelle à fleur blanche.   Penſée.
Colchiques Autonnaux.   Pomme dorée.
Cyclamens d'Autonne.   Plante de la Paſſion.
Eupatorium de Canada.   Pomme épineuſe.
Fleur du Soleil.   Phalangion de Virginie.
Girofliers.   Phaſeole incarnate des Indes.
Gantelée bleüe & blanche.   Renoncule de Portugal double & ſim-
Geranium de Crete.   ple.
Geranium triſte.   Roſe-Muſcade.
Jaſmin d'Eſpagne.   Roſe de tous les mois.
Jacinthe tubereuſe des Indes.   Souci double.
Laurier Roſe.   Thlaſpi de Candie ſemé au Printemps.
Lychnis blanche double.   Veronique ſe trouve encore en fleur.
Limonium de toutes ſortes.   Volubilis pourpré.

EN OCTOBRE.

Amaranthe tricolor.   Beleveder
Aſter Atticus.   Canne d'Inde.
Antirrhinon.   Cyclamen d'Autonne.

D 2   Naſtur-

Nafturtium d'Inde.
Oeillets d'Inde.
Orangers.
Oeillets.
Pafle-velours.
Penfées femées en Aouft.
Pomme dorée.
Pomme d'Ethiopie.
Pomme épineufe.
Pomme d'Inde.

Phalangium de Virginie.
Plante de laPaffion.
Renoncule de Portugal double & fimple.
Rofe-Mufcade.
Rofe d'outremer femée au Printemps.
Souci double.
Veronique fe trouve encore en fleur.
Violettes fe trouvent encore en fleur.

EN NOVEMBRE.

Antirrhinon.
Girofliers
Gantelée.
Marguerites.
Oeillets.
Penfée.
Veronique.

Violette double.
Jafmin d'Efpagne.
Rofe-Mufcade.
Cyclamen de Perfe hyvernal.
Ellebore noir hâtif.
Anemones fimples de toutes couleurs.

EN DECEMBRE.

Anemones fimples de toute couleur, & les peluchées hâtives.
Cyclamen de Perfe hyvernal.
Cyclamen d'Hyver commun.
Primevere fimple

Soucy double.
Oeillets.
Antirrhinon.
Girofliers.

CHAPITRE XXII.

Catalogue des Fleurs odoriferantes:

Bouillon blanc. Chevre feüille. Cyclamen Bifantin. Cyclamen de Perfe, de Verone printanier. Datura. Fleurs de la Paffion. Geranion trifte. Giroflée double & fimple. Giroflée jaune. Jacinthe Orientale. Jacinthe tubereufe des Indes. Jafmin d'Efpagne. Jafmin jaune d'Inde. Iris pour la plus grande partie. Jonquilles pour la plufpart. Leucoïon bulbofum hexaphyllon. Lys blanc. Lys Afphodele. Muguet des bois. Narciffes pour la plus grande partie Nafturtium Indicum. Nard de montagne. Oeillets. Orangers. Penfées cultivées. Pommes de Paradis. Renoncules jaunes de Portugal & autonnaux. Satyrium odorant. Syringa. Tillot vulgaire. Thymelée. Violettes de Mars. Violier mufqué double.

Explication de quelques termes concernant la Culture des Fleurs.

A

Jufter, peigner & refendre l'Oeillet. Quand l'Oeillet eft entierement épanoüi fi on voit qu'il ne tourne pas bien les feüilles, ou qu'elle ne foyent pas dans un bel ordre, ni bien arrangées, il faut difpofer tellement fes feüilles avec les doigts de la main bien nets, bien lavés & fans fueur, qu'elles trouvent chacune leur place & leur rang

rang & pour donner même plus de largeur à la fleur, on pourra plier les extrémités de la cosse, ainsi pliée par ses bouts, on appelle cette façon de traitter l'Oeillet l'*Ajuster, le peigner, le refendre.*

Amander. Voyés la Quintinie, Explication des termes-du Jardinage.

B

Bequiller. V. le même, lettre B.

Blanc. C'est une roüille qui est jaune & quelquesfois blanche, qui se met sur le pied & sur les feuilles des plantes & les fait mourir.

Bouton, Maître bouton. C'est celui qui fleurit le premier & qui est au plus haut du dard.

Bouture. V. la Quintinie. C'est de menus jets des herbes, des joncs, & de tout ce que des racines poussent. V. Furetiere.

Brin. V. la Quintinie.

Broülle. V. le même

C

Cayeu. V. le même.

Chancre. V Galle.

Chaton. C'est ce qui enferme la graine de la Tulippe, &c.

Châtrer. C'est couper des rejettons qui croissent vers le pied.

Châtrer un Oeillet. C'est couper les marcotes, lors qu'elles montent à dard, dans le second nœud le plus voisin du pied de l'Oeillet.

Claye. V. la Quintinie.

Cloche. C'est le haut de la fleur, lequel forme comme une espece de calice. On l'apéle vase en calice : mais on dit du Jacinthe & de l'oreille d'Ours, la Cloche de ce Jacinthe est belle. Voyés aussi la Quintinie pour les autres significations de ce mot.

Se Cofiner. Il se dit des Oeillets & veut dire que les feüillets se frisent, & qu'au lieu de demeurer étendues, elles se recoquillent & se plissent. Les feüilles de mes Oëillets se recofinent. Voyés *la Quintinie.*

Collet, c'est le haut de la plante; en-

dommager le Collet d'une plante.

Cosse. C'est un petit tuyau dans lequel la graine se forme. Voyés la Quintinie, Furetiere, & Richelet.

Couche. V. la Quintinie.

Couleur de soupe de laict. Est un blanc impur.

D

Dard ou montant. Il se dit en parlant de certaines fleurs, & signifie ce petit brin droit & rond en forme de Dard qui est au milieu du calice de certaines fleurs, le Dard commence à monter. Les arrosemens frais & gras font du bien à l'Oeillet, quand il commence de pousser son Dard Voyés *Richelet* & *Furetiere.*

Dardille. C'est la queüe d'un Oeillet.

Dardiller. Se dit de certaines fleurs, & veut dire, pousser son Dard. L'Oeillet dardille. V. *Richelet.*

Dentelé. V. la Quintinie.

Déplanter. V. le même.

Déplantoir. V. le même.

E

Ecusson jaune. Les Iris bulbeux à feüilles étroites portent une marque jaune assez large, & au milieu de chaque menton ce qu'on nomme *écusson jaune.* Morin Traitté des Iris.

Estamine. Se dit parmi les Fleuristes, de ces petites parties qui sont dans les Tulipes, dans les Lys & d'autres fleurs, autour de la graine, suspenduës sur de petits filets. *Les Tulipes* les plus estimées sont celles qui ont le fond bleu & *les estamines* noires ; ce mot vient de *estamina,* c'est à dire petits filets. V. *Furetiere.*

Estendards. Se dit des Iris bulbeux & signifie les trois feüilles superieures qui s'élevent au dessus des autres pour former les fleurs. On les appelle aussi *les Voiles.* V. Morin.

F

Fane. Voy. la Quintinie.

Faner se faner. V. le même.

Fiamette. Couleur de fiamette. C'est ce qui est d'une couleur qui tire sur le rouge. V. *Richelet*.

G

Gagner un Oeillet. C'est un terme parmi Les Curieux d'œillets, pour dire que de la semence qu'on en a faite, il en est venu quelque bel Oeillet nouveau Voyés *Richelet & la Quintinie*.

Galle ou Chancre. C'est une tache qui vient ordinairement sur les fanes de l'œillet &c. & gagne peu à peu jusqu'au cœur, si on n'a pas soin de couper celles qui en sont attaquées. V. *la Quintinie*.

Glaise, terre glaise. Voy. la Quintinie.

Godet. Ce mot se dit de certaines fleurs & veut dire ce qui contient la fleur. Le grand Narcisse a le *Godet* jaune, le Jacinthe a le *Godet* incarnat.

H

Hâtif. V. la Quintinie.

Hazard par ce mot, on entend une Tulipe &c. qui se trouve panachée qui ne l'étoit point l'année précédente.

L

Langues. Ce mot se dit des Iris bulbeux, qui portent ordinairement neuf feuïlles en chaque fleur, les extrémités des trois feuïlles qui s'enclinent vers la terre, se nomment *Mentons*. Les trois qui sont jointes à celles-ci & dont les extrémités se relevent en haut, se nomment *Langues*.

M

Marcote. V. la Quintinie. Voyés aussi *Furetiére*.

Marne. Voy la Quintinie.

Mentons. Voyés cy-dessus. *Langues*.

Montans. Voyés Dard.

N

Navet. Est la racine d'une plante. (C'est le navet d'un Oeilleton)

O

Oeil. Il se dit *de l'Oreille d'Ours*. C'est le petit rond du milieu, presque toûjours jaune ou de couleur de Citron. L'oreille d'Ours est agreable quand elle a l'œil grand & bien arrêté.

P

Paillasson. Voy. la Quintinie. Voyés aussi *Furetiere & Richelet*.

Paillettes ou étamines. Voyés étamines. Paillettes noires ou brunes.

Panache. V. Quintinie. C'est un agreable mélange de couleurs dans une fleur. Anémone, Tulipe, Oeillets, qui ont un beau panache.

Se Parangonner. Se dit des Tulipes &c. & veut dire que la Tulipe reviendra tous les ans nettement panachée. V. *le Traité des Anemones*.

Patte. V. la Quintinie.

Planches. Voy. le même.

Plantoir. V. le même.

Plate-bande. C'est un morceau de terre assez étroit qui regne le long du parterre où l'on met d'ordinaire des fleurs. (une belle plate-bande.

Puceron. Voy. la Quintinie.

Pur. Voy. le même,

Sable noir, c'est le sable noir gras qui se trouve dans les marais dans les prairies, dans les lieux voisins des rivieres & ruisseaux.

T

Terre & ses differences. V. la Quintinie.

Terre legere, c'est le terrau de Cheval, la terre de Jardin usée & commune, la terre de saule la terre jaune, &c.

Terrot ou Terrau. V. la Quintinie, c'est un vieux fumier & bien pourri mêlé avec de la terre.

Tulipe Parangonnée, c'est à dire qui revient tous les ans nettement panachée.

V

Voiles. Voyés Etendars.

SECON-

SECONDE PARTIE

DE

La Culture des Fleurs en particulier.

De L'*Ache Royale.*

L'Ache qu'on appelle Royale, parce qu'on dit qu'on la servoit anciennement sur la table des Princes, est de deux façons, l'une *jaune*, & l'autre *blanche* : Toutes les deux dans l'extrémité de leur tige, forment un grand pannache rempli de fleurs semblables à celles du Lylas. Elles fleurissent dans le Printemps & sentent fort bon. L'Ache Royale.

L'Ache demande mediocrement de Soleil avec une terre grasse & humide : Les racines sont quant à la premiere espece rougeâtres, & en forme de glans, & quant à la seconde, toutes blanches : Elles se plantent de la profondeur de trois doigts à un demi pied de distance : on la leve tous les trois ans pour en ôter le peuple.

De L'*Amaranthe.*

L'Amaranthe fait une fleur semblable à un pannache teint d'une couleur de pourpre si vive, qu'elle se maintient long-temps sans rien perdre de sa couleur, méme en la mettant secher au four elle se garde pour l'Hyver, auquel temps la mettant tremper dans l'eau, elle reprend l'éclat & la couleur qu'elle avoit dans l'Eté. Elle fleurit depuis le mois d'Août, jusques à la fin de l'Autonne. L'Amaranthe.

Les *Amaranthes*, particulierement les rares veulent être semées & élevées sur couche en bonne chaleur avec des cloches de verre, ou de terre, au commencement du mois d'Avril, le cinq ou sixiéme jour de la nouvelle Lune s'il se peut : mais aprés qu'elles auront deux pouces de haut & quatre ou cinq feüilles, il faut les faire au grand air, en élevant les dites cloches sur des fourchettes, & lors que les nuits seront chaudes, vous ôterés entierement les cloches de dessus les *Amaranthes*, & les remettrés sur les fourchettes au matin & tout cela durant l'espace d'un mois ou six semaines & plus, si vous voulés : & quand les *Amaranthes* seront bien fortes, & que le doux temps sera venu, c'est à dire environ la fin de May ou le commencement de Juin, vous les planterés où vous voudrés avec leur motte & par un temps de pluye, s'il se peut, c'est une fleur extrémement delicate à élever dans les Païs froids.

Voila la maniere de gouverner les belles Amaranthes, quand on veut les avoir en fleur de bonne heure, c'est à dire dés le mois de Juillet.

Mais pour en avoir plus tard, on les seme en pleine terre bien amandée & composée d'un tiers de sable, mise dans des pots au commencement de May, & en ce cas, elles ne portent qu'au mois d'Août.

Au lieu de pure terre on peut mettre des crottins de Cheval tout chauds dans de grands pots, les bien presser, & mettre par dessus deux pouces de haut de bon terrein mêlé de sable, & semer les *Amaranthes* dedans & y mettre quelques verres dessus pour les faire avancer.

Elles viennent mieux dans des pots qu'en pleine terre.

II

Il faut bien arroſer les *Amaranthes.*

Il eſt bon de les avoir toſt, afin que leur graine ait tout le temps de bien meurir, & de même il faut la laiſſer dans la ſerre durant l'Hyver ſur ſa fleur & dans ſa paille, quelque ſeche qu'elle paroiſſe, juſques à ce que les gelées fortes ſoyent paſſées, alors vous l'égrainerés, ſi bon vous ſemble.

Les plus belles *Amaranthes* ſont bordées de jaune, & il en vient qui donnent autant de differentes figures à leurs petits bouquets, qu'il y en a ſur leur pied qui eſt tout de fleur & en trés grande quantité, juſques à la groſſeur d'un pied ou environ de large, & d'un pied & demi & plus de haut.

Cette fleur dure deux à trois mois, & eſt une eſpece d'immortelle, il y en a de pluſieurs couleurs, ſçavoir de violettes, de pourprées, de cramoiſi d'orangées de rouges, de jaunes, &c.

C'eſt une fleur merveilleuſe & des plus belles qu'on puiſſe voir & qui eſt maintenant fort eſtimée parmi ceux qui la connoiſſent bien.

Elle ſe plaît où il n'y ait pas trop de Soleil, dans une trés-bonne terre, trés ſouvent arroſée.

DES ANÉMONES.

CHAPITRE I.

De la beauté des Anémones.

LES *Anémones* nous ſont venuës des Indes. Monſieur Bachelier grand Fleuriſte & des plus Curieux les en apporta, il y a environ quarante ſix ans.

La fanne de *l'Anémone* eſt ſi agreable qu'elle en releve la beauté.

Plus elle eſt friſée plus elle eſt jolie.

Sa touffe baſſe & bien garnie fait ſeule plaſir à voir.

Il y a bien de la delicateſſe ſur la tige de *l'Anémone,* pour être belle, elle doit être grande à proportion de la groſſeur de ſa fleur, & la porter ſans baiſſer ; trop haute ou trop baſſe elle eſt defectueuſe, trop groſſe ou trop menuë de même.

Le brillant du coloris eſt toûjours une qualité admirable dans les fleurs, ainſi dans les *Anémones,* comme dans toutes les autres, les ternés ſont à mépriſer, ce n'eſt pas à dire qu'il n'y ait à choiſir que des *incarnates, des couleurs de feu, des blanches* ou d'autres couleurs éclatantes, car il y en a de *biſares* & des *brunes* qui ſont mervilleuſes, mais il faut qu'elles ſoyent luſtreés.

Les *Nuancées* ſont rares & précieuſes.

Ves *Veloutées* ſont auſſi les belles.

Les *Pannachées* ſont preférables aux pures, pourveu qu'elles ayent les autres qualités de la beauté.

Une *Anémone* pour être belle, doit être groſſe, & pommée ; & il faut que la peluche faſſe le dome comme le pavot.

La peluche doit être fort garnie de Bequillons.

Les grandes feüilles doivent excéder la groſſeur de la peluche, mais pas de beaucoup

Quand ces grandes feüilles ſont pointuës ou étroites, c'eſt un grand défaut.

Les bequillons doivent auſſi être arrondis par le bout ; les pointus ſont deſagreables

Plus

Plus les bequillons sont larges, plus la fleur est considerable, si elle n'a point d'autre défaut.

Quelque grosseur & quelque coloris qu'ait une *Anémone*, dont les bequillons sont
fort étroits, elle est detestable, c'est ce qu'on appelle un *Chardon*.

Le cordon doit un peu se taire voir, & ne point exceder les premiers bequillons,
ni faire le bourlet par son épaisseur

Quand le cordon est de plusieurs couleurs differentes de sa peluche, ou des grandes feüilles, *l'Anémone* en est plus belle.

Le cordon ne doit point du tout avoir de grain, c'est une illusion que de dire qu'il
y a du grain qui s'allonge en fleurissant, & de pretendre que ce grain muable n'est
point la marque fatale à la plante.

Tout grain est une marque infaillible, que quand *l'Anémone* a quelques années
elle se vuide du milieu de sa peluche, & ne conserve plus que peu de bequillons.

Ceux qui prisent leurs *Anémones* quand elles ont du grain, n'en connoissent pas la
consequence : Il y a tant de difference entre une *Anémone* à grain qui n'a que trois ou
quatre ans, & une qui en a dix ou douze, que si elle vaut un Louis dans son commencement, elle ne vaut pas cinq sols sur la fin.

Les *Anémones* dont le cordon est fin & sans grain ne se vuident point.

Il ne faut pas juger entierement de la beauté d'une *Anémone*, la premiere ou la seconde année de sa naissance ; la vigueur d'une *Anémone* si nouvelle resserre souvent
ses nuances & ses pannaches, & elle embellit par la suite.

La culotte aide à connoître quand une *Anémone* doit augmenter en coloris Ce
qu'on apelle culotte est la moitié du dessous des grandes feüilles la plus proche de la
queüe, qui est ordinarement de differente couleur, que le bout des grande feüilles.

Quand la peluche est d'une seule couleur d'abord, & les grandes feüilles de deux
il y a lieu d'esperer que le même coloris de la culotte pourra monter dans les bequillons de la peluche.

Il y a des *Anémones* qui varient, qui sont panachées une année par grandes pieces
emportées sur les grandes feüilles, les bequillons bordés, une autre année tout sera
larmoyé, & une autre année les grandes feüilles seront tiquetées & les bequillons
purs. Ces *Anémones* sont preferables à d'autres car par leurs mêmes oignons, vous
aurés des differences comme si c'étoit d'autres plantes.

CHAPITRE II.

De la terre propre aux Anémones.

NOus n'avons point eu de Curieux jusques à present qui ait pû donner aucune
régle sur la terre des *Anémones*, ils se sont presque tous contentés de la terre naturelle de leurs Jardins, avec les amandemens qu'ils ont jugé necessaires, ou ceux
qui ont creu rafiner, en faisant rapporter de nouvelles terres, se sont trouvés si peu
satisfaits de leurs experiences, qu'ils ne s'en sont pas vantés.

Il y a des terres plus heureuses les unes que les autres pour cette plante ; mais il faut
toûjours les aider un peu.

On sçait généralement que *l'Anémone* veut une terre legere, mais on sçait généralement que *l'Anémone* est gourmande, il lui faut de la nourriture, le sable neantmoins lui plaît fort, il faut donc le fortifier par des terres & terrots convenables &
avec des quantités experimentées.

Tous les terrots chauds & gras font trés-nuifibles à *l'Anémone*. On pouſſe la pluſ-part des plantes par ces fortes de terrots, on a voulu eſſayer à pouſſer celle-cy de mê-me, & on a tout gâté. La poudrette auſſi bien que le fumier de pigeon y font fune-ſtes.

Il ne faut que de trés-legers engraiſſemens avec du terrot de fumier de cheval pourri deux ou trois années, ou avec du terrot des herbes qu'on arrache dans les Jar-dins, des feüilles d'arbres, des gouſſes vertes, de féves & de pois: Tout cela reduit en terrot fait merveille. Les raclures d'allées bien conſumées s'y peuvent mêler & fort à propos.

La meilleure terre ſe compoſe avec cinq hotées de ſable, trois hotées de terre frâche & quatre à cinq hotées de terrot.

On mêle toute cette terre compoſée au commencement d'une Autonne, pour ne s'en ſervir que l'année en ſuite au même temps.

Le long de cette année, il la faut paſſer quinze ou vingt fois par la claye, & quand on la doit mettre dans la planche, il la faut paſſer au crible de fil d'archal.

Ne vous contentés pas ſeulement de mettre cette terre compoſée dans vos planches ſi le fond de la terre de vôtre Jardin n'eſt pas ſablonneux & leger car s'il étoit de terre forte ou glaiſe, outre qu'il retiendroit trop les pluyes d'Autonne, qui gâtent fort les *Anémones*, les chaleurs du Printemps attireroyent une vapeur trop groſſiére qui nui-roit à la racine de vos *Anémones*: par conſequent ſi vôtre fond eſt de terre forte, fai-tes creuſer vos planches d'un pied & demy & rempliſſés en la moitié de terre ſablon-neuſe & l'autre moitié de vôtre terre compoſée pour les *Anémones*.

Si vous faiſiés jetter au fond du creux de vos planches, de trés-gros platras recou-verts de tripes de fagot, vous feriés beaucoup mieux, & enfin l'égout eſt trés-necef-ſaire aux terres où l'on plante des *Anémones*.

Il faut tous les ans de nouvelle terre à ces plantes, elles s'y plaiſent mieux que dans celles qui y ont déja ſervi.

CHAPITRE III.

Du Temps & de la Maniére de planter les Anémones.

ILy en a qui plantent dés environ la ſaint Jean Baptiſte les *Anémones*, qu'ils auront gardées de l'année precedente, & par ce moyen ils ont des fleurs en Autonne, pourveu qu'ils les mettent en bonne terre neuve, & un peu amandée & qu'ils les ar-roſent ſouvent durant les ſéchereſſes.

D'autres les plantent plus tard, vers la Saint-Remy d'Octobre, pour les avancer de pouſſer & les conſervent dans la terre durant l'Hyver, mais il faut qu'il ne gele point du tout.

Mais le temps de planter les *Anémones* eſt de prévoyance. Il faut juger à peu prés, ſi l'Autonne ſera pluvieuſe ou ſéche.

Heureux celui qui tire juſte. Si l'Autonne eſt pluvieuſe, plantés à la mi-Octobre, ſi elle eſt ſéche, plantés à la mi-Septembre, à moins que vos terres de fond du Jardin ou chaudes comme les ſables, ou froides comme les terres fortes, ne vous faſſent avancer ou reculer; il faut toûjours planter quinze jours plus tard qu'ailleurs, dans les terres ſablonneuſes, *l'Anémone* y avance trop.

Liſés ci aprés le commencement du Chapitre de la maniére de planter les Tulippes,

vous

vous trouverés les mêmes façons qu'il faut faire aux *Anémones*; tant pour dreſſer les planches pour leurs meſures, que pour l'arrangement des oignons ſur terre.

Les *Anémones* ne doivent point être miſes en terre plus avant de trois bons doigts, il faut faire leurs places avec la main dans la terre en forme de déplantoir, crainte de rompre leurs pattes, & prendre toûjours garde qu'elles ne ſe trouvent à l'endroit des traits croiſés.

Pour regarnir vos planches aux places des oignons qui pourriſſent, plantés pluſieurs oignons dans pluſieurs pots, un oignon ſeulement dans chaque pot.

L'*Anémone* ſort de terre trois ſémaines aprés y avoir été miſe, vous voyés bien alors où il en manquera; ne vous impatientés point de gratter juſques à l'oignon, ni de voir s'il eſt pourri ou pareſſeux, attendés plûtôt un grand mois, car en grattant quand l'oignon ſe trouve bon, on caſſe des pouſſans qui ſouvent le font périr. Mais enfin quand il n'y a plus d'eſperance, ôtés vos oignons pourris, de leur place & regarniſſés vos planches de ceux de vos oignons qui ſont dans vos pots qui auront pouſſé, car s'ils n'avoient pas pouſſé, ils pourroient bien être pourris, comme ceux des planches.

Il ne faut pas manquer de décrire les *Anémones* comme il ſera parlé des Tulippes cy-aprés.

Les bulbes d'*Anémones* ſe gardent deux ou trois ans ſans les replanter, les tenant en lieu ſec.

Si vous plantés des *Anémones* dans des pots en Mars, vous en aurés des fleurs vers la ſaint Jean Baptiſte d'aprés; pourveu qu'ils ſoyent bien gouvernés.

Par ce même moyen, vous en pouvés avoir encore des fleurs en tous les mois du Printemps, de l'Eté & d'une partie de l'Autonne; il n'y a qu'à en planter en tous les mois du Printemps.

CHAPITRE IV.
Du gouvernement des Anémones depuis qu'elles ſont en terre juſqu'à la fleur.

IL ſemble en cette plante encore plus qu'en toute autre que la délicateſſe ſoit annexée à la beauté. Plus vos *Anémones* ſont belles, plus elles ont beſoin de ſoin, elles veülent être arroſées en Autonne, lors qu'il y a de la ſéchereſſe & on leur fait grand plaiſir de les couvrir de toiles cirées quand il pleut trop.

Il ne faut pas ſe preſſer de les couvrir de paillaſſons aux premieres gelées, elles en valent mieux pour être un peu endurcies au froid, mais dans les fortes gélées, couvrés fortement par deſſus vos paillaſſons avec du fumier éteint, & ſelon que la rigueur de l'Hyver redouble, redoublés vôtre couverture, vous pouvés manquer en couvrant peu, & vous ne ſçauriés trop couvrir.

Qu'on ne neglige pas de découvrir & de donner de l'air aux *Anémones*, quand le tems eſt adouci & que la gelée eſt paſſée, mais de crainte d'être ſurpris, recouvrés les tous les ſoirs.

Si le froid recommence, recommencés vos couvertures, & toûjours couvrant & découvrant, attrapés la fin des gelées. Ne laiſſés pas dans le milieu de la Lune, lors que le tems clair vous promet encore quelques gelées blanches, de les couvrir la nuit avec des paillaſſons ſeulement.

Pour la propreté de vos planches & mêmes pour conſerver les fannes de vos *Anémones*, nettoyés les feüilles pourries, & ſi elles tiennent au pied, coupés les avec l'ongle, ne ſouffrés que des feüilles vertes.

Gouvernement des Anémones.

E 2

Si

Si tôt que les boutons commencent au Printems à venir à vos *Anémones*, car les boutons prématurés avortent ordinairement, arrofés au milieu ou à la fin du mois de Fevrier & couvrés les foirs, & recommencés vos arrofemens au bout de trois ou quatre jours felon la fécherefle ou l'humidité, voyés en les raifons generales cy-aprés au Chapitre des Tulippes, mais outre cela les *Anémones* demandent beaucoup plus d'eau & fouvent même dans le tems de leur production.

On leur donne l'eau telle qu'elle vient du puits, c'eft à dire fans être repofée ni échaufée au Soleil.

En Mars, il faut les arrofer, felon quelques uns, quelquefois; en Avril fouvent; ce que vous continuerés tant qu'elles foient en pleine fleur, & quand les fleurs feront bien épanoüies, vous les mettrés à l'ombre & les garderés de la pluye, afin qu'elles durent plus long-tems, parce que c'eft la pluye qui les gâte & les referme.

Lors que vos planches font en pleine fleur, fi l'ardeur du Soleil eft extréme, abriés les, ôtés les par jour 3. ou 4. heures du grand chaud, elles en dureront bien plus longtemps.

Vous trouverés dans le Chapitre des Tulippes, ce qui eft recommandé pour les remarques au temps de la fleur, imités les, & fi l'on vous a donné des *Anémones* fans vous faire leurs portaits, ne manqués pas de les décrire, afin de pouvoir l'année d'aprés arranger vos couleurs, ou plûtôt les difperfer pour rendre vôtre planche plus agréable par la varieté. La claire donne du luftre à la brune, & la brune augmente le brillant de la claire, De plus il feroit mal-plaifant fi vous plantiés au hazard, qu'il fe trouvât 7. ou 8. *Anémones* blanches, prés les unes des autres, & de même 7. ou 8. rouges. Décrivés donc vos fleurs pour les placer avec jugement.

CHAPITRE V.

Du tems auquel fe déplantent les *Anémones*, leur ordre & leur confervation.

C'Eft le Soleil qui régle le tems auquel on doit déplanter les *Anémones*; il y a eu des années où elles ont été déplantées un grand mois plûtôt qu'à d'autres, mais la marque fûre eft, quand la fanne jaunit pour fécher. Il ne faut pas la laifler fécher entierement, quand la plante n'a plus de feve, elle s'échauffe dans la terre & eft fujette à pourrir par la moindre humidité.

Il faut fuivre toûjours, en déplantant, l'ordre de vos memoires & bien reconnoître vos plantes.

Laiffés les fécher dans une chambre à l'air avant que de les ferrer dans leurs boëtes : ne les mettés pas pour cela en lieu trop chaud, elles en feront mieux de fécher lentement.

Epluchés les en fuite en ôtant tout le pourri & ce qui n'eft pas de l'oignon vif, car il y a fouvent au bout de l'Anémone, ou vers le cœur, une certaine quantité de l'oignon qui eft fpongieufe, qui fe rétrefit en féchant & qui aide beaucoup à la pourriture l'année d'aprés quand elle n'eft pas bien ôtée, c'eft pourquoi ne craignés point, en nettoyant, de couper jufques au vif.

L'Oignon d'Anémone fe garde bien une année ou deux fans être planté, il en fait même plus groffe fleur : & comme il y a des années pourriffantes, & que malgré tous les foins, les grandes gelées en font beaucoup perir, refervés toûjours au cabinet, de quoi vous remonter; la précaution eft de conféquence, en cette rencontre, & il y a eu des Curieux defolés, faute d'en avoir.

CHAPITRE VI.

Des Graines, du tems de les semer, & de leur Culture.

LEs Anémones doubles ne portant jamais de graines, nous n'avons que cel- *Tems de* les des simples à cultiver. Une certaine vertu particuliere dans une graine, *semer les* plutôt que dans un million d'autres, jointe à une dispofition de la terre, necef- *Graines.* faire pour la duplicité, reüffit heureufement; ou pour remonter plus haut que les *& de leur* caufes fecondes, cette bonté infinie du fouverain Eftre qui fonge à tout, jufqu'à *Culture.* nos plaifirs innocens, fait produire quelques *Anémones* doubles, parmi un tres grand nombre de fimples.

Il n'eft pas inutile à la fleurifon des *Anémones* fimples, de marquer les fleurs qui ont un tres grand vafe, une bonne forme dans les feüilles, des couleurs éclatantes ou bizarres, & un coloris luftré, fatiné, ou velouté. C'eft de celles-là qu'il faut prendre la graine pour en faire vos femences, & qu'il y a plus de fujet d'efperer d'heureufes productions, que des blanches, des pointuës, & des couleurs ternes.

On ne doit cüeillir cette graine que quand elle quitte la tête de la tige & qu'elle eft prête à s'envoler ou à tomber, car alors elle eft mûre: On la met dans une boëtte & on la conferve féchement jufqu'au mois d'Août pour la femer.

La façon de cette femence eft à remarquer & faute de la bien pratiquer, les graines pourront être perduës.

On ne doit femer cette graine que fur une terre bien preparée; fi vôtre terre eft forte, répandés deffus beaucoup de terrot de fumier de cheval tres pourri, fi vôtre terre eft legere & fablonneufe, mêlés avec vôtre terrot autant de terre franche bien déliée & mûre. Couvrés de quatre bons doigts de haut de vôtre amandement la terre que vous voulés femer, donnés après un petit labour de côte pour mêler vôtre amandement avec la terre du jardin, puis avec la four- che à fumier remêlés enfemble, & vôtre terre & vôtre amandement, de forte que cela s'enfonce environ parmi quatre bons doigts de vôtre terre, uniffés bien le tout au râteau & ne vous contentés pas de cela; car la dent du rateau qui fait fon creux nuiroit à la femence, mais prenés une baguette bien unie & la paffés legérement fur la terre, abbatés toutes les hauteurs & rempliffés les creux.

La graine d'*Anémones*, autrement la bourre d'*Anémones* fe tient tellement enfem- ble, qu'il faut la feparer: mettés dans un feau ce que vous avés envie d'en femer, & jettés deffus du fable fort fec ou de la terre fort déliée, maniés & remaniés vos grai- nes jufques à ce qu'elles foient entierement déjointes, autrement elles s'étoufferoient en groffiffant, fi elles fe tenoient enfemble.

Semes les fort claires, & quand vous en aurés couvert vôtre terre environ une toife de long, crainte que le vent ne la bouleverfe, furpoudrés la de terre & terrot mélés enfemble, & ne l'a couvrés d'abord qu'à demi pour l'arrêter feulement, & recom- mencés à la femer comme vous avés fait d'abord.

Quand vos femences font toutes répanduës & à demi couvertes, recommencés à les furpoudrer encore avec la même terre & terrot jufques à ce qu'elles foient couver- tes entierement & que toute cette premiere & feconde couverture n'aillent qu'à l'épaiffeur d'environ un petit doigt.

Uniffés après cela vôtre terre avec vôtre baguette, couvrés la de grande paille de la fimple épaiffeur d'une paille ou deux feulement; car le Soleil tuë cette graine, tant elle eft délicate, jettés quelques petites baguettes fur vôtre paille, pour em-

E 3

pêcher

pécher que le vent ne l'enléve, & arrofés legérement par deffus vôtre paille jettant ailleurs le fond de l'arrofoir, fi tôt qu'il ne verfe plus tres delié, de peur qu'il ne faffe des creux qui enterreroyent trop la graine. Ce premier arrofement doit être grand de cinq à fix arrofoirs, pour une toile de platte bande de trois pieds de large: Continués à arrofer bien moins pourtant de 5 ou 6 jours en 5 ou 6 jours quand il ne pleut point : laiffés vôtre paille quelque 15 ou 18 jours, afin que vôtre graine germe deffous.

Quand vous ne verriés pas vôtre graine germer, car quelquesfois elle ne germe qu'au bout de 5 ou 6 femaines, ne laiffés pas d'ôter vôtre paille au bout de 15. ou 18. jours, & prenés garde que vôtre terre ne feche point, mais auffi reglés vous, car fi vous l'arrofiez trop, la graine pourroit pourrir.

Vous devés faire cette femence au mois d'Août & fi toutes vos mefures font bien prifes & que vous vous gouverniés à propos, plufieurs de vos graines fleuriront au mois de Mars ou d'Avril en fuite.

Nettoyés foigneufement vos planches de toutes les méchantes herbes, elles étouffent les graines dans leur naiffance & les déracinent, quand on les enléve trop fortes.

Couvrés bien vos planches de graine pendant les gelées, & les découvrés au tems doux.

Continués vos nettoyemens & arrofemens le Printems en fuite, & lors que vos graines, qui font devenues des pois ou de petits oignons, veulent fecher leurs fannes, déplantés les avec grande patience, ou jettés la terre de leurs planches jufques au deffous des pois dans un crible tres fin d'archal, toute la terre paffe & les pois demeurent, mettés les fecher tout d'un coup en lieu tres fec avec leurs fannes & leurs racines, en les frottant entre les mains quand elles font féches. Ces fannes & ces racines s'en vont en pouffiére, les pois demeurent, vous les replantés par planches l'Autonne fuivant, & lors qu'ils fleuriffent vous parcourés vos planches ce qui peut y avoir de doubles, que vous decrivés quand elles en valent la peine, & que vous devés conferver avec grand foin, parce que ce font des efpeces uniques, que perfonne ne fçauroit avoir fans vôtre confentement, les belles fleurs uniques font bien d'un plus grand prix que celles qui font d'une même beauté & qui font communiquées.

CHAPITRE VII.

Lifte des Anémones à peluche.

Lifte des Anémones à peluche.

L'*Albanoife*, eft toute blanche, finon un peu d'incarnat au fond des grandes feüilles & de la peluche.

Albertine, eft de couleur de chair nuë d'incarnat, aucuns la nomment *Parangon ou Paffe fcalla*.

Abicante, fes grandes feüilles font d'un blanc fale, fa peluche eft blanche à l'éxtrémité, couleur de rofe; en Bretagne on la nomme *carnée*.

Amarantine, fes grandes feüilles font d'un rouge blafard, fa peluche d'un amaranthe brun, fur laquelle vient par fois une houppe ou floquet incarnadin.

Angelique, eft blanche, à peluche gris de lin.

Afiatique, fes grandes feüilles font blanches mélées d'incarnadin, fa peluche eft de couleur de grenade mêlée de blanc.

Afterie, ou *Aftrée*, eft blanche mêlée d'incarnat, elle fait groffes fleurs.

Au-

Augustine, ses grandes feüilles sont blanches mêlées d'incarnat, sa peluche couleur de feu.

Blanche vulgaire, celle-cy est toute blanche, les fleurs en sont petites.

Bleüe ou *quasi bleüe*, sa fleur en son entrée aproche du bleu, par aprés elle s'éclaircit, & finalement devient gris de lin.

Boulonnoise ses grandes feüilles sont blanches à fond incarnat, sa peluche entremêlée de blanc, d'incarnat & citron, elle demeure long-temps en fleur, sa peluche est fort bien rangée.

Briote, a les grandes feüilles blanches mêlées d'incarnadin, sa peluche toute incarnadine.

La Bury, est d'un blanc sale mêlé d'incarnat, sa peluche est fort étroite.

Candiotte, a les grandes feüilles d'un gris blanchâtre, sur fond incarnat, sa peluche incarnate bordée de feüille morte verdâtre.

Cassandre, est toute de couleur de Pêcher, plus haute en couleur que la Persiquine vulgaire.

Carnea grossa, est toute de couleur de chair en incarnat, sa peluche assés large : elle a été élevée en Italie.

Cazette ou *Cazettane*, a les grandes feüilles rouges bordées de couleur de soufre, sa peluche d'un haut rouge de feu.

Celestine, a les grandes feüilles blanches, sa peluche blanche, mêlée de citron, qui blanchit sur la fin.

Celidée, porte les grandes feüilles blanches mêlées d'incarnat, sa peluche celadon mêlé de couleur de rose.

Clitie, est d'une couleur de chair entremêlée d'incarnadin, sa peluche fort bien rangée à la maniére des Soucis doubles ; & c'est une des plus belles *Anémones* à peluche qu'on puisse voir.

Colombine, est toute d'une couleur, qui retire plus à la fleur de Pêcher qu'au Colombin ; ainsi elle a été mal nommée, elle est fort vulgaire.

Cord ou *Violet*, ou *Cinq-couleurs*, a les grandes feüilles & la peluche rouge, sa fraise ou cordon (qui croît plus qu'aux autres *Anémones*) devient de couleur violette tirant sur l'Amarante, peu de jours avant qu'elle défleurisse, sa tige ne se soutient pas bien droite, ce qui fait qu'on ne l'estime guere.

Cramoisie, est d'un rouge brun velouté, sa peluche fort bien rangée.

Damasine, est incarnate & blanche panachée distinctement ; c'est une des plus belles Anémones qu'on puisse voir.

Dorismene, a ses grandes feüilles incarnates mêlées de blanc, sa péluche rougeâtre.

Existée, Persiquine nouvelle & trés belle.

Extravagante, est ainsi nommée à cause que sa peluche est d'une figure toute extraordinaire ; sa couleur étant blanche, rouge & verte.

Gabrielle, ses grandes feüilles sont blanches, sa peluche verte, blanche & incarnate.

Galipoli, de *Toulouse*, est de couleur de feu mêlé de blanc.

Gayetane, ses premieres fleurs sont blanches à peluche pourpre, mais les dernieres deviennent colombines mêlées de fleur de Pêcher.

Herissée, ses grandes feüilles sont rouges & quelque fois mêlées de blanc, sa peluche est de couleur de feu.

Incarnadine d'Espagne, celle-cy porte le nom de sa couleur qui est trés-vive.

Jolivette, est de couleur de chair mêlée de rouge, sa peluche couleur de brique.

Indique, ses grandes feüilles sont couleur de chair mêlées d'incarnat, sa peluche celadon blanchissant mêlée de rouge.

Juliane

Juliane, a ſes grandes feüilles blanches mêlées d'incarnat, ſa peluche eſt incarnate

Limoſine, eſt de même couleur que l'extravagante, verd, rouge & blanc & lui reſſemble aſſez du reſte.

Lionnoiſe, a les grandes feüilles & la fraiſe ou cordon verte blanchâtres à fond colombin, ſa peluche colombine a l'extremité gris.

Mantuane, eſt de couleur de citron à fond incarnat.

Marguerite de Martelleti, eſt de couleur ſiameſe ; ſa peluche qui reſſemble aſſés bien à une fleur de Marguerite, eſt ſouvent entremêlée d'une autre peluche. qui vient plus large que la premiere.

Melidore, eſt toute de couleur de feu, brune, blanc.

Merveille de Bretagne, eſt moitié blanche & moitié cramoiſie.

Meteline, eſt d'un gris ſale mêlé de vert & d'incarnat.

Milanoiſe, eſt une Perſiquine, qui fait de groſſes fleurs.

Moreſque, eſt d'un mêlé d'incarnat, ſa peluche eſt étroite.

Morette, eſt de couleur de chair, la peluche aux pointes rouges.

Morine, eſt d'un haut violet approchant du pourpre, tant en ſes grandes feüilles qu'en ſa peluche.

Nantoiſe, eſt toute incarnate : elle vient de belle hauteur.

Natolie, eſt blanche mêlée d'incarnadin, tant en ſes grandes feüilles qu'en ſa peluche.

Noiron, a les grandes feüilles rouges, ſa peluche rouge, mêlée d'une couleur noirâtre.

Olinde, a les grandes feüilles violettes, quelquefois bordées de blanc, ſa peluche eſt toute violette.

Orientale, eſt d'un gris lavandé, tirant ſur la couleur d'ardoiſe, tant en ſa peluche qu'en ſes grandes feüilles : elle fait de groſſes fleurs.

Panne Iſabelle, on la nomme ainſi à cauſe que ſa peluche eſt de couleur Iſabelle ; ſes grandes feüilles ſont colombines, ou plûtôt couleur de Pêcher : Il faut noter que celle cy eſt ſujette à dégénerer en ſa peluche, laquelle change parfois ſa couleur & devient comme les grandes feüilles.

Pariſienne, a ſes grandes feüilles blanches, ſa peluche au commencement eſt couleur de citron pâle, qui blanchit aprés.

Parmeſane, porte les grandes feüilles blanches à fond rouge, ſa peluche couleur de roſe incarnat & feüille morte jaunâtre.

Perciquine, eſt toute de couleur de fleur de Pêcher, ſa peluche bien rangée, eſt fort commune à Paris

Picarde, nommée par quelques-uns *Junon*, eſt blanche mêlée de couleur de fleur de pêcher, tant en ſa peluche qu'en ſes grandes feüilles ; elle produit de groſſes fleurs.

Piedmontoiſe, ſes grandes feüilles & ſa peluche ſont d'un Iſabelle tirant ſur l'incarnat.

Provençale, eſt verte & fleur de Pêcher aſſez belle.

Quadricolor, dite à Paris *Amarante régale*, Monſieur Morin en avoit de quatre eſpeces.

La premiere porte ſes grandes feüilles rouges mêlées de blanc, ſa peluche d'une Amaranthe brune & une houpe ou floquette rouge au milieu.

La ſeconde, porte ſes grandes feüilles toutes rouges, ſa peluche amaranthe brune, ſa houpe d'incarnat bordé de blanc.

La Troiſiéme, dite *Belle Françoiſe*, a les grandes feüilles blanches mêlées d'un peu de rouge ; ſa peluche eſt d'amaranthe brune comme les autres precedentes, ſa houpe incarnadine.

La

La quatriéme, a les grandes feüilles rouges mêlées de blanc, sa peluche amaranthe brune, excepté le milieu qui est incarnat, celle-cy est la plus rare des quatre.

Renonculée, la couleur de celle-cy est toute de peluches larges, ne portant de grandes feüilles comme les autres Anémones; elle est couleur rose séche, tirant au violet.

Régale, est rouge mêlée de blanc, principalement en ses grandes feüilles.

Rouge vulgaire, celle-cy est toute rouge, & fort commune

La saint Carle, est d'un blanc sale & rouge vers le fond: sa peluche est fort déliée.

Sanguine de Martelletti, est toute rouge, sa fleur n'est pas si grande que la rouge vulgaire.

Scalla, a les grandes feüilles d'un blanc sale, sa peluche couleur de feu.

Sermonette, a les grandes feüilles & la peluche couleur de feu entre-mêlée de chamois.

Synople, est toute carnée differente toutes-fois de la *Carnea grossa*, cy-devant décrite.

Syrienne, ses grandes feüilles sont Isabelle pâle nué de carné, sa peluche vert clair, nué aussi de couleur de chair.

Toscane, est d'un rouge blafard mêlé quelque-fois de feüille-morte: elle dure beaucoup plus long-temps en sa fleur que beaucoup d'autres

Tripolitaine, est de couleur de citron blanchissant, s'éleve haut de terre & fait de grosses fleurs.

Turquoise, est blanche à fond incarnat, tant en sa peluche qu'en ses grandes feüilles, elle est trés tardive à fleurir, & fait ses tiges hautes.

Victorieuse, a ses grandes feüilles couleur de chair, mêlée d'incarnat, sa peluche feüille morte & incarnate.

Violette vulgaire, celle-cy en fleurissant est toute violette, mais aprés elle devient pâle & grisâtre: Les Italiens la nomment *Pavonasso*; les Flamans, *Cul de Tahon*.

Des Bassins.

IL y a des Bassins de diverses sortes & de differentes couleurs, car il y en a de blancs, de jaunes, de pâles, de simples, de doubles, de grands, de communs, de hâtifs & de tardifs.

Les grands, sont de deux façons, les uns unis, & les autres separés: les unis jettent six feüilles blanches & larges, qui portent l'une sur l'autre avec le gaudet au milieu de la même couleur.

Les separés ont pareillement six feüilles blanches avec un petit gaudet de même couleur; mais elles sont bien plus étroites & plus separées, & ne s'étendent pas si bien que les premiéres.

Les petits, ne different des grands que par la petitesse de leurs fleurs.

Le pâle, a les feüilles larges & bien unies, avec un gaudet couleur de citron.

Le jaune, fait une fleur un peu plus petite & a le gaudet un peu plus couvert en couleur.

Le double, est le plus estimé, tant à cause de l'abondance de ses feüilles, que parce qu'il est plus agreable à la veüe, mais comme il est rare, il manque bien souvent à fleurir.

Les Bassins, veulent avoir du Soleil, de la terre comme les potagers. Il faut leur donner la profondeur de six doigts, de la distance d'un demi pied. Au bout de trois ans les léver pour en ôter le peuple. Eux & les *Narcisses* veulent être les premiers levez & les premiers replantés.

Du Boüillon de Conſtantinople.

Du Bouil-
lon de
Conſtan-
tinople.

IL éleve ſa tige à deux pieds de hauteur ou environ, elle eſt entourée de pluſieurs taſſes qui s'étallant & pullulant, jettent quantité de boutons, leſquels étant ouverts forment comme une balle fleurie & ces fleurs qui ſont pleines de feüillages rouges, reſſemblent à des *Marguerites*. Cette fleur doit étre eſtimée, parce qu'elle dure trés longtemps en fleur & durant l'Eté.

Cette plante veut être au Soleil, mais dans une terre graſſe & détrempée. La racine ſe taille par morceaux, & dans le commencement du Printemps on les met dans des pots à la profondeur de deux doigts & on l'arroſe bien; en Hyver, on la retire dans un lieu chaud, & l'Eté quand elle eſt en fleur on la met à l'ombre, pour faire durer les fleurs plus long-temps & les rendre plus belles.

Des Catilinettes ou Marguerites d'Eſpagne.

Des Mar-
guerites
d'Eſpa-
gne'

LEs *Catilinettes*, que quelques-uns appellent *les Marguerites d'Eſpagne* élevent une tige, qui ſe diviſe en pluſieurs petites branches, qui ſe chargent de petits boutons longuets & marquetés, leſquels étant ouverts paroiſſent autant de petites boules rouges fort agreables à voir. Elles ne demandent rien qu'un grand Soleil, une bonne terre & quantité d'eau.

Des Clochettes.

Des Clo-
chettes.

LES Clochettes que quelques uns appellent *Narciſſes ſauvages*, & les autres *Narciſſes bâtards d'Eſpagne*, different non ſeulement en grandeur & en figure, ear il y en a de grandes, de petites, de ſimples, de doubles; mais encore en couleur, les unes ſont jaunes claires, les autres ſont d'un jaune lavé & quelques-unes blanchâtres.

La ſimple jette ſix feüilles, au milieu deſquelles ſort un gaudet, qui eſt preſque de la longueur d'un demi doigt étroit & rond par le fond, qui s'élargiſſant à l'ouverture, fait la figure d'une trompette ou d'une cloche.

La petite ne diff-ere de la grande que parce qu'elle eſt trop petite, lui reſſemblant entierement en tout le reſte.

La jaune lavée & la blanchâtre hors la couleur ne different en rien de la precedente.

Il y a quatre ſortes de clochettes doubles, ſçavoir trois grandes & une petite. Les grandes different ainſi.

La prémiere fait une fleur ſemblable au Narciſſe roſat, bien que le gaudet de celui-cy ſoit plus rond que celui de l'autre.

Cette fleur pour l'abondance de ſes feüilles eſt fort ſujette à ſe dépecer.

La ſeconde eſpece fait ſortir du fond de ſon gaudet un bouquet de feüilles aſſez touffu.

La troiſiéme a deux gaudets l'un dans l'autre, ce qui la rend trés agreable.

La petite eſpece double ouvre un tour ou deux de feüilles, au milieu deſquelles s'éleve un gaudet avec d'autres feüilles aſſez plaiſantes à voir.

Les Clochettes ſe doivent planter au Soleil, dans un terroir comme pour les potagers. Il ne leur faut que quatre doigts de profondeur & la moitié d'un empan de diſtance: on les leve tous les trois ans pour les décharger de leurs cayeux.

Comme les eaux ou les neiges les font ſouvent crever, il faut en ce cas, en revêtir les boutons avec de petites robes de carte ou autre choſe legere, & les arroſer doucement.

Du

Du Col de Chameau.

Du Col de Chameau.

LE *Col de Chameau* est ainsi nommé parce qu'en fleurissant il panche la tête, & courbe le col comme un Chameau. Il est autrement appellé, *Narcisse à la tête longue*, ou *Narcisse couronné*. Il s'en trouve de trois sortes, de blanc simple, de double & de blanc pâle.

Le blanc simple étend six feüilles, du milieu desquelles s'éleve un gaudet, dont l'extremité est bordée d'un petit trait rouge.

Le blanc pâle a la fleur plus petite, mais il porte aussi bien davantage, en faisant quatre ou cinq sur chaque tige.

Le blanc double, à cause de la plenitude de ses feüilles & de son gaudet doré orlé d'une ligne rouge, qui l'environne, enfermé d'une couronne, peut justement étre appellé *le Narcisse couronné*, car il est de tous, pour sa figure, sa plenitude, & sa bonne odeur, le plus beau & le plus estimé.

Il y en a beaucoup qui nomment cette fleur, *Rose de nôtre Dame.*

Cette fleur dans toutes ses trois especes, ne veut pas avoir beaucoup de Soleil, elle se plait dans un fond de bonne terre grasse & détrempée, de la profondeur de quatre doigts, un demi empan de distance. Il la faut recouvrir avec la terre à potager pour la faire plus facilement fleurir. On les tire tous les trois ans pour en détacher les cayeux.

De la Consoude Royale.

De la Consoude Royale.

Cette plante est nommée *Trachelio d'Amerique*, & par plusieurs *la fleur du Cardinal*, Elle pousse sa tige comme une asperge & quelquefois elle se divise en plusieurs petites branches, qui se chargent d'une infinité de fleurs si bien arrangées, qu'elles semblent un pannache : Elles sont toutes d'une certaine couleur, qui donne dans le rouge brun, de sorte que ces fleurs semblent étre de Veloux, elle est semblable à *l'éperon de Chevalier*, elle est simple.

Elle aime le grand Soleil, une terre grasse & détrempée, elle se conserve mieux dans des pots à la profondeur de deux doigts : Quand on l'arrose on l'oppose promptement au Soleil. L'Hyver on la serre dans un lieu chaud & aëré. On la leve tous les ans au mois de Fevrier pour en ôter le peuple que l'on met dans d'autres pots, pour en avoir de la race.

De la Cornette,

De la Cornette.

La *Cornette* comme un arbrisseau a plusieurs petites branches, qui portent quantité de fleurs faites comme les gaudets des *Clochetes* doubles ; elle est violette par les bords & tire au rouge : Elle a une bonne odeur & comme elle vient de graine, on la reséme tous les ans.

De la Couronne Imperiale.

De la Couronne Imperiale.

Cette fleur est encore appellée le *Lys Royal*. Elle jette au dessus de sa tige, comme une petite touffe de feüilles, qui produit de tres agréables fleurs, qui poussant autour de cette verdure & pendant en bas, forment une *Couronne*, que l'on apelle *Imperiale*.

Ces fleurs qui ressemblent à des Lys, bien qu'ils n'ayent pas les bords renversés & qu'ils ne s'écartent pas tant à l'ouverture, ne viennent pas toûjours dans un nombre egal, parce que quelquefois il en fleurit peu, & quelquefois beaucoup : Elles ne sont pas aussi toûjours de meme couleur, parce que tantôt elles sont jaunes & tantôt orangées &c. Ce n'est pas seulement dans la couleur que cette *Couronne* est changeante,

F 2

ante,

ante, mais aussi dans l'ordre & l'arrangement de son tour, car il y en a à un, à deux, & à trois étages. Du milieu des fleurs il s'éleve de certains petits brins jaunes, au nombre de sept, dont celui du milieu est plus long & plus gros par le bout que les autres. Chaque feüille de cette fleur a dans le fond une certaine humeur aqueuse, qui forme comme une perle tres blanche, qui distille par aprés peu à peu des gouttes d'eau tres nettes & tres claires. Bref cette fleur est tres agreable à la veuë, mais bien loin de plaire à l'odorat, elle est extrémement puante.

La *Couronne Imperiale* ne veut de Soleil que mediocrement, une terre à potager, la profondeur & la distance de quatre doigts. Comme l'oignon n'a point de robe & qu'il est fort tendre, il ne faut le lever de terre que pour en détacher les cayeux, ce qui se fait au mois de Septembre, où on les replante aussi-tôt: Et si on les veut tenir hors de terre, il les faut serrer dans des boëttes, & les envelopper dans du papier.

Du Cyclamen.

OUtre le *Cyclamen* rouge commun, que l'on voit venir en quantité de soi méme dans les champs, il s'en trouve encore de quatre especes de blanc, dont il y en a un qui est tout blanc, & un autre qui a l'extremité rouge, tous deux ont la fleur simple: La troisiéme espece est double, & toute remplie de feuilles: toutes ces trois fleurissent au Printems, & ont une odeur tres agreable. Il y en a encore un blanc qui fleurit au Printems, qui quoi que sans odeur, ne laisse pas d'être fort estimé.

Le *Cyclamen* de Printemps veut être au Soleil, & celui de l'Autonne se plaît à l'ombre; mais il leur faut à tous deux une bonne terre, grasse & legere. On les plante à deux doigts de profondeur dans de grands pots, dans lesquels quand la racine se sera tellement multipliée, qu'elle les remplira, ce qui se connoit à l'épaisseur des feuilles, on en leve en motte une partie, que l'on replante dans d'autres pots.

Ses racines se multiplient, ou en les coupant aprés que ses feuilles sont tombées, ou en les semant. De ceux qui se coupent, chacun doit avoir un oëil entier & qui ne soit point entamé. Il faut recouvrir de cire d'Espagne ceux que l'on coupe, & les ayant replantés, il leur faut mettre, de la terre maigre, tout proche, mais tout le reste doit être de terre grasse & legere. Et afin que la grande humidité ne leur nuise pas, il ne les faut arroser que quand ils auront commencé à pousser.

Pour les faire venir de graine, on fait ainsi. On fait sortir la graine qui est dans le bouton: Celui du Printemps se semera au Printemps & celui de l'Autonne en Autonne, dans des pots preparés avec de bonne terre pour cet effet, aprés quoi il faut les mettre au Soleil & on ne les transplante qu'au bout de trois ans.

Du Dictame.

DIoscoride & *Theophraste* font mention de trois sortes de *Dictame*; mais pour nous qui nous arrêtons plûtôt à la beauté des fleurs, qu'à l'usage de la Medecine, nous n'en distinguons que deux, qui ornent particulierement nos jardins, sçavoir celui de Candie & le Nôtre. Ils produisent tous deux plusieurs petites branches menuës, qui s'élévent jusques à deux pieds de hauteur ou environ, revêtuës de feüilles qui sont tres bien arrangées deux à deux tout autour. Les plus hauts produisent à leur extremité des pannaches de fleurs: celui *de Candie* est rougeâtre & *le Nôtre* est blanc. Ils sont d'autant plus à estimer qu'ils ont une qualité merveilleuse, elle est telle que les fleurs qui ont été meurtries, ou blessées sur le pied, quoi qu'elles fussent sans odeur, pour peu qu'on les y fasse toucher, il leur communiquera la senteur qu'il exhale, & qui pour être forte, n'en est pas moins agreable. Il demande une culture ordinaire.

De

De l'Eternelle.

De l'Eter-
nelle.

LES feüilles & la tige de cette plante font d'une certaine couleur verte blan-châtre. Au haut des tiges, il vient de petites fleurs ramaſſées en bouquets, qui font autant de petits boutons jaunes de paille, & d'autant que la fleur, quoy que coupée de deſſus le pied, ſe conſerve fort longtemps, ſans changer de couleur, on la nomme *Eternelle.* Il ne lui faut que la culture commune & ordinaire.

De L'Ecarlate ou Croix de Chevalier.

L'Ecarla-
te ou
Croix de
Chevalier.

CEtte fleur que quelques-uns appellent *Reine des Plantes,* à l'extremité de ſa tige produit quantité de petits boutons, qui forment comme un paraſol, leſquels s'etant ouverts ſemblent autant de petites croix d'écarlate, & c'eſt pour cette raiſon qu'il y en a qui la nomment la Croix de Chevalier.

Elle veut beaucoup de Soleil, une terre à potager : on l'arroſe quand elle en a beſoin.

De la Fritelleria.

La Fritel-
leria.

ELle eſt encore appellée *Narciſſe Chaperonné,* du nom de celui qui l'a trouvée. D'autres la nomment *Lys marbré,* & d'autres *Meleagride,* qui veut dire *Poule d'Afrique* ; parce qu'elle eſt tachée comme cet animal.

Du haut de ſa tige, il pend deux fleurs en forme de clochettes tachées de couleurs en forme d'échiquier, mais il y en a qui ne font d'une ſeule couleur, leſquelles ont les côtes blanchâtres, ſur leſquelles s'étend une certaine ligne verte juſqu'au milieu de la feüille, & du milieu de la fleur il s'éleve de petits filets entre ſix petits brins jaunes, qui ſemblent couverts de pouſſiere.

La Fritelleria eſt plus ſeurement dans les grands pots que dans des planches ; Elle ne veut pas trop de Soleil, une bonne terre graſſe & détrempée la profondeur de trois doigts, & on la léve au mois de Septembre.

Les Gans.

Des Gans

LE Gans eſt une fleur qui vient de graine ; Il s'en trouve de trois couleurs, car on en voit de *blanc,* de *rouge* & *d'incarnat.* La feüille de cette fleur eſt comme la bourrache, ſinon qu'elle eſt plus grande & moins rude ; La tige qui s'éleve quelques-fois à trois pieds de terre, ſe couvre dés le fond de quantité de boutons qui font comme une longue pyramide, & quand les fleurs font ouvertes, il ſemble que c'eſt autant de gans ; & c'eſt pourquoy on leur a donné ce nom par le rapport de leur figure.

Cette plante veut beaucoup de Soleil, une terre à potager ; on l'arroſe quand elle en a beſoin.

Geneſt blanc.

Geneſt
blanc.

CE Geneſt s'éleve ſi haut & ſi proprement, qu'on le pourroit compter avec les arbres : Il pouſſe pluſieurs branches deſquelles s'éleve une quantité de petits brins delicats & pointus, qui s'étendent juſques a la hauteur d'un pied & demy, ou deux pouces ; & ſes brins jettent de certaines petites feüilles faites comme celles de la ruë, & des fleurs en grande quantité, qui font rouges par le fond & toutes blanches au reſte, leſquelles étant de prez attachées aux branches ſemblent autant de perles deſtinées pour leur ornement.

Ce Geneſt veut le Soleil mediocrement, une terre à potager, dans les chaleurs il faut l'arroſer, & parce qu'il vient de graine on en ſeme, & comme ſa ſemence

à l'écorce dure, on pratique pour l'attendrir les régles qui ont été données cy devant
dans le onziéme Chapitre des graines, dans la premiére partie de cet ouvrage.

De la Girofée.

De la Gi-
rofée.

LA *Girofée*, éleve sa tige & a ses feüilles faites comme de la sauge, à l'extremité
des branches & dans des nœuds par-ci par là, il y vient quantité de fleurs ramaf-
fées en bouquet. Il y en a de blanches, de rouges & d'autres couleurs.

Elle veut la même culture que les Oeillets & pour en avoir du plant, il en faut
semer la graine.

De la Gigantine ou Farnesienne.

La Gi-
gantine.

ELle éleve sa tige à la hauteur d'un homme, & jette plusieurs branches qui se di-
visent encore en d'autres plus petites. Ces branches produisent grande quantité de fleurs jaunes : Les feüilles qui sont autour sont frisées dans le milieu & pendent à
de petites queües. Elle fleurit dans l'Autonne.

Elle aime le grand Soleil & une terre grasse & humide ; on la plante à quatre ou
cinq doigts & tous les deux ans on la léve pour la détaler. Il faut l'arroser dans le
temps.

Des Iacinthes.

Des Ja-
cinthes.

LES *Jacinthes* pour leur diversité, sont comme autant de Prothées dans les Jardins, qui font agreablement la guerre avec les *Narcisses*, car il s'en trouve de
tant de sortes, & de si differentes couleurs, que c'est une merveille.

Ces fleurs semblent de petits gaudets, qui sortent de leur tige attachés separément
chacun sur une petite queüe : Elles forment par en bas un petit bouton au dessus duquel il s'éleve comme de petits canaux plus étroits, qui s'élargissant à l'ouverture avec
certaines petites feüilles découpées & renversées, font la figure d'autant de petits
Lys. Elles fleurissent la plûpart tout autour de la tige les unes plus dures, les autres
plus claires.

Il y en a qui n'aménent que peu de fleur & d'autres qui fleurissent en abondance,
que l'on appelle pour ce sujet *Polyanthes*, c'est à dire bien fleuries. Les unes ont des
gaudets communs & les autres en ont de plus grands, & on les appelle *Orientaux*.

Il y en a qui ont des feüilles & d'autres qui n'en ont point ; Il y en a de simples &
de doubles. Il s'en trouve de hâtifs, de communs & de tardifs.

La couleur en est si differente, que l'on en voit de blancs, qui ont le gaudet incarnat, de rouges, de lavez, de bleus, de cendrés, de couleur de rosmarin, de
verts, & de plusieurs autres couleurs, de sorte qu'il ne faut pas s'étonner si étant si
differens les uns des autres, ils ne demandent pas tous une semblable culture. C'est
pourquoi nous les diviserons en trois ordres pour plus grande facilité.

Nous mettrons dans le premier rang ceux qui demandent une culture générale.

Dans le second, ceux qui en veulent une particuliére & dans le troisiéme nous ne
parlerons que des *Jacinthes*, qui ont été apportés des Indes.

Premier ordre des Iacinthes.

Premier
ordre des
Jacinthes.

LES *Jacinthes* que nous mettons dans le premier rang, sont le blanc commun, le
blanc dont le gaudet est incarnat, *le blanc clair*, qu'on appelle le *Jacinthe* du par-
fumeur, *le bleu tirant au rosmarin*, *le bleu couvert*, qui est de la couleur d'une Turquoise,

&

& trés odoriferent, on l'appelle *Jacinthe de Bizance* ou de *Conftantinople : Le cendré, le violet cramoifi hâtif, le violet à feüilles fraifées,* nommé, *le riche cramoifi, le violet marbré, le bleu mourant double,* qui a quantité de petites feuilles.

Tous les *Jacinthes* cy-deffus nommés, veulent être expofés au Soleil, demandent la terre comme celle des potagers. Il leur faut donner la profondeur d'un demy-pied & autant de diftance de l'un à l'autre. Au bout de trois années on les léve pour les décharger d'une trés nombreufe multiplication.

Second ordre des Jacinthes.

CEux que nous mettons dans le fecond rang, font *le blanc hâtif, le blanc tardif Oriental, le Violet feüillu, l'incarnat lavé tardif, le bleu Polyanthe, le verd double, le refineux* ou *grenu, de Cyprés, le blanc de Flandre, l'incarnat tardif, le Turquois* & *le tanné d'Espagne.*

Second ordre des Jacinthes.

Le *Jacinthe blanc hâtif* fe plaît affés au Soleil, dans une terre comme celle des potagers : Il lui faut quatre doigts de profondeur & un empan de diftance : & d'autant qu'il multiplie beaucoup, il faut le lever tous les deux ans pour en ôter les cayeux.

Le *Blanc tardif Oriental* veut auffi un lieu expofé au Soleil, & une terre de même que le précedent, la profondeur d'un demi-pied & autant de diftance, celui-cy fe léve tous les ans dés que les feüilles en font feches, parce qu'il a l'oignon fort tendre, de forte que fi on le laiffe en terre, ou le Soleil le brûle, ou l'eau le pourrit.

Le *Violet feüillu* & *l'incarnat lavé tardif* demandent la même culture que le précedent.

Le *Bleu polyanthe* veut le Soleil. une terre neuve & maigre, un demi pied de profondeur & autant de diftance : il faut en recouvrir les oignons avec deux doigts de bonne terre graffe & bien détrempée, afin que la maigre qui eft deffous empéche la pourriture & que la bonne & graffe de deffus leur donne un aliment temperé, il faut les léver tous les trois ans pour en ôter les cayeux.

Le *Vert double* fe plaît plus à l'ombre qu'au Soleil, parceque le grand Soleil l'éclaircit tellement qu'il devient cendré. Il veut le terroir des potagers, un demi pied de profondeur, & autant de diftance. Il s'éleve comme le precedent.

Le *Refineux* ou *grenu* qui étend fes fleurs en forme de grappes, demande du Soleil, la terre, la profondeur, la diftance & levé comme les autres cy-deffus.

Le *Cyprés,* qui eft un Jacinthe femblable à l'arbre de ce nom, eft encore appellé *Jacinthe de Sienne,* parce que c'eft dans le Jardin du Duc de Sienne qu'on dit qu'il a été premiérement élevé. Il ne veut pas beaucoup de Soleil, mais une bonne terre forte, la profondeur de quatre doigts & un empan de diftance. Il ne veut point être mêlé avec d'autres fleurs & veut être levé comme ceux cy-deffus.

Le *Blanc de Flandres,* le *Turquois* & *l'Incarnat,* ne veulent pas beaucoup de Soleil demandent la profondeur de trois doigts & quatre de diftance. Et comme les oignons n'ont point de robe & qu'ils font fort petits, ils ne font pas trop bien hors de terre, c'eft pourquoy il ne les en faut pas tirer, mais feulement ôter les cayeux.

Le *Tardif jaune d'Espagne* demande l'ombre, une bonne terre forte. Il faut le planter & le lever de la maniere des autres.

Des Iacinthes d'Indes.

IL y a deux fortes de Jacinthes qui ont été apportés des Indes en ce païs-cy Le premier eft le *Polyanthe étoilé,* qu'on appelle encore le *Jacinthe du Perou.* Il produit

Des Jacinthes d'Indes. a

à l'extremité de fa cime, comme un gros épi compofé de plufieurs boutons, qui s'écartant & fe feparant les uns des autres, forment un bouquet rempli d'étoiles varié d'incarnat blanc & bleu : Il eft vray qu'ils ne fleuriffent pas tous à la fois, mais ils commencent par le bas, & quand les uns fleuriffent, les autres paffent : c'eft ce que nous appellons *Jacinthe des Poëtes*.

Cette fleur veut être à l'ombre, une terre de potager, quatre doigts de profondeur & un empan de diftance : & parce qu'elle multiplie beaucoup, il faut en lever l'oignon tous les ans.

La feconde efpece de *Jacinthe d'Inde* c'eft la *Tubereufe*, voyés cy-après au Titre de la *Tubereufe*.

Des Iafmins.

Des Jaf-mins. IL y a plufieurs efpeces de Jafmins, car outre le *jaune fauvage* & *le blanc commun*, nous avons encore celui *d'Efpagne double*, celui *d'Arabie*, *d'Amerique*, & *le grand Jafmin d'Inde* qui a la fleur toute rouge & celui de *Catalogne*.

Ce *Jafmin de Catalogne* produit dans l'extremité de fes branches une fi grande multitude de fleurs, qu'il y en a abondamment pendant tout le Printemps, & l'Autonne Il eft d'un blanc pâle, qui devient à la fin taché de marques incarnates : chaque fleur a cinq ou fix feüilles en ovale, une fois auffi grandes que celles du Jafmin commun : il a trés bonne odeur.

Le *Jafmin d'Efpagne double* eft de la même couleur, & a auffi 5. ou 6. feüilles partagées en Etoiles, du milieu defquelles il s'en éleve encore 3 ou 4. qui fe refferrent quelque-fois comme une petite balle. Il fent auffi trés bon, mais il a l'odeur plus forte que le precedent. Cette fleur fe maintient 4. ou 5. jours dans fa beauté fur la plante, de laquelle elle ne tombe jamais, mais elle féche deffus & par fois les boutons fe r'ouvrant, fleuriffent une feconde fois.

Le *Iafmin d'Arabie*, que les Arabes appellent *Zambach*, & que d'autres nomment *Lylas d'Arabie*, parce, peut-être, qu'il a les feüilles femblables à nôtre Lylas blanc, mais fans tranches autour de l'ouverture.

Il fleurit au Printems, & pendant toute l'Autonne, les fleurs en font d'un blanc pâle, qui jaunit dans le fond, elles naiffent au haut des branches & font delicates attachées à leurs petites queües : Elles ont deux tours de feuilles, au nombre de neuf ou douze, tout au plus, avec un petit tuyau, & exhalent une merveilleufe odeur, qui approche beaucoup de celle de la fleur d'Orange.

Le *Jafmin d'Amerique*, appelé en ce pays-là, *Quamoclit*, & autrement par quelques-uns, comme l'Américain, le *Jafmin rouge d'Inde*, le *Iafmin à mille feüilles*. Cette plante porte à chacune de fes branches une fleur ou deux de couleur de rofe féche, mêlée de quelques lignes d'autres couleurs & ayant cinq filets pâles. Ces fleurs s'étendent en tuyau & puis à l'orifice elles fe partagent en cinq quartiers : Elles fleuriffent au commencement du mois d'Août & ne finiffent qu'au mois de Septemtre. Cette plante eft pleine de nœuds, de branches & de feuilles qui femblent des plumes, éleve & étend fi bien fes branches, qu'on en peut failement couvrir quelque tonnelle que ce foit.

Le *grand Jafmin d'Inde*, jette une grande abondance de boutons dans l'extremité de fes branches, qui pendent en bas, tous lefquels boutons fe refferrant enfemble font un bouquet tout rouge, & étant crûs à la grandeur d'un demi doigt, ils s'ouvrent & de leur ouverture fortent comme des tuyaux de la longueur d'un doigt d'une couleur jaunâtre, menus par en bas, plus gros par le milieu & un peu plus ferrés par le col, qui renverfe cinq feüilles découpées & fait la figure d'un Lys : Il fort du fond quelques brins jaunâtres, dont celui du milieu qui eft blanchâtre, eft plus long que

les

les autres. Ceux qui ont de petites lignes de couleur dorée, peu à peu se couvrent de rouge, & se chargent tellement de cette couleur, qu'ils semblent de velours. Cette plante fleurit l'Eté, & ne contribue pas peu pour lors à l'ornement des Jardins.

Le *Jasmin jaune odoré d'Inde*, qui pousse des branches dés le bas du pied jusqu'à la cime, desquelles naissent les fleurs attachées à leurs queuës comme le jasmin commun, mais arrangées d'une telle maniere, que chaque cime de branche semble un bouquet de fleurs fait à plaisir, est jaune, & quoy qu'il ait les fleurs plus petites que le Jasmin de Catalogne, elle durent pourtant plus longtemps, outre qu'au prix que la plante profite; les fleurs s'augmentent d'année à autre. Il sent bon non seulement frais, mais aussi quand il est flêtri & seché.

D'autant que les jasmins sont des fleurs delicates de leur nature, on doit avoir un soin particulier de les cultiver regulierement.

Le *Iasmin de Catalogne* veut un grand Soleil, l'aspect du Levant, une terre grasse & detrempée & être arrosé souvent. Il se conserve mieux dans des pots qu'en pleine terre. Pour en perpetuër l'espece on en ente des brins sur des jasmins communs, qui doivent être plantés plus de six mois auparavant dans des pots: on les plante au mois d'Octobre, & les meilleurs sont ceux qui ont le plus de racines, qui sont plus unis & qui ont moins de nœuds: Le brin doit être de la grosseur d'un doigt: A la fin de la Lune de Mars il faut enter ceux d'embas & ceux qui sont plus proches du pied sont les meilleurs; Aprés en ayant ôté tout le germe avec des ciseaux, on coupe l'œil de tous les germes & faisant ainsi ils redoubleront & porteront quantité de fleurs. On les replante tous les ans dans la même terre à la fin de la Lune de Mars: Il le faut arroser quand il en a besoin. On le taille ric à ric de la tête de l'ente, on le peut enter en écusson au mois de Juin & au mois de Juillet: L'Hiver il le faut serrer de peur du froid, & s'il est en pleine terre, il faut le couvrir avec des nattes, des planches ou couvertures propres à cela.

Le *Iasmin d'Espagne* étant de la même espece demande la même Culture.

Le *Iasmin d'Arabie* démande la même situation, la même culture & les mêmes sujétions. Il a pourtant cela de plus, que tous les ans on lui coupe les brins, comme il a été dit du Jasmin de Catalogne, lesquelles branches ainsi coupées se redoublent. La seconde année on les taille, leur laissant les branches un peu plus longuettes: Continuant la troisiéme & la quatriéme année à les tailler, on les laisse toûjours plus longues, jusques à ce qu'elles paroissent assez grosses pour ne leur ôter que le bois sec & le mauvais.

Le *Iasmin d'Amerique* se reséme tous les ans, parce qu'il ne s'ente pas: Et comme la graine en est fort dure, il la faut laisser infuser dans l'eau au Soleil jusqu'à ce qu'elle s'enfle, & en planter aprés deux ou trois dans châque pot, en bonne terre grasse à la profondeur de deux doigts. Ce qui se doit faire au mois de Mai & de Juin au commencement de la lune. Il la faut continuellement arroser sur le milieu du jour pour la faire lever par la chaleur du Soleil, l'humidité de l'eau & la bonté de la terre en huit jours de tems. Quand elle s'est élevée de deux doigts, on leve la terre en motte qui y tient & l'on n'y en laisse qu'une, & celles qu'on a tirées se réplantent à part dans d'autres pots, aprés quoi il les faut toûjours arroser, même il est bon de mettre les pots dans des seaux & arroser encore la terre par dessus.

Il faut lui disposer des supports, afin qu'il se puisse facilement élever, & quand il est élevé, on coupe toutes les extremités pour lui donner plus de force & lui faire jetter plus de fleurs.

La Culture du *grand Iasmin d'Inde* est semblable à la precedente, c'est pourquoi il lui faut aussi preparer une perche ou quelque bois pour lui lier du fil de fer,

dont les nœuds ne fe pourriffent pas, il veut être en bonne terre, on l'arrofe abondamment tous les foirs au Printemps & dans l'Eté.

Pour le perpetuer, avant que les boutons groffiffent dans le Printems, on en
coupe un brin, qui doit avoir trois yeux, on le ratiffe un peu avec le couteau par bas,
puis on le plante jufqu'au deuxiéme œil, de forte qu'il n'y a que le troifiéme qui eft
hors de terre, ainfi il prend promptement racine & pouffe du vert & des fleurs en peu
de tems.

Le Jafmin jaune d'Inde, pour être perpetué doit être cultivé de cette maniere. On
choifit une des branches les plus baffes, & fans la détacher de la plante, on la coupe
proche du pied environ d'un doigt : cette entaillade faite en dehors doit aller jufqu'à
la moëlle en travers & commencer en deffus, & l'ayant un peu entr'ouvert, on y
met une petite pierre, puis on recouvre la playe avec un peu de craye détrempée ou
de terre glaize. Il faut remettre au deffus du pot des morceaux de tuile pour empêcher que la terre que l'on met pour couvrir l'entaillade, ne tombe : Apres l'avoir bien
arrofée, on la met au Soleil, à l'abri de la bize : Il faut le retirer du froid pour peu
qu'il en faffe, parce qu'il le craint plus que toute autre chofe. Au bout de l'an la racine provignée ayant pris des racines du pied, fe replante promptement en bonne
terre dans des pots que l'on a preparés exprés & par cette induftrie on fuplée au défaut de la nature de cette plante, qui ne graine point.

Des Ionquilles.

Bien qu'il y ait grand nombre d'efpeces, de Jonquilles, elles fe reduifent pourtant
à douze, qui font les plus finguliéres & les plus eftimées, elles fe nomment.

La *Ionquille de Lorraine*, la *Ionquille recoquillée*, la *Ionquille au grand gaudet*,
les *Jonquilles d'Efpagne*, grande *& petite*, la *fimple & la double*, font toutes d'un
jaune clair.

Outre celles-cy il y a encore *la grande Ionquille blanche & la petite, la blanche à gaudet citronné, & la blanche & la verte d'Autonne.*

La Ionquille de Lorraine unie a fix feüilles d'un beau jaune clair, qui portent les
unes fur les autres, & c'eft pour cette raifon qu'elle eft apellée unie ; Elle a le gaudet
au milieu, qui s'éléve de la groffeur d'un demi doigt & eft frifée par le bord : Elle
n'aporte pas beaucoup de fleurs, mais elle fuplée bien à ce defaut par la vivacité de
fa couleur, & parce que c'eft celle de toutes les jonquilles qui eft la plus durable & la
plus affûrée.

La Ionquille recoquillée eft ainfi appellée, parce que le bord de fes feüilles fe renverfe. Elle eft differente de la precedente dans fon gaudet, qui eft plus large &
moins pliffé, comme auffi dans fa couleur qui eft plus couverte : & outre cela elle eft
bien plus couverte dans fa fleur.

La Ionquille au grand gaudet eft ainfi nommée, parce que fon gaudet, qui eft
également rond & beau, eft pourtant beaucoup plus long que celui des deux autres
efpeces cy-deffus, bien que fes fleurs & fes feüilles, qui font découpées, en étoiles,
foient plus étroites.

Les Ionquilles d'Efpagne, ainfi dites parce qu'elles ont été aportées d'Efpagne, font
infinies dans la diverfité de leurs fleurs, parce qu'il y en a qui les aportent grandes,
d'autres petites, les unes claires, les autres plus pleines ; elles font pourtant toutes
de la même couleur, qui eft un beau jaune clair & ont une tres agreable odeur.

La grande Ionquille blanche eft differente de la grande fimple d'Efpagne, pour la
couleur & pour l'odeur, parce que celle-ci ne fent rien.

La petite blanche differe auffi de celle d'Efpagne, en ce qu'elle a la fleur étroite
& qu'elle eft fans odeur,

La

La blanche au gaudet citronné, ne differe de la grande blanche, que parce qu'elle a le gaudet d'une autre couleur : cette même jonquille produit quatre ou cinq fleurs blanches, qui tirent à une couleur blanchâtre, avec le gaudet au milieu, mais un peu plus obſcur. On l'apelle encore, *Ionquille de Mouton*, parce qu'elle pend en bas, & rebrouſſe ſes feüilles en haut & ainſi fait la figure d'un mouton qui cornaille.

La Ionquille blanche d'Autonne jette trois fleurs blanches qui n'ont pas grande odeur ; Elle pouſſe ſa tige avant les feüilles.

La Ionquille verte étoilée, qui vient auſſi en Autonne, a les feüilles découpées en étoiles : Elle fleurit avant que de jetter aucun vert du pied.

Les Ionquilles ne veulent avoir du Soleil que mediocrement, & demandent une terre qui ne ſoit ni forte ni legere ; la profondeur de trois doigts & autant de diſtance, on les leve tous les trois ans pour en ôter le peuple.

La blanche & la jaune double ſont mieux dans des pots que dans des planches. Elles veulent un fond de terre graſſe & détrempée, mais le lit ſur lequel on les plante doit être d'une terre maigre, dans laquelle ayant couché les oignons, on les recouvre de même terre legere & maigre à la hauteur d'un pied de terre bien graſſe.

Quand la terre eſt un peu ſéche ces jonquilles veulent être legerement arroſées, parce que cela les fait merveilleuſement profiter.

Il ne les faut lever que pour en couper les filets & les cheveux & cela ſe doit faire au mois de Septembre. Il faut les replanter auſſitôt, parce que ces petits oignons ſont hors de terre comme les petits enfans à la mammelle, qui ſoufrent beaucoup quand ils ſont éloignés du ſein de leur mere.

Neanmoins ſi on les veut garder quelque peu de tems hors de terre, on le peut faire, mais il les faut enveloper dans du papier & les ſerrer dans des boëttes,

De l'Iris.

I L y a pluſieurs ſortes d'Iris, car il y en a de communs, de Perſe, de ſimples & de doubles.

Le ſimple au haut de ſa tige, étend ſes feüilles dont les unes ſont renverſées & les autres ſe tiennent droites. Il ne porte qu'une fleur ou deux & change de couleur & de figure, en quoi il n'eſt pas ſtable.

Le double a les feüilles du milieu petites & redoublées. Il change auſſi de couleur & de figure.

L'Iris de Perſe eſt aſſez agreable, il a la tige courte & tendre ; il écarte trois feüilles, d'un bleu enfoncé, qui ſe renverſent & ſont traverſées par le milieu d'une ligne Orangée & d'une autre violette : les autres trois feüilles du milieu ſe tiennent droites & ſont d'un bleu clair. Il fleurit dans l'Hyver & ne fait pas plus de ſept ou huit fleurs, dont l'une paſſe pendant que l'autre fleurit.

Il y a une autre eſpece d'Iris qu'on appelle *de Portugal*, ou *d'Andalouſie*, parce qu'il eſt venu de ce païs là. Cet Iris jette du haut de ſa tige douze ou quinze fleurs attachées fort court, ſur de petites queües de double couleur, parce que quelque-fois elles ſont d'un bleu couvert & d'autre-fois d'un blanc de laiĉt & ſont faites comme les autres *Iris* ayant ſix feüilles, dont il y en a trois en dedans & trois en dehors qui ſe renverſent. Elles fleuriſſent au milieu de l'Hyver.

L'Iris aime à avoir mediocrement de Soleil, une terre à potager, trois doigts de profondeur & autant de diſtance.

Liſte des Iris bulbeux.

L ES *Iris bulbeux* portent ordinairement neuf feüilles en chaque fleur, les extremités des trois feüilles, qui s'inclinent & panchent vers la terre, ſe

G 2

nom-

nomment *Mentons*: les trois qui font jointes à celles-cy; & dont l'extremité se releve en haut, se nomment *Langues*, & les trois superieures qui s'élevent au dessus des autres pour former la fleur, se nomment *Etendars* ou *Voiles*. Il faut remarquer que tout *Iris bulbeux* aux feüilles étroites porte une marque jaune assez large, & au milieu de chaque menton, ce qu'on nomme *Ecusson jaune*, duquel il ne sera fait mention cy-après, parce qu'il est commun à tous les Iris, & aussi pour éviter les redites.

La varieté des couleurs qui se rencontre aux Iris est grande, provenant en partie des divers Climats où ils sont élevés, & c'est delà que sont venuës tant d'especes differentes, & qui ont pris differens noms; ou de ceux qui les ont élevés les premiers de graine, ou des Païs d'où ils sont venus, ce qu'on pourra remarquer en ceux qu'on va d'écrire.

L'Iris Agaté, a les mentons & les langues d'un jaune doré mêlé de tête d'ombre les étendars gris, pannachés de violet.

L'Iris d'Afrique, a les mentons jaunes mêlés de bleu, les langues de bleu clair, les étendars Violets.

L'Iris d'Alep, a les mentons jaunes, les langues & les étendars blanc soupe de laiét mêlé de jaune.

L'Iris d'Amboise, a les mentons jaunes, les langues jaune & bleu, les étendars d'un gris de lin pâle.

L'Iris des Anciens, a les mentons blancs, bordés de bleu pâle, les langues & les étendars bleus, il est trés-odoriferant & tardif à fleurir.

L'Iris d'Arabie, a les mentons d'un jaune doré, les langues de feüille-morte enfumée, les étendars violets.

L'Iris d'Armenie, a les mentons jaunes & feüille morte, les langues d'un jaune pâle mêlé de feüille-morte; les étendars violets.

L'Iris d'Auvergne, a les mentons jaunes & mêlés de bleu les langues de pur bleu; les étendars sont violets pannachés de bleu & de feuille-morte.

L'Iris du Bois, a les mentons jaune pâle, les langues & les étendars blancs tirans au bleu pâle, il demeure noir, du reste il ressemble à *l'Iris de Castille*.

L'Iris Blaisois, a les mentons de jaune & d'aurore, les langues jaunes, mêlé de bleu, ses étendars gris de lin rayés d'aurore en long par le milieu.

L'Iris des Bretons, a les mentons & les langues jaunes, les étendars d'un blanc terni.

L'Iris de Brie, a les mentons & les langues blanches, aux extremités jaunes, les étendars sont blancs pannachés de bleu.

L'Iris de Bologne, a les mentons, les langues & les étendars d'un blanc sulphuré.

L'Iris de Calabre, porte sa fleur toute jaune.

L'Iris Cameloté, a les mentons jaunes & feüille-morte, les langues de couleur de tristamie, les étendars couleur de gorge de Ramier & feüille-morte: c'est l'Iris de Morins lors qu'il se pannache, soit par vieillesse ou autrement, ainsi que font les Tulipes de simple couleur, qui se pannachent avec le temps.

L'Iris de Candie, a les mentons d'un vert d'olive jaunâtre ses langues aussi sont de la même couleur entre mêlée de bleu pâle, les étendars sont gris de lin.

L'Iris de Castille, a les mentons jaunes, les langues & les étendarts couleur de soupe de laiét, qui est un blanc impur.

L'Iris de la Chine, est pannaché de bleu, il demeure noir, ne s'élevant de terre que de la hauteur d'un demi pied ou environ.

L'Iris de Crete, est tout blanc, s'éleve en haut & fait sa fleur assez ample.

L'Iris

L'Iris Damaßé en bleu, pannaché de violet, c'eſt l'Iris de Portugal, quand il ſe pannnache.

L'Iris d'Egypte à les mentons & les langues bleus, les étendarts violets.

L'Iris de Florence eſt tout blanc comme l'Iris de Crete cy-devant décrit, mas celuicy ne croît pas ſi haut, & ſa fleur n'eſt pas ſi ample.

L'Iris de la Floride. a les mentons d'un bleu mêlé, les étendars violets, mêlés de gris de lin.

L'Iris de la Frontiere, a les mentons bleus & jaunes, les langues ſont d'un bleu chargé, les étendars violets.

L'Iris des Feüillans, a les mentons de couleur feüille-morte, les langues triſtamie, les étendars couleur de gorge de pigeon Ramier.

L'Iris de Gaſcogne, a les mentons & les langues d'un gris de perle, les étendars de bleu pâle.

L'Iris grand Seigneur, a les mentons d'un jaune qui eſt bordé de feüille morte, les langues gris de lin mêlé, les étendars gris de lin chargé.

L'Iris de Grece, a les mentons & les langues de bleu mêlé d'un peu de jaune, les étendars violets avec du blanc.

L'Iris de Guinée, a les mentons de couleur feüille-morte, les langues d'un bleu mêlé, les étendars ſont violets.

L'Iris des Indes, a les mentons & les langues jaunes, les étendars ſont d'un gris de lin mêlé de violet.

L'Iris des Indes, a les mentons jaunes mêlés de bleu : les langues, & les étendars ſont d'un violet chargé, il porte ſa fleur plus courte que les autres Iris.

L'Iris de l'Abbé, a les mentons, les langues & les étendars d'un haut pourpre, eſt tardif à fleurir & ne croît guere haut, quand-il paſſe hors de la terre, le fourreau de ſes feüilles eſt verd, marqueté d'un pourpre ou rouge pourpre à la maniére de la plante nommée *grande Serpentaire.*

L'Iris Levantin, a les mentons Iſabelle mêlé de terre d'ombre, les langues d'un blanc & clair bleu, les étendars mêlés de violet.

L'Iris des Lombards, a les mentons & langues blancs, les étendars ſont bleus.

L'Iris de Loraine, a les mentons blancs, les langues & les étendars blancs, tirant au bleu mourant.

L'Iris de Libye, a les mentons jaunes, les langues & les étendars ſont d'un jaune mêlé.

L'Iris de Macedoine, a les mentons & les langues, d'aurore & jaune, les étendars couleur de gorge de Pigeon Ramier.

L'Iris des Maldives, a les mentons d'un jaune paille, mêlé de bleu, les étendars de clair bleu mêlé de jaune.

L'Iris de Melinde, eſt tout couvert de penſées, excepté l'Ecuſſon qui eſt jaune doré & plus petit qu'à aucun autres Iris.

L'Iris de Maxique, à les mentons jaunes, les langues jaunes mêlées de bleu, les étendars gris de lin & violets.

L'Iris de Milan, a les mentons & les langues d'un clair bleu, les étendars gris de lin.

L'Iris des Moluques à les mentons de jaune aurore, les langues couleur de citron mêlé de bleu, les étendars bleus à fond violet.

L'Iris Oriental a les mentons d'un bleu violet & jaune, les langues violettes, les étendars ſont violets panachés de pourpre : c'eſt l'un des plus beaux Iris qu'on puiſſe voir.

L'Iris parfait, les mentons ſont d'un violet rougâtre, pannaché de pourpre,

les

les langues de violet mêlées, les étendars font d'un violet fort vif ; il paffe pour un des beaux Iris du temps.

L'Iris de Picardie, a les mentons feüille-morte & bleu enfumé, les étendars font de couleur de gorge de pigeon ramier.

L'Iris de Picardie Pannaché, les mentons de celui-cy font mêlés de feuille morte & de pourpre, les langues d'une feüille-morte enfumées, les étendars font pourpre colombin & un peu de feüille-morte : c'eft l'Iris précedent lors qu'il fe pannache par vieilleffe, comme font auffi les Tulipes.

L'Iris des Poëtes, a les mentons d'un verd d'olive mêlé de bleu, les langues & les étendars font bleus.

L'Iris de Poitou, a les mentons & les langues jaunes ; le étendars de feüille morte.

L'Iris de Portugal, dont il eft cy-devant parlé, eft fort commun, il porte fa fleur toute violette & eft des plus hâtifs.

L'Iris du Puy, a les mentons jaunes & de couleur de terre d'ombre.

L'Iris des Pyrenées, a les mentons jaunes, les langues mêlées de bleu, les étendars font de clair bleu.

L'Iris Rochetain porte fes mentons & fes langues jaunes, les étendars gris de lin.

L'Iris Royal, a les mentons feüille-morte pâle pannaché de terre d'ombre, les langues feüille-morte font mêlées de bleu, les étendars gris de lin pannachés de violet.

L'Iris de Savoye, a les mentons jaunes d'aurore, les langues font d'un jaune enfumé, les étendars feüille-morte.

L'Iris de Savoye Pannaché, eft le précedent lors qu'il pannache par vieilleffe, comme il arrive à plufieurs autres Iris & aux Tulipes.

L'Iris Senois, eft tout jaune comme l'Iris de Calabre, mais celui-cy porte ordinairement 5. ou 6. fleurs fur la tige, lors principalement que fa bulbe eft affez groffe, autrement il n'en porte que 2. ou 3. comme la plûpart des autres Iris.

L'Iris de Sicile, eft tout jaune auffi, mais fa fleur n'eft pas fi ample que l'Iris de Calabre.

L'Iris des Suiffes, a les mentons jaunes, les langues & les étendars font d'un jaune mêlé de bleu.

L'Iris Syrien, a les mentons de terre d'ombre, les langues & les étendars font de clair bleu.

L'Iris de Tartarie, a les mentons d'un jaune pâle mêlé, les étendars de bleu impur.

L'Iris de Touraine, a les mentons & les langues de jaune bleu, & les étendars bleus.

L'Iris de Turquie, a les mentons de minime clair, les langues font d'un bleu mêlé de feüille-morte, les étendars violets.

L'Iris des Valées, a les mentons de bleu mêlé de feüille-morte, les langues d'un bleu mêlé, les étendars violets.

L'Iris de Valois, porte les mentons jaunes, fes langues font d'un jaune mêlé, les étendars gris de lin fale, rayé de jaune en long par le milieu : il reffemble fort à *l'Iris Blaifois* cy-devant décrit.

L'Iris des Vaudois, eft tout bleu, excepté l'écuffon jaune qui eft au milieu de chaque menton, & porte fouvent 12. ou 15. feüilles en fa fleur.

L'Iris Venitien, porte les mentons d'un bleu mêlé de blanc, les langues bleuës, les étendars font violets.

D u

Du Laurier d'Inde.

L E *Laurier d'Inde*, qu'on appelle auſſi *Laurier d'Amerique*, a les feüilles ſembla- Laurier d'Inde. bles au citronnier & fait des fleurs blanches, qui ſe ramaſſent en grape.

Il veut du Soleil mediocrement, une bonne terre graſſe & humide, il veut être ſouvent arroſé : On le taille au mois de Mars, & on n'ôte que ce qui eſt ſec.

Du Lylas blanc.

I L éleve ſes branches & les étend, & à leur extremité jil produit de petites, fleuret- tes blanches ſur de petites queües, elles ſont ſi remplies de petites feüilles qu'elles reſſemblent à un pannache, non ſeulement il eſt trés-beau, mais il répand encore une trés-agreable odeur.

Du Lylas bleu.

I L apporte des fleurs coupées en croix & tellement preſſées, qu'elles forment une grappe de la longueur d'un demi pied, ou environ, elle ſont auſſi trés belles & trés odoriferantes.

Des Lys.

L E *Lys* eſt une plante bulbeuſe ; il y en a de pluſieurs differentes couleurs, il s'en voit de pourprés, de blancs, de couleur de mine, les uns ſans odeur les autres puants, de rouge lavé, de rouge vermeil, d'orangé, de blanc de laict & de pluſieurs autres couleurs.

Le pourpré qu'on appelle *Martagon de Montagne*, jette du haut de ſa tige de petites branches, où viennent des fleurs d'un pourpre vif, tantôt plus claires & par fois tou- tes blanches ; les feüilles de ces fleurs en s'ouvrant, ſe friſent & ſe renverſent, de ſorte que du milieu, il s'éleve certains petits brins ave avec leurs petits chapiteaus, celui du milieu s'éleve plus haut que les autres.

La couleur de mine, de l'extremité de ſa tige, répand de certaines branches incar- nates, deſquelles pendent des fleurs de couleur de mine, & parce qu'il a les feüilles friſées & heriſſées, il y en a qui l'appellent *Riche-Madame*. Il s'en trouve auſſi de jaunes.

Celui *de Pompone* eſt ſemblable au precedent, mais il a l'odeur puante & deſagrea- ble.

Le rouge lavé, eſt de deux ſortes, le petit & le grand : *Le grand* eſt ſi fecond dans ſes fleurs, qu'il en produit quelques-fois juſques à ſoixante d'un rouge pâle, qui tire à l'orangé. *Le petit* ne fleurit pas avec tant d'abondance, mais ſa couleur eſt plus gaye.

Le rouge vermeil eſt bien plus fecond en oignons qu'en fleurs. Il en produit une ſi grande quantité que non ſeulement ils ſe forment entre les feüilles de ſa tige, mais encore les fleurs ; il eſt d'autant plus agreable que ſa couleur eſt éclatante.

L'Orangé, que quelques uns appellent *Jacinthe des Poëtes*, porte grande abondan- ſce de fleurs orangées marquées de quelques traits d'une couleur brune.

Le blanc, que l'on appelle auſſi *Lys de Nôtre Dame*, ou *de Saint Antoine de Padoüe*, parce qu'il fleurit dans le temps que viennent ces feſtes, eſt connu de tout le monde dans ſa couleur & dans dans ſa figure, c'eſt pourquoi il eſt inutile d'en parler. Il y en a de doubles mais il fleurit trés-difficilement.

Les Lys veulent mediocrement de Soleil, une terre bonne & legere, la profon- deur d'un empan & autant de diſtance. On les leve pour ôter la grande abondance de peuple aprés qu'ils ſont défleuris & on les replante auſſi-tôt.

D ij

Du Lys-Flamme.

LE *Lys Flamme*, que quelques-uns ont appellé *Tubero Indiano*, pousse du pied quantité de grandes feüilles pointuës par en haut, dont la couleur est blanchâtre par le bas, & d'un vert-gay par le haut. Du milieu de ses feüilles qui sont nerveuses, épaisses, larges & longues presque comme le bras, sort une tige noüeuse, au bout de laquelle il vient de grandes fleurs, qui ont chacune six feüilles frisées par le bord. Elles sont comme verdâtres par dessous, & violettes par dessus, mais pelües en sorte qu'elles semblent de velous mêlé de quelques petites taches blanches. Ces feüilles sont traversées par le milieu d'un certain trait relevé, & du fond de la fleur il s'éleve un certain brin entouré d'autres petits filets, qui forme à son extremité un petit bouquet couronné de trois pierres précieuses

Il fleurit au mois de Mars & d'Avril Les fleurs n'en durent qu'un jour & sont fort puantes. Il vient assez facilement par tout & en grande quantité. Sa racine sechée a presque la même odeur que l'Iris.

Des Marguerites.

LEs *Marguerites* ont les feüilles d'embas semblables à la bétoine. On les appelle *Marguerites*, parce que leurs fleurs, qui sont quelque-fois simples & quelquefois toutes pleines de feüilles, sont d'un blanc pâle & ressemblent à des *perles*. Elles veulent être cultivées dans une terre grasse, humide & bien au Soleil.

Des Martagons.

IL y en a de differentes couleurs, de pourprés, de blancs, de couleur de mine &c. rapportés ici ce qui est dit au chapitre des Lys.

Du Mollet d'Inde.

QUi est la *Terebénthine à petites feüilles* & que d'autres appellent le Lentisque du Perou. Il produit ses fleurs jointes & resserrées ensemble, formant une grappe de la longueur d'un empan ou environ, d'une couleur blanche avec certains petits filets rougeâtres par dedans. Il fleurit dans les mois d'Août & de Septembre.

Le *Mollet d'Inde* ou *du Perou*, veut être au grand Soleil, dans une terre forte, qu'il faut renouveller tous les ans. En le taillant il n'en faut couper que les extremités qui sont séches.

De la Mousse Grecque.

IL y a quatre sortes de *Mousse Grecque*, sçavoir la *jaune hâtive*, la *jaune tardive*, *la blanche* & *la vineuse*. On appelle autrement cette Mousse Grecque, *Iacinthe Botriole* & *Iacinthe de Calcedoine* & *grenue*, parce que depuis le milieu de sa tige jusques au haut, elle se charge en forme de grappe d'une infinité de petites fleurettes rondes & longuettes, qui blanchissent par le bord & répandent une odeur tresagreable.

Voila comment est faite *la Mousse Grecque Iaune*. Les deux autres especes chargent le haut de leur tige d'une infinité de fleurettes rondes, qui paroissent comme autant de petites perles & c'est pour cela que quelques-uns les ont nommées *bouquets de perles*. Leur couleur est blanche & vineuse & n'ont point d'odeur.

Du Muguet.

LE *Muguet* qu'on appelle aussi *Lys des Vallées* est de deux sortes; car il y en a de blanc & de rouge: l'un & l'autre s'éleve à la hauteur d'un demi pied & se

char-

charge d'une multitude de petites fleurs, qui sont comme de petits gaudets ronds & avec des bords renversés comme les *Lys*; Elles pendent en bas atachées sur de petites queuës courtes, elles sentent merveilleusement bon.   Le blanc & le rouge se connoît à la racine, car celui qui a la racine pâle, fait la fleur blanche & celui qui a la racine brune, en raporte de rouges. On les connoît aussi aux feüilles, parce que les feüilles plus claires & plus larges marquent le blanc,& celles qui sont plus chargées & plus étroites denotent le rouge.

Cette plante veut être mise à l'ombre en bonne terre : il faut la planter de la profondeur de trois doigts : on la léve rarement, parce que plus elle est pressée, & mieux elle fleurit : Cela se fait au mois de Decembre, en coupant proprement avec un couteau le peuple qui se replante aprés : Et dans le même mois tous les ans, il faut ôter la vieille terre & en remettre de la nouvelle.

Du *Myrthe double.*

IL s'éleve à la hauteur d'un petit arbrisseau : Il pousse des branches toutes revétuës de feüilles semblables à celles du Myrthe commun, qui produisent des fleurs blanches remplies de feüilles, & cette espece de Myrthe est si feconde qu'elle fleurit presque toute l'année.

Il veut mediocrement du Soleil, une bonne terre grasse & humide, on le taille au mois de Mars & on n'en coupe que ce qui est sec.

CHAPITRE I.
Des Narcisses.

LEs *Narcisses* sont de plusieurs sortes & de differentes couleurs. Car il s'en trouve de blancs, de jaunes & de couleur de Citron, de simples, de doubles, de grands, de petis, de hâtifs, de mediocres & de tardifs.

Les plus communs sont le *Constantinopolitain*, le *Boncore*, celui de *Raguse*, le *Crénellé*, le *jaune*, le *sauvage étoilé*, *Le petit & le grand Rosal*, le *montagnard tardif*, celui *de Narbonne*, *l'Anglois*, *le tiers de Matthiole*. *L'Hemerocale de Valence.*

Celui de *Constantinople* ou de *Bisance*, qu'on appelle encore *Calcedonien*, produit à l'extremité de sa tige douze fleurs, qui ont les feüilles blanches & épaisses, mais il y vient au milieu de certaines petites feüilles jaunes avec le gaudet.

Le Boncore ne differe du premier, qu'en ce qu'au milieu des feüilles blanches, il a le gaudet crépu & pelissé.   On lui a donné le nom de *Boncore*, parce que celui qui l'a trouvé le premier s'appelloit ainsi.

Celui *de Raguse*, au lieu de petites feüilles blanches qui dans les autres se font au milieu, a un petit cercle jaune crépu, avec plusieurs tours qui le remplissent & parce qu'il est venu de *Raguse*, le nom lui en est demeuré.

Le Crenelle, est de deux façons, il y a le grand & le petit.

Le grand, produit des fleurs en quantité mais il en avorte plusieurs : Les feüilles en sont blanches, mais au milieu de quelques unes, il s'étend une petite fleur jaune fort élevée, qui à son extremité a la figure d'un petit cornet.

Le petit, n'apporte que 4. ou 5. fleurs, qui ont six petits cornets, qui forment une étoile de même couleur.

Les jaunes, ont plusieurs differences, neantmoins toutes leurs fleurs ont leurs feüilles & le gaudet d'un jaune doré, & différent seulement en grandeur & en ce qu'ils ont plus ou moins de couleur.

Le sauvage Etoillé, fait la fleur double, dont les feüilles sont d'un jaune de paille, & rangées comme une Etoile.

Tome III.   H   *Le*

Le petit en forme de Rose, est d'un jaune clair & tout plein de feüilles : on l'appelle aussi *Narcisse frisé*, parce qu'il a les feüilles crépues & ridées comme un chou & une laituë ; mais il est fort sujet à avorter.

Le grand en forme de Rose, que lon appelle aussi *Sylvestre ultramontain*, ne produit qu'une fleur : Il pousse dans le milieu, au lieu de gaudet, quantité de feüilles redoublées, dont les unes sont d'un jaune clair & verdoyantes : quand elles s'ouvrent & qu'elles se dévelopent peu à peu il semble que ce soit une rose jaune, mais quelquefois la neige & les eaux le font crever.

Le Montagnard tardif, jette trois ou quatre fleurs qui ont les feüilles blanches & plus grandes que celles du Narcisse commun, mais elles sont rompues & disposées dans la figure d'une Etoile. Elles ont le gaudet large, couleur, de citron & quelquefois orangées.

Le Narcisse de Narbonne jette une ou plusieurs fleurs incomparablement plus petites que celles des autres Narcisses. Il a le gaudet jaune & grand, qui s'élargit à son ouverture en forme d'une cloche.

L'Anglois, a la fleur un peu plus grande que le précedent, il a aussi le gaudet jaune, mais égal par tout.

Le Tiers de Matthiole, à l'extremité de sa tige, qu'il a plus platte que ronde, répand dix ou douze fleurs blanches, qui étendent six feüilles longues & étroites separées les unes des autres & partagées en Etoiles, au milieu desquelles s'éleve le gaudet : mais comme ces feüilles sont extremement débiles & principalement au bord, elles sont de peu de durée. Ces fleurs s'ouvrent l'une aprés l'autre, trois ou quatre à la fois & pendant que les premiéres se passent, les autres fleurissent.

Le Narcisse Hemerocale de Valence, fait sortir au haut de sa tige 8. ou 10. fleurs semblables à celle dont nous venons de parler, qui sont si resserrées à se faire voir qu'elles ne paroissent qu'une ou deux à la fois, & celles qui sont fleuries commencent à flétrir quand les autres sont prêtes de s'ouvrir. Cette fleur a beaucoup de rapport avec les clochettes blanches, ayant les feüilles de même couleur, longues, étroites, separées, & faisant la figure d'une Etoile : au milieu s'éleve un gaudet frisé par le bord, qui pour sa longueur est comme une clochette : Cette fleur est si foible qu'à peine dure-telle un jour entier, aussi est-ce pour cela qu'elle porte le nom d'Hemerocale, qui signifie fleur ou beauté d'une journée.

Toutes ces especes de Narcisse, veulent être cultivées de la même maniére, c'est à dire bien exposées au Soleil, dans une terre pareille à celle des Jardins potagers.

Il faut les enterrer six doigts sous terre, & les éloigner d'un demi pied les uns des autres.

Au bout de trois ans il faut les lever pour en ôter les cayeux, qui sont multipliés.

CHAPITRE II.
Du grand Narcisse appellé le Nompareil.

OUtre les especes de Narcisses susdits, il y en a encore d'une autre sorte, lesquels pour être plus grands & plus étendus, ont été nommés les *Incomparables* ou *Nompareils*.

Ce sont, *le jaune doré*, *le jaune pâle*, & *le couleur de citron, bordé d'orange*, *le grand blanc*, *le petit blanc* & *le couleur de citron double*.

Le jaune doré, a six feüilles d'un jaune éclatant, bien unies & bien ouvertes avec

le

le gaudet, qui s'elargiſſant dans le fond, s'enfle preſque à la groſſeur d'un doigt.
Le jaune pâle ne differe du précedent qu'en ce qu'il a les feüilles plus étroites, ſeparées & friſées & que ſa couleur qui eſt jaune en naiſſant, changeant peu à peu, devient jaune & blanchâtre.

La couleur de citron, bordé d'orange reſſemble mieux au jaune doré, parce qu'il
fleurit d'abord d'un jaune pâle & en croiſſant, il ſe maintient toûjours de la même
couleur : Il a le gaudet plus grand & bordé d'une couleur d'orange, les feüilles plus
larges & plus preſſées.

Le grand blanc répand ſes feüilles & les écarte, mais le petit les tient plus ſerrées
& plus unies : ainſi le grand Narciſſe blanc qui a le gaudet jaune, ne differe en rien
du petit, ſinon que celui-cy a les feüilles plus courtes, & le gaudet d'une couleur
plus vive.

La couleur de citron double jette juſques à trois rangs de feüilles aſſez grandes, & dans
ces tours croiſſent quantité de certaines petites feüilles d'un jaune trés brillant ; &
cette fleur eſt ſi belle dans ſa plenitude & ſa bonne grace, qu'on peut juſtement lui
donner le nom de *grand Narciſſe* & de *l'Incomparable*, parce qu'elle renferme enſemble toute ſeule les beautés, qui ſe trouvent ſeparément dans tous les autres.

Cette ſorte de Narciſſe demande une ſituation mediocrement ſolaire & une terre
ſemblable à celle des potagers : elle veut être enterrée de la profondeur de quatre
doigts, & avoir quatre poûces d'intervalle. Il faut les léver au bout de trois ans pour
les décharger de la nombreuſe quantité de tailles qui ſe feroyent.

Des Narciſſes d'Inde.

IL y a encore ſix autres ſortes de *Narciſſes*, que l'on appelle *d'Inde* parce qu'ils ont Des Nariſ-
été apporté de ce païs là comprenant dans ce nombre celui de *Virginie*, comme ſes d'Inde.
ceux-cy ſont differens dans leurs fleurs & dans leurs couleurs, auſſi veulent ils étre
diverſement cultivés.

Pour en faire le dénombrement, le premier eſt le *Narciſſe de Virginie* ; le ſecond,
le Narciſſe de Jacob ; le troiſiéme, *le Narciſſe tirant au Lys rouge* : le quatriéme, *le*
Narciſſe tirant au Lys vineux, le cinquiéme, *le Narciſſe tirant au Lys ſpherique* : le ſixié-
me & le dernier ; *le Narciſſe écaillé à double fleur*.

Le Narciſſe de Virginie porte le nom d'un païs d'où il eſt venu, d'abord qu'il fleurit, il eſt d'un blanc ſale, mais peu à peu ſe chargeant de couleur, il devient enfin
d'un beau rouge clair ; il répand ſes feüilles comme une Tulippe de Perſe, mais un
peu plus grandes, ſans les ouvrir jamais.

Il vient mieux dans les pots qu'en pleine terre : il ne veut prs être enfoncé plus a-
vant que deux doigts, il lui faut donner peu de Soleil, & ne le pas lever ſouvent.

Le narciſſe de Jacob ; jette juſques à quatre fleurs de ſix feüilles chacunes, de pourpre, languiſſant par le bas, & dégenerant en couleur d'orange par le haut : chaque
fleur dans ſa forme reſſemble au Lys blanc : elle a ſix filets longs & blanchâtres, qui
s'amortiſſent en petits boutons qui tirent au jaune, & le filet du milieu plus grand
que les autres, tire au rouge : Cette fleur au contraire de toutes les autres, paroit
d'abord avec ſa tige, quand elle eſt ainſi fleurie, elle commence à jetter ſon verd &
ſes feüilles.

Le Narciſſe de Jacob doit être dans un pot, il veut une terre maigre & ſablonneuſe, on l'enfonce de deux doigts, il demande l'eau & le ſoleil juſques à ce que les premiers froids ayent ſeché ſes feüilles, & alors il le faut ſerrer dans un lieu ouvert & bien
aëré, & l'y laiſſer ſans lui rien faire juſques au milieu du mois de May, alors il faudra ſoigneuſement lever la terre de deſſus, juſques à ce que l'oignon ſoit découvert,

pre-

prenant garde de n'en point offenser les racines : Cela fait on détache délicatement les cayeux de l'oignon, que l'on recouvre de la terre, puis on l'arrose jusques-à ce que la terre soit bien détrempée, & puis on le met au Soleil & à la pluye, ne laissant pas pour cela de l'arroser quand il en a besoin. On le leve rarement pour le décharger des petits oignons qu'il faut planter dans d'autres pots à part. On a pourtant remarqué que quand on luy donne la culture ordinaire, cy-devant enseignée, il en fleurit beaucoup mieux.

Le Narcisse rouge tirant au Lys rouge, & autrement appellé *le Narcisse Madame*, jette vingt fleurs & davantage, petites, longuettes ; & de couleur verdâtre ; Elles s'ouvrent l'une aprés l'autre, elles sont pendantes, droites, serrées & fort drues ; Elles ont la figure du Lys blanc & la même grandeur, mais les feüilles en sont plus pressées & moins renversées : dans le commencement elles sont d'un blanc mêlé de rouge, plus elles vieillissent, & plus elles deviennent colorées, Le fond du dedans est blanchâtre comme par le déhors : Elles ont six filets qui sont aussi blanchâtres dans le pied & rougeâtres par le haut, & qui se terminent en une petite cime ronde, qui semble un petit bouchon : Celui du milieu n'a point de bouton, mais il est plus long & plus coloré que les autres. Il fleurit au commencement de Septembre.

Le Narcisse vineux clair auquel on donne aussi le nom de *Faussel-Madame*, ne differe du précedent, qu'en ce qu'il a la tige plus foible & plus tortue: Il pousse moins de fleurs & les fait plus petites & d'une couleur moins chargée.

Ces deux Narcisses font mieux dans de grands pots qu'en pleine terre maigre & legere : Il les faut enfoncer trois doigts dans la terre & point davantage. On les éleve trés-rarement.

Le Narcisse sphérique, ou *Ornithogal spherique* & qui par plusieurs & plus communement est appellé *l'Indien* Mais que les Jardiniers modernes connoissent encore mieux par le nom de *Girandole*, pousse la fleur avant la tige, laquelle s'élevant peu à peu, s'ouvre à la fin comme une bouche, dans laquelle on en decouvre plusieurs, qui s'élargissans de tous côtés font comme une sphere ; au haut de la tige il se forme quantité de filets rouges assés longs, entre lesquels il croît encore de petites tiges de la longueur d'un demi pied, larges d'un doigt, de figure triangulaire dans l'épaisseur, vertes & rouges avec de petites têtes comme des coques de Tulippes, entre ces tiges il y en a qui sont pendantes & d'autres qui se tiennent droites : de leur extremité sort une fleur de cinq feüilles, de couleur cramoisi & retroussées par dessus & annelées : La feüille de dehors s'éleve avec six filets au milieu, de même couleur, fort agreables à la veüe, & couverts de petits chapeaux mouvans & assez grands, qui tous ensemble se diminuent en une couleur de jaune brun. Le septieme est plus long que les autres, il grossit & se retord par le bout d'enhaut, pour faire un bouton de couleur de pourpre. Ces fleurs sont éloignées les unes des autres de l'espace de trois doigts ou un peu plus : elles fleurissent l'une aprés l'autre & pas une ne s'épanoüit, qu'il n'en fleurisse une autre à la place : c'est au mois de Septembre qu'elles paroissent & elles durent un mois.

On lui doit donner la même culture qu'aux précedens, prenant garde seulement qu'il lui faut moins de chaleur & plus d'humidité, c'est pourquoy il en faut avoir plus de soin que des autres.

Narcisse écaillé qui s'appelle encore *Suertro Colchique*, & plus souvent *Indien*, jette de sa robe une fleur semblable à une grenade qui a six feüilles & quelque-fois davantage, d'un beau rouge de feu, & ces feüilles renferment quantité de petites fleurs d'une couleur incarnate à demi ouvertes. De chacune de ces fleurs, il sort trois filets rouges, qui ont un chapeau jaunâtre : quand cette plante est fleurie & que sa tige monte en graine, les feüilles du pied commencent à pousser, & ne vien-
neut

nent point que fa fleur ne foit tombée, mais fa beauté vaut bien qu'on prenne la peine de le faire venir.

Ce Narciffe doit plûtôt être mis dans des pots remplis de terre maigre & fablonneufe, que dans les planches à trois doigts de profondeur. Quand les feüilles en font féchées s'il eft dans une planche, il faut laiffer fécher la terre tout autour, & y en ajoûter de nouvelle par deffus, depeur que les eaux & le Soleil ne lui faffent tort: & s'il eft dans des pots, on le doit ferrer en un endroit à l'abry, mais pourtant bien aëré.

DES OEILLETS.

CHAPITRE I.

Qualités que doivent avoir les beaux Oëillets.

ON pardonnoit autrefois aux petits Oëillets pourveu qu'ils euffent la fineffe, & on fouffroit les gros quoy qu'ils fuffent broüillés; le bon goût blâme ces maniéres, il faut s'attacher à la beauté des fleurs, & méprifer les défauts.

Un Oëillet doit être large & avoir du moins 8. ou 9. poûces de tour. Les beaux en ont 14. ou 15.

Il faut qu'il foit garni de beaucoup de feüilles, il y a des Oëillets larges avec 20. ou 30. feüilles feulement; on n'en fait point de cas.

L'Oëillet eft beaucoup plus beau, quand il pomme en forme de houpe, que lors qu'il eft plat.

Quand fon blanc eft trés-broüillé de moucheture, il eft infupportable. Plus il eft net, plus il eft beau. On doit fouhaiter qu'il n'y ait point du tout de moucheture, mais y ayant trés-peu d'efpeces de cette qualité, on eft contraint de tolerer quelque legére imperfection, en faveur de plufieurs beautés.

L'Oëillet beaucoup dentelé eft fort imparfait. Toute figure pointuë au bout de la feüille des fleurs eft deteftable, & gâte la forme auffi bien en Tulipes, & en Anemones qu'en Oëillets.

Il eft fort difficile d'avoir des Oëillets de la groffeur que nous les fouhaittons, fans qu'ils crevent, s'ils ne crevoient pas ils en feroyent plus beaux, étant auffi gros; mais comme on en a befoin pour divers ufages, on peut laiffer beaucoup de boutons, & plufieurs dards fur les plus gros, dont on veut faire prefent aux Dames: ils en viennent un peu moins larges & ne crevent pas tant, quelquefois point du tout, pourveu qu'on leur aide. A l'égard des Oëillets qu'on deftine au theatre, on doit les pouffer à tout ce qu'ils font capables de produire, parce que le carton avec lequel on releve les feüilles qui tombent à travers les feüilles de la coffe y remedie fort jufte, & remet la fleur dans fon état naturel.

Un Oëillet accommodé & refendu en eft plus agréable, c'eft une vieille erreur dont on eft revenu, de préferer un petit Oëillet qui s'arrange tout feul, à un trés gros, qui demande la main, les feüilles de cette fleur fe difpofent mal quelques-fois, ou fe colent par la rofée, il faut bien les ajufter. On doit toûjours arranger les chofes le mieux qu'elles peuvent être: il ne faut pas les outrer, ni étriper une fleur en l'élargiffant, ce feroit lui prêter une beauté, pour l'enlaidir.

Plus la fleur eft mêlée également de pannaches & de couleurs, plus elle eft belle.

Les gros pannaches par quart, ou moitié de feüilles font plus beaux que les petites pieces.

Quand le pannache eft bien tranché & point imbibé, c'eft toûjours-mieux.

Qualités des Oëillets.

H 3

Les

Les pieces de pannaches bien emportées, qui s'étendent depuis leur racine jusqu'à l'extremité des feüilles de l'Oeillet, ont plus d'agrément que les pieces de pannache sans naissance, ce qu'on appelle en Tulipes, *à Yeux* ou *à Isle*, & qui sont les plus recherchées en cette fleur.

Régle presque contraire dans les deux fleurs, qui neantmoins a sa raison, à cause de la largeur de la feüille de la *Tulipe*, qui est bien defferente de celle de *l'Oeillet*. Lors que tontes les pieces de pannache d'une Tulipe prennent de son fond elles font une égalité fade de disposition. Le contraste de pieces à Yeux ou à Isle enrichit bien mieux le pannache, sur une large feüille étenduë. L'Oeillet n'en a point besoin, son pannache prend toûjours differemment dans toutes ses feüilles, le blanc domine sur l'une & sur l'autre couleur, outre que les feüilles se cachent les unes les autres, & que le pannache se voit inégalement, ce qui suffit pour cette varieté de disposition, que la beauté du dessein demande.

On ne parle point des qualités de cet Oeillet qu'on nomme *Le nouveau-Monde* : c'est une production extraordinaire de la nature, qui merite plûtôt le nom de *Monstre* que *d'Oeillet*. C'est un Oeillet, si on le veut, qui sans cosse pousse une vingtaine de boutons étrogrognés arrangés en rond, qui demande qu'on lui arrache le vert qui couvre ces boutons pour pouvoir pousser ses feüilles sans ordre & sans disposition, & qui rabaisse mollement ses premiéres feüilles sur son dard beaucoup plus qu'un Pavot. Quand on l'a longtemps arrangé sur un carton, sa grosseur surprend ceux qui croyent que c'est un Oeillet comme un autre, car s'ils sçavoient que c'est vingt boutons & par consequent vingt Oeillets ensemble, ils seroient surpris de le voir si petit, il est fort broüillé & fort peu estimé des Connoisseurs.

CHAPITRE II.

Du Pot dans lequel il faut planter l'Oëillet.

Du Pot dans lequel il faut planter l'Oeillet.

LE Pot contribuë beaucoup à la beauté de l'Oëillet & à sa conservation.

Prémierement à sa beauté, car plusieurs se servent de pots ou trop grands, ou trop petits & s'aperçoivent visiblement de ce defaut. Si le pot est trop grand l'Oëillet prend aussi trop de nourriture, & pousse de fortes racines, mais un petit bouton qui ne fait pas une grosse fleur. Si le pot est trop petit, l'Oëillet manque de nourriture & restraint si fort ses racines, que le montant ne profite pas.

Le pot le plus convenable doit être d'une mediocre grandeur, plus étroit pas le bas que le haut, contenant environ autant de terre qu'il en peut contenir en la forme d'un chapeau.

Secondement, il contribue à la conservation de l'Oëillet, en le préservant de la trop grande humidité & de la sécheresse, l'une luy causant la pourriture & l'autre le blanc. C'est ce qui fait qu'on ne doit pas approuver ceux qui mettent les Oëillets en pleine terre. *La prémiére raison*. est tirée de la trop grande fraicheur qui se trouve dans la terre. *La seconde*, de la dureté de la terre dans les grandes chaleurs. *La troisiéme*, du trop de nourriture que l'Oëillet prend, ce qui le fait crever, ou de trop peu, ce qui le fait venir trop petit. *La quatriéme*, de l'experience que nous avons de l'Oëillet, qui n'est jamais si bien pannaché, ni si reguliérement tranché que dans les pots : au contraire, il devient confus, broüillé & sans beauté. *La cinquiéme*, tirée de la difficulté de marcoter. *La sixiéme*, tirée des maladies, sur tout de la pourriture, qui lui survient plus frequemment que dans les pots.

Mais il faut observer les deux choses suivantes qui regardent les pots. La premiére

miére de ne point se servir de pots nouvellement faits, parce que le feu qui les a cuits se conservant encore dans la terre du pot, quoy qu'imperceptiblement, cause le blanc dont il se trouve attaqué, n'y ayant rien de si mortel pour l'Oëillet que le feu, & ainsi pour éviter le mal que les pots nouveaux pourroient causer, il faut, ou les laisser douze heures dans un tonneau rempli d'eau, pour éteindre ce qui peut rester de feu, ou les remplir de terre 8. ou 10 jours avant que de planter l'Oëillet.

La seconde chose à observer, c'est de bien faire percer les pots, pour donner issuë à l'eau, mais il faut bien se garder de les faire percer au fond, car si on vient à les poser sur la terre, les trous qu'on y aura fait se boucheront sans doute par une espece de mortier qui se fait sous le pot, ce qui empêchera l'eau de s'écouler & deux maladies mortelles arriveront, la pourriture & le jaune. Si on les met sur des ais posés sur des tretaux, l'eau n'aura pas son cours avec assez de facilité, & ainsi pour lui donner plus d'écoulement, il faut faire percer ce pot en deux differents endroits immediatement au dessus de la jointure du fond avec le corps du pot.

Il ne il faut percer qu'en deux endroits, car qui feroit faire plus de trous, il donneroit trop d'issuë à l'eau, en sorte qu'il n'y resteroit pas assez d'humidité pour sustenter l'Oëillet, & il arriveroit que la terre perdroit toute sa graisse & sa substance par le trop promt écoulement de l'eau.

CHAPITRE III.

De la Terre necessaire à l'œillet.

C'Est ici le point le plus necessaire pour faire reüssir l'œillet, ainsi il faut expliquer ce qu'il faut éviter & ce qu'il faut observer.

I. Il faut éviter la terre trop graisse, trop legere, trop humide, & trop séche.

La terre trop grasse est entierement nuisible, parce qu'outre qu'elle s'endurcit aux premiers rayons du Soleil, elle met la racine de l'œillet comme dans une espece de prison, lui ôtant la commodité de s'étendre dans le pot : cette sorte de terre a une certaine malignité préjudiciable à toutes les plantes, d'ailleurs elle cause deux méchants effets 1. de faire crever l'œillet dans son bouton, 2. de le faire pourrir, outre la quantité de vers qu'elle engendre.

On appelle terre trop grasse, le blanc limon, la terre à potier, mais non pas le sable noir gras, qui se trouve dans les prairies, dans les lieux voisins des rivieres & des ruisseaux.

La terre trop legere n'est aucunement propre, car si la terre trop grasse a trop de nourriture, celle-cy n'en a pas assés, car par exemple, qui mettroit l'œillet dans le pur terrot de Cheval qui est fort leger, il feroit mal, comme celui qui le mettroit dans le pur terrot de vache, qui est trop gras.

Il s'ensuit que quand on se sert d'une terre trop legere, la tige de l'œillet devient fort maigre, les marcotes sans vigueur, le montant fort menu, & le bouton petit, qui ne produit pas par consequent une belle fleur.

La grande raison est, qu'il n'y a pas assés de nourriture en cette terre. On apelle terre legere, le terrot de Cheval, la terre de jardin usée & commune, la terre de sauls, la terre jaune &c.

La terre trop humide est encore nuisible, comme le pur terrot de vache qui est extremement froid & humide, la terre de marais tremblant, qui n'est point semblable au sable noir.

De la terre necessaire à l'Oëillet.

La terre séche est aussi nuisible, comme celle d'égoût de boüe, de sable d'argile, de pure terre jaune. Voila ce qui est à éviter.

Voici ce qui est à observer, mais auparavant il faut remarquer qu'il faut donner aux incarnats une terre bien differente des autres, & de fait pour les incarnats, il faut une terre composée, mais legere, & pour les autres une terre composée, mais forte & nourrissante.

La terre pour *les incarnats* sera composée, moitié de terrot de Cheval bien pourri, & moitié de sable noir qui se trouve dans les marais, dans les prairies & sur les bords des rivieres ou des ruisseaux.

Cette terre, qui s'apelle sable noir, quoi que grasse & humide, n'est pourtant pas trop pesante quand elle est mélangée avec le terrot de Cheval : La terre de taupiniere est encore merveilleuse : Ces deux terres ainsi jointes, bien pressées & sur tout bien mélangées sont propres.

Pour les violets, les pourprés, les rouges & les autres, à l'exception des incarnats, même pour les picotés, il leur faut donner une terre comme on va le dire.

Le corps de la terre sera deux tiers de sable noir, & l'autre tiers au total sera moitié terrot de cheval & moitié terrot de vache, l'un & l'autre bien pourri & reduit en terre, & sur cette masse bien criblée & mélangée il faudra mettre une sixiéme de terre jaune, c'est à dire de cette espece d'argille douce & moüelleuse qui se trouve facilement & qui sera bien criblée & mêlée avec la masse sur laquelle elle aura été jettée.

Cette composition est bonne. Premierément, le sable gras & noir est sans doute la meilleure terre que nous ayons, la plus fertile & la plus recherchée, elle ne pourrit point les plantes qu'elle porte, elle est nourrissante, mais point trop lourde ni pesante, au contraire elle est maniable, douce & legere, bonne par consequent pour l'Oëillet qui ne demande qu'une terre de cette qualité.

Le terrot de cheval est aussi fertile & contribue à l'abondance des plantes, parce qu'il donne de la legereté à la terre, & en même temps une bonne nourriture à la plante.

Le terrot de vache n'est pas moins bon, parce qu'il est gras & humide, & entretient l'Oëillet dans une égale humidité & fraîcheur.

La terre jaune est bonne. Premierement, parce qu'elle lie les autres terres. Secondement, parce qu'elle donne & conserve un vert admirable à l'Oëillet.

Secondement, la bonté de cette composition provient du mélange de ces quatre sortes de terres, car qui ne se serviroit que de pur sable noir, il perdroit ses Oëillets, parce que l'Oëillet ne demande pas une terre pure & naturelle, mais une composée. Le terrot de cheval rend le sable noir plus leger, celui de vache donne de l'humidité & de la graisse à la terre jaune, les unit & donne une nouvelle seve à l'Oëillet pour conserver son vert.

Un autre Curieux moderne n'est pas du sentiment du precedent. Il dit que c'est un amusement de faire differente terre pour les Oëillets de differentes couleurs, il ne fait qu'une même terre pour tous ses Oëillets, aussi bien pour les incarnats que pour les autres, il suit en cela ses experiences & dit qu'il n'y a jamais eu de plus gros Oëillets & de toutes couleurs que les siens.

Il compose sa terre en cette maniére; Il met trois pannerées de terre franche, trois pannerées de terrot de fumier de cheval & deux pannerées de terrot de fumier de vache. Il dit que l'Oëillet veut une terre franche, nourrissante & mediocrement legere : la sienne, dit-il, lui convient parfaitement, un peu de sable noir n'y pourroit pas nuire, mais il n'en met point & ne s'en trouve pas mal.

Il faut toûjours préparer les terres un an avant que de s'en servir, les passer fort souvent à la claye & au crible de fer délié quand on veut emporter.

CHA.

CHAPITRE IV.

De la façon de Marcoter les Oëillets.

IL faut obferver le temps, la façon, la qualité de la terre & l'afpect du Soleil.
Le Temps ne doit être ni trop avancé ni trop reculé. Plufieurs marcotent avant la faint Jean, en quoy ils font mal. Premiérement, parce qu'ils alterent le pied de l'Oëillet qui doit porter la fleur, & font caufe qu'elle ne vient pas en fa perfection. Secondement, les marcotes pouffant de fortes racines, il faut les lever neceffairement dés le mois de Juillet, & bien fouvent elles montent à Dard durant l'Hyver, ce qui les fait avorter. De la façon de marcotter les Oëillets.

D'autres retardent trop, en marcotant feulement fur la fin du mois d'Août, parce qu'alors les nuicts commençant à devenir froides & le Soleil moins ardent, les marcotes ne prennent pas fi facilement racine, & il faut fe fervir de fecours étrangers.

La veritable & meilleure Saifon de marcotter l'Oëillet, eft depuis le 20. Juillet jufques au mois d'Août aprés que les premiéres fleurs des Oëillets font paffées, car fi on entreprend de les marcotter dans leurs pleines fleurs, on les fera paffer en peu de temps.

La façon de marcotter eft neceffaire, & les manquemens qu'on y fait caufent fouvent la perte de l'Oëillet par la pourriture, & on empêche qu'il ne prenne racine, car fi on fend trop avant la marcotte, il eft bien difficile de la preferver de la pourriture, par la trop grande ouverture, fi l'on n'a pas le foin de la lever de bonne heure. Si, au contraire, on ne l'entaille pas fuffifamment, elle ne prendra racine que trés difficilement, n'y ayant pas affez d'ouverture.

La veritable maniére de bien marcotter, c'eft de fe fervir du canif, & aprés avoir bien couché la marcotte faire une incifion au milieu du nœud le plus prés du pied de l'Oëillet, autant que faire fe pourra, pourveu que le bois foit affez tendre, & qu'il y ait de la feve; mais fur tout, que l'incifion ne paffe point la moitié ou les deux tiers du nœud, & aprés avoir mis un fol marqué dans l'incifion, pour éviter le dommage qu'on pourroit faire à l'Oëillet, on coupera dans le nœud de quoi faire ouverture à la marcotte, & en fuite la terre du pot étant bien labourée on l'y couchera avec le crochet en la foûtenant par un petit bâton, pour la tenir toûjours ouverte, & lui faire prendre racine plus facilement. Il ne fera pas hors de propos de couper les extremités des feüilles.

Pour la qualité de la terre propre à marcotter, la plus legere eft la meilleure, afin que la marcotte pouffe fes fibres plus facilement, & n'en foit point empéchée par la dureté de la terre. Cette terre fera compofée de deux tiers de terrot de cheval bien pourri & l'autre tiers de fable noir ou de terre de marais qu'il faudra bien cribler & mêler enfemble & aprés avoir labouré la terre du pot fur lequel eft la marcotte, avec un morceau de bois fait en forme de fpatule, il faut mettre cette terre compofée, fur le pot pour y coucher la marcotte, fi on ne veut fe fervir de petits entonnoirs de fer blanc ou de potelets, dans lefquels on pourra mettre 1.2. ou 3. marcottes, felon la proximité, fur tout lors qu'on ne peut qu'avec peine baiffer la marcotte dans le pot: joint que les marcottes prennent racine plus facilement dans ces petits entonnoirs, pourveu qu'elles ne fe rencontrent pas proche des bords, des ouvertures & des petites parois, foit des pots ou des entonnoirs, car fi cela arrivoit, ils ne feront rien, la terre ne les ayant pû embraffer; & par le fecours de ces entonnoirs, il n'y a point de branche que l'on n'embraffe, ni de montant que l'on n'arrefte pour lui faire prendre chevelure.

Les marcottes étant faites, il faudra les arroser tous les jours, mais avec moderation.

L'Aspect sera de les mettre à l'ombre durant 3. ou 4. jours aussi-tôt qu'ils auront
été marcottés, aprés quoi, il faudra leur donner le Soleil qu'ils avoient avant que
d'être marcottés, & prendre garde vers le 8. de Septembre, si les marcottes auront
racine, tant pour les mieux faire reprendre en leur donnant de l'air, que pour les exposer au Soleil du midi, en les arrosant frequemment.

Et comme il se trouve des Oëillets qui ont peine à prendre racine, il sera trés bon de
faire une couche au commencement d'Octobre & d'y mettre les pots d'Oëillets qui
n'auront point pris racine, pourvû que la couche ne soit point trop chaude. On a
reconnu par une longue experience, qu'il n'y a point de meilleur moyen que celui-là,
pour leur faire prendre racine & leur donner un vert merveilleux.

D'un seul maître pied on en tire quelque-fois 20. ou 30. marcottes, sans toute-
fois l'avorter, lui laissant toûjours quelque Oëilleton pour l'entretenir & l'animer à
repousser autant de nouveaux rejettons qu'on lui a fait de blessures, ce qui arrivera,
si l'arrosoir le visite souvent, ce que Monsieur Morin dit, qu'il ne faut point craindre de faire, non plus que de l'exposer au grand Soleil, puis que les chaleurs de l'un
& l'humidité de l'autre, doivent achever cet ouvrage.

D'autres pour marcotter, ayant incisé le nœud de la marcotte, font une entaille au dessous, enlevant la piece jusqu'à l'incision faite, par ce moyen arrétant d'un
côté la seve qui monte à ce nœud, & de l'autre lui laissant un petit conduit pour lui
porter la vie, d'où il arrive que ce nœud venant insensiblement à grossir en peu de
jours, il jette de toutes parts de petits germes blancs qui deviennent des cheveux & ces
cheveux se chatgent en racines, qui foisonnent peu aprés en abondance, portant toute
la seve à la marcotte, que n'est aucunement affoiblie par cette methode, & se trouve
hors du danger de plusieurs masadies qui attaquent les Oëillets marcottés.

C'est perdre sa peine & son temps, que de faire couchure d'un dard ou montant,
car étant tout plein de moüelle, il est fort sujet à pourriture, & ce sera un grand miracle s'il échappe l'Hyver suivant.

CHAPITRE V.

De la Maniére de bien Oëilletonner:

ILn'y a point d'artifice, que l'on n'ait inventé pour faire prendre racines à des petits Oëillettons separés de leur tige. Les uns en ont planté dans de la terre de Saule, parce qu'elle est extrémément legere, & qu'elle a je ne sçai quelle qualité secrete
pour s'attacher fortement à ce qu'elle embrasse: Les autres ont preparé du crotin pur
& ayant encore un peu de chaleur, où ils ont fait de nouvelles épreuves.

Il y en a qui ont pêtri du terrot avec de la terre glaise, & de cette composition ils ont
envelopé plusieurs pieds.

Communément on les fend puis on les met en terre, ayant jetté & reserré dans
l'ouverture 2. ou 3. grains d'orge ou d'avoine, afin que ce germe venant à sortir,
il anime son voisin par sa vigueur & par son exemple pour ainsi dire, à en faire autant.

Il y a de la science à bien tailler un Oëilleton, tant afin qu'il reprenne facilement,
que pour empêcher qu'il ne tue sa mere l'en separant.

L'arracher de sa tige & laisser une longue playe, qui suit necessairement la main
meutriere qui le veut avoir de la sorte, c'est assez pour tuer l'un & l'autre, & si on y
veut

veut prendre garde cette cicatrice ne se guerira qu'aprés plusieurs mois, durant lesquels la tige est susceptible d'une trés dangereuse gangrene. Pour à quoi obvier, il le faut couper avec des ciseaux, non pas tout joignant le maître montant, où la nature l'a attaché, mais à deux ou trois nœuds prés du cœur de l'Oëilleton; ainsi il arrivera que ce qui demeure, en poussera de nouveaux, & que celui qui est coupé n'aura pas tant de bois à entretenir. Un Oëillet seul & qui ne sera pas chargé de beaucoup de rejettons, reprendra plus facilement qu'un autre, à cause qu'il succera assez de douceur de la terre pour s'entretenir, jusques à tant qu'il fasse chevelure, ce qu'il ne peut pas lors que sa famille est grande.

Les plus forts ne sont pas les meilleurs & les plus petits languissent trop long-temps. Il faut les prendre de bonne sorte n'y laisser que deux ou trois nœuds tout au plus, les fendre en quatre & commencer la fente au dernier desdits nœuds pour la terminer au second, ébarbant à deux ou trois doigts prés du cœur de l'Oëilleton toutes les extremités de son feüillage, puis l'ayant mis en ce lugubre équipage, il faudra le laisser tant soit peu au Soleil pour l'affoiblir & en suite vous le jetterés dans un seau d'eau pour y prendre de nouvelles forces.

Quelques heures écoulées, vous le verrés plus vert que jamais, & ouvrant largement comme une rave fenduë, les quatre parties de sa cicatrice, bien disposé à se conserver, & à ne se laisser pas ouvrir.

Alors l'ayant tiré de ce bain, vous le planterés à l'ombre dans une terre extremement legere, composée de trois quatres de terrot de cheval, l'y enfonçant doucement jusqu'au second nœud afin que la terre entre dans cette delicate ouverture & qu'elle l'invite à l'embrasser promptement par quelques nouvelles chevelures, l'arrosant par aprés d'une main liberale & continuant en suite avec grand soin, sans permettre aucunement que le Soleil le regarde.

Ce petit famelique succera fortement la seve de la terre qui l'environne, & de petites pointes blanches sortiront d'entre l'écorce & le bois, qui croîtront comme des cheveux, & enfin deviendront des racines, par le secours desquelles, il grandira & se fortifiant donnera des fleurs en sa saison toutes pareilles à la tige, dont il a été sevré si elles ne sont pas plus vives & plus belles: Ouvrage qui paroîtra bien-tôt au dehors par des jets nouveaux, & par un feüillage qui multipliera de toutes parts. Si cela arrive un peu avant l'Hyver il ne faudra pas toucher à ce petit thresor, mais si c'est au Printemps, il ne faut rien craindre de le transplanter avec sa motte & de le mettre au large.

Un fameux Curieux veut qu'on les plante en pépiniere dans des pots, ou qu'on les mette dans la couche, & qu'on les couvre de cloches de verre, soin sentiment n'étant point qu'on doive œilletonner avant l'Autonne, ou du moins avant la fin de l'Esté, afin que la chaleur ne puisse dessécher la terre, ni affoiblir l'Oëilletton, qui reprendra bien plus facilement dans un pot mis sur la couche de verre comme l'experience le fait assez visiblement connoître au regard des marcotes qui ont peu de racines, lesquelles étant aidées de la couche & de la cloche, poussent en même temps de trés-fortes racines, quand bien même elles auroient été détachées du pied sans aucune chevelure que de deux ou trois fibres.

CHAPITRE VI.
De la Maniére d'emporter l'Oëillet & comme il le faut planter dans le pot.

C'Est inutilement qu'on fait bien marcotter l'Oëillet; lui donner un pot convenable, & une terre bien disposée, si on ne sçait pas le planter comme il faut:

I 2

Car

Car si on le plante trop avant dans le pot, la pourriture l'attaquera infailliblement au cœur, qui sera enveloppé de la terre, ou qui en sera trop voisin ; si au contraire, on ne le met pas assez avant dans le pot, sa racine se trouvera decouverte l'Eté & sera susceptible de sécheresse, ce qui empêchera son avancement & faisant sécher son montant, le rendra si foible, qu'il ne pourra pas prendre un bouton raisonnable.

Voici la Maniére de bien planter l'Oëillet. Quand on aura levé le petit crochet qui tient la marcotte & qu'on aura reconnu qu'elle a pris racine, on détachera la marcotte de son pied en la coupant avec le canif ou ciseau, le plus prés que faire se pourra de sa tige pour l'obliger à pousser des racines des deux côtés, c'est à dire qu'il faudra la couper au niveau de l'incision, & faire les deux jambes égales, & aprés avoir rafraîchi sa racine ou sa chevelure ou ses fibres, comme on voudra les appeller, en coupant l'extremité de la racine aussi-bien que de ses feüilles, on la plantera dans un pot rempli de terre disposée en la maniére qui suit.

C'est-ici où l'on est obligé de déclarer les experiences des Curieux Fleuristes, pour préserver les Oëillets de tous accidens, & les faire venir dans leur perfection; & de faire voir quel doit être le fond du pot, dans lequel sa marcote doit étre plantée, quand elle a été détachée de son pied ; la terre dont il doit être rempli ; la façon avec laquelle la terre doit être mise dans le pot; le temps auquel la marcotte y doit être mise, son arrosement & son aspect de Soleil aprés avoir été plantée.

Le fond du pot doit être de terreau pur de cheval en assez grande quantité en sorte que les trous qui sont au fond du pot soient entiérément couverts. *La premiére raison* de cela est que le terreau de cheval qui est fort sec & leger, ne bouche jamais ces trous, par lesquels l'eau peut facilement s'écouler, quand il y en a trop dans le pot, & que la terre est trop humide. *La seconde*, c'est qu'il produit toûjours de la graisse & de la nourriture à l'Oëillet, sans arrêter le cours des trop grandes eaux, au lieu que si vous mettés au fond du pot des démolitions de plâtre, ou des pierres ou de la tuile, comme plusieurs pratiquent, outre que l'Oëillet n'en tire aucune nourriture, l'eau s'écoule trop vîte & ne laisse pas dans le pot une certaine humeur feconde & benigne. *Si vous ne mettés* ni terreau ni demolition au fond du pot, vous faites pis, parce que la terre vient à sécher au fond du pot & le bouche, de sorte que l'eau n'a plus son cours, & l'Oëillet prend le jaune & la pourriture.

Pour la terre dont le pot doit être rempli, on remarque par une experience sensible, qu'il faut planter l'Oëillet en Autonne, dans la terre qui lui est preparée, pour y demeurer durant l'année, sans être changé ni replanté au Printemps, comme on pratique ordinairement, & à cet effet le mettre seul dans un pot.

Cette experience est appuyée de raisons *La premiere*, que l'Oëillet doit avoir une bonne terre pour se garantir durant l'Hyver des incommodités de cette saison, particulierément de sa sécheresse durant plus de trois mois de prison qu'il démeure dans la Serre sans avoir toutes ses commodités, comme le grand air, l'arrosement & les pluyes. *La seconde*, c'est qu'il resiste plus vigoureusement aux mauvaises influences qui viennent au Printemps, quand on le sort de la Serre. *La troisieme*, c'est que lors qu'on le change de terre en un autre pot au Printems, on lui donne aussi un changement de nourriture qui lui cause des maladies, joint qu'on le fait languir par ce changement, en donnant du jour à sa racine, & durant sa langueur, c'est à dire durant le temps, qu'il n'a pas repris encore une nouvelle terre, il survient des pluyes froides ou de la grêle, qui lui procurent *le blanc*, *le jaune* & *la gale* & bien souvent la *pourriture*, au lieu que quand il est dans sa terre depuis l'Autonne, il est à l'épreuve contre toutes les influences du Ciel. *La quatriéme*, est une peine épargnée pour le

Fleuriste, qui n'est pas obligé de faire deux fois le même travail, de planter & re-planter. *La cinquiéme*, c'est que lorsqu'on met plusieurs marcottes dans un même pot, & que l'une vient à prendre la maladie, elle l'a communique bien-tôt aux autres, comme il arrive aux malades, qui font dans un même lict & aux pestiferés dans un air contagieux. *La derniere raison*, c'est que lOëillet en devient plus gros, plus large & plus beau.

Si l'on ne veut point se servir de cette invention, on pourra se servir de la façon ordinaire de planter les Oëillets pour l'Hyver, en leur donnant une terre composée moitié de terreau de cheval, & moitié de terreau commun, mettant en chaque pot 3. ou 4. marcottes au plus, pour ne les pas étouffer & pour remedier aux maladies qui leur pourroient arriver.

Voici la maniere de mettre la terre dans le pot. Aprés avoir mis le terreau au fond, il faut remplir le pot jusqu'au dessus du bord de la terre destinée & disposée pour l'Oeillet, & en suite l'enfoncer de 2. ou 3. efforts des deux mains sans pourtant la pêtrir comme on fait la pâte, en sorte qu'elle soit affaissée sans aucune violence, jusques au milieu du cordon, apres quoy on remplira le surplus du pot jusques à fleur de bord, de pur terreau de cheval bien pourri & reduit en terre, le plus sec qu'il se pourra. Cela fait, on plantera la marcote de telle sorte, que la racine soit couverte de la terre qui est dessous le terreau & qu'elle ait le terrot encore au dessus, & en la plantant, on appuyera des mains autour de la tige pour l'affermir dans la terre, & de plus on la soûtiendra par deux petits bâtons de sa hauteur, mis en croix de saint André, qui seront pointus par le bout, pour éviter qu'elle ne soit tourmentée des vents, mais sur tout il faut bien se donner de garde d'enfoncer la marcote, & c'est le sujet pour lequel on a dit cy-dessus, qu'il falloit marcotter le plus prés du pied que faire se pourroit, afin de faire une marcotte haute de pied, à l'exemple de Messieurs les Fleuristes de l'Isle qui en usent ainsi.

Quelques uns demanderont à quoi sert ce terreau au dessus du pot & pourquoi on le met. On leur répond par avance que c'est une des plus belles experiences qu'on ait faites pour conserver l'Oeillet. Parce que quand on arrose l'Oeillet nouvellement planté ou autrement, il ne se fait point de creux à la terre, qui est imbibée plus facilement, pourveu, neantmoins qu'on se serve de certains petits entonnoirs de fer blanc, dont les veritables Curieux se servent, qui sont percés de petits trous par lesquels l'eau sort en forme de pluye.

II. Le terreau empéche que la terre ne s'endurcisse par les arrosemens & par les grandes pluyes.

III. Parce que ce terreau conserve toûjours au pied une certaine humidité de l'Oeillet, qui lui est favorable particulierément durant les grandes chaleurs.

IV. C'est que l'arrosement & la pluye qui tombe sur le terrot, en fait distiller la graisse & la substance sur la terre qui nourrit l'Oeillet.

V. Il le preserve des gelées durant l'Hyver.

VI. Il empéche que l'humidité ou la moisissure ne vienne au pied de l'Oeillet pendant l'Hyver qu'il est enfermé.

Quant au temps auquel il faut planter la marcotte, on a déja dit cy-dessus qu'il ne faut pas marcotter si-tôt, en voici la raison. C'est afin de n'être pas obligé de la planter si tôt, & empécher qu'elle ne monte à dard. Car, pour bien faire, il ne faut planter les marcottes, que le plus tard qu'on peut, c'est à dire à la Saint Remi, c'est sans doute la meilleure Saison, parce qu'elles sont pour lors arrosées des pluyes du Ciel qui les fortifient extrémement, & que le changement de terre arrete leur montant, d'où vient que quand on reconnoit qu'une marcotte semble

I 3

pourpousser à dard avant l'Hyver, il la faut transplanter deux ou trois fois & on resserre par ce moyen. son montant : C'est un des plus beaux secrets pour éviter leur avancement dans un temps qu'on ne doit souhaitter que l'occasion de les fortifier.

Pour son arrosement & son aspect, aprés qu'elle a été plantée ; Il est certain qu'une plante nouvellement levée & mise en terre a besoin d'eau & d'ombre. C'est pourquoi, il faut arroser l'œillet aussi-tôt qu'il a été planté, mais avec moderation & continuer cet arrosement moderé tous les jours, si le Ciel ne lui envoye pas le sien : Il faut aussi le mettre à l'ombre durant 10. à 12 jours, même 15. s'il n'avoit point de fortes racines & apres qu'il sera bien répris & bien affermi, ce qui sera vers le 15. d'Octobre, il faudra l'exposer au Soleil levant, c'est la situation la plus favorable. Si vôtre Jardin ne vous permet pas de donner cette place sans incommodité, mettés vos marcottes ailleurs, mais que ce soit en un endroit, où elles n'ayent le Soleil qu'environ le tiers du jour. Elles seront mal en plein midi.

Vous conserverés beaucoup mieux vos Oëillets sur des ais élevés par des tretaux qu'à la platte terre, les pluyes d'Autonne s'écoulent plus aisément, les vers n'entrent point dans les pots, ils ont plus d'air, ils pourrissent moins & fleurissent mieux.

Les Oëillets ainsi plantés & exposés, il ne s'agit plus que de se precautionner contre les méchantes pluyes & contre les gelées.

I. Contre les pluyes qui surviennent sur la fin du mois d'Octobre, lesquelles étans froides, & commençant déja à participer de la malignité de celles de l'Hyver, engendrent des taches sur les fannes des Oëillets, qui leur causent le plus souvent la mort. Nous appellons les taches, la gale, le charbon, comme si c'estoit une espece de peste. Il y en a de differentes couleurs, les unes sont noires, les autres rougeâtres, les autres tirant sur un gris sale : quoy qu'il en soit, elles sont toutes trois pernicieuses à l'Oeillet. Le reméde le plus souverain, est de nettoyer avec la pointe du canif la feüille qui en est atteinte, pour éviter qu'elles n'étendent leur gangrene & ne la communiquent à la tige, ou couper la feüille pour éviter le mal.

Pour empêcher que l'œillet ne contracte cette maladie, il faut sur la fin d'Octobre, ou au plus tard au commencement de Novembre, les priver de l'arrosement du Ciel, en les mettant à couvert avec de la toile cirée, ou sous un petit toict qui sera fait dans le Jardin, & qui ne lui ôtera point la respiration de l'air, mais qui le preservera de toutes méchantes influences, & de temps en temps il faudra lui donner l'arrosement artificiel d'une eau qui aura été exposée au Soleil pendant quelque temps, & on le laissera dans cette situation jusques à la gelée. Trop d'eau peut aider à la pourriture ou faire monter à dard vos marcottes. Elles souffrent aisément la soif en Autonne & en Hyver.

On n'arrose jamais les Oeillets, que d'eau qui ait été reposée & échauffée par le Soleil, l'eau trop froide leur nuit, neanmoins l'eau de puits fraîchement tirée, qui est chaude en Hyver, leur est bonne quand ils sont enfermés dans la Serre.

II. Il faut empêcher que l'Oeillet, ne soit atteint de trop grandes & fortes gelées, mais aussi il ne faut pas s'allarmer mal à propos des premieres gelées, qui ne sont pas dommageables à l'Oeillet, au contraire elles lui sont favorables.

C H A-

CHAPITRE VII.

En quel temps il faut mettre l'Oëillet dans la Serre.

IL est certain. I. Que les gelées blanches n'ont rien de méchant pour lui. II. Que les l'Oeillet peut souffrir durant deux jours une assez forte gelée, c'est pourquoi si l'on voit sur la fin de Novembre, ou au commencement de Decembre que la gelée vienne âpre & piquante, sur tout dans un commencement de Lune, il faudra en diligence faire transporter l'Oeillet dans la Serre, car les grands froids le font mourir sauvés l'en absolûment, & si vous n'avés pas de Serre mettés-le en quelque Chambre bien close, ou au pis aller à la cave, si elle n'est point humide. L'Esprit doit faire inventer les moyens, selon la disposition de lieux.

En quel temps il faut mettre l'Oeillet dans la Serre.

CHAPITRE VIII.

De quelle Maniére l'Oëillet doit être traité dans la Serre.

IL faut bien prendre garde à la situation de la Serre, & qu'elle soit tellement disposée, que l'air y puisse entrer aisément, quand on le desire & l'empécher aussi quand on veut dans les grandes gelées.

Sa situation la plus favorable, c'est l'exposition au midy, comme sont ordinairement exposées les Orangeries.

Comme les lieux humides sont trés-dommageables à l'Oeillet, il faut que la Serre soit bâtie à rez de terre, & qu'elle ne soit point dans un enfoncement, en sorte que l'Oeillet puisse prendre de l'humidité, car si une fois la terre est humide, la moisissure s'attachera infailliblement à la plante, & la pourriture en suite.

Il faut donc qu'une Serre soit percée de deux croisées & d'une porte au milieu sans autre enfoncement que d'une marche, qu'elle soit voutée, sinon que le plancher de dessus soit garni de foin, pour empécher la gelée de penetrer dans la Serre, que les croisées soyent d'un chassis de verre & garni d'un autre chassis de papier, qu'on puisse lever pour donner de l'air dans la Serre au besoin, qu'il y ait des contre-vents aux croisées, une double porte de bois & un chassis de papier entre les deux portes, & que dans le plus fort des gelées, on mette des nattes pour couvrir les croisées & la porte, ce sera un moyen pour éviter que la gelée ne cause du dommage dans la Serre.

Car il faut bien se donner de garde d'y porter le feu, & cela pour plusieurs raisons. *La première*, c'est qu'il fait sécher l'Oeillet. *La seconde*, s'il ne le rend entiérément sec, il l'attendrit de telle sorte, que sa perte s'en ensuit. *La troisiéme*, qu'il le fait jaunir. *La quatriéme*, qu'il le fait éfiler. *La cinquiéme*, qu'il engendre le blanc, qu'on appelle le *Feu*: maladie incurable & pour plusieurs autres raisons, dont on n'experimente que trop bien la verité, lors qu'on se sert du feu pour preserver l'Oeillet de la gelée.

D'où vient qu'on a requis cy-dessus, qu'on donnât ordre par d'autres moyens que par le feu, pour empécher qu'une *forte gelée* n'entre dans la Serre : on dit, *forte gelée*, car l'Oeillet souffre facilement les gelées communes, notamment lors qu'il a essayé sur la fin de l'Autonne 2. ou 3. jours de froid pour l'endurcir, & le preparer à ne pas craindre les plus violentes froidures, dont il sera difficilement attaqué, si l'on bouche

che si bien la porte & les croisées de la Serre, que l'air ne puisse pas entrer, & quand
ainsi seroit, qu'il y auroit trouvé passage, la gelée qu'il pourra causer ne fera pas
grand mal ; car à la verité l'œillet s'affoiblira tant soit peu & cette foiblesse conti-
nuera durant le dégel, mais par aprés il recouvrera sa premiere vigueur, autant
qu'un prisonnier en peut avoir dans sa prison, car il ne faut pas atteñdre que l'Oeillet ait une méme disposition, un même vert, une même santé, s'il faut ainsi dire,
que s'il n'étoit point enfermé : on voit que son vert pâtit, que sa feüille blanchit,
que ses fannes & sa tige s'amolissent, mais tous ces signes d'indisposition n'en presa-
gent point la mort, & de fait une pluye douce du Printemps, le rétablit en son entier, comme on le fera voir cy-aprés.   Il ne faut donc point desesperer quand on le
verra atteint de ces marques de foiblesse, que lui cause sa prison.

Il y en a qui ont des voutes dans leurs Jardins, lesquelles n'ont d'autre ouverture
que la porte, on ne les blâme point, pourveu qu'elles soyent exposées au Soleil,
qu'elles n'ayent point de profondeur, qu'elles soyent bâties à rez de terre ,en un mot
qu'elles ne soyent point sujettes à l'humidité : mais il n'y faut serrer les Oeillets que
le plus tard qu'on peut & quand la gelée sera passée, il faudra les transporter dans une
chambre pour les remettre encore dans la voute, si la gelée revient, ce qui seroit
embarrasser un Fleuriste qui auroit 400. pots d'Oeillets.

La Serre ainsi disposée & garnie d'ais soutenus par des trétaux, pour y poser les
Oeillets le plus prés de la porte & des fenêtres qu'on pourra, on les placera par dé-
grez, afin qu'ils participent tous également d'un même air, & de temps en temps
on les visitera, pour voir s'ils n'auront pas besoin d'etre changés de place, & même
on leur donnera quelque arrosement, mais seulement dans la necessité & dans la forme cy-aprés préscrite.

On dit dans la necessité, parce qu'il ne faut point donner d'eau à l'Oeillet dans la
Serre que le plus tard qu'on peut : I. Parce que c'est à tort qu'on arrose une plante
qui n'a pas soif. II. Parce que la trop grande humidité qui se trouveroit dans le pot,
pourroit y engendrer la pourriture.   III. Vous feriés monter l'Oeillet avant son
temps.   IV. Il seroit plus exposé aux attaques du froid & de la gelée.

Il ne faut pas aussi, par des raisons opposées, le priver d'eau quand il en a besoin
pour rassasier sa soif, pour empécher la sécheresse, pour éviter qu'il ne se flêtrisse,
mais en lui donnant de l'eau, il faut que ce soit avec prudence & moderation en la
forme qui suit,

Il faudra faire provision de petites terrines de terre, faites en forme de plateaux
& mettre un pot dans chaque terrine, successivement les uns aprés les autres, selon
le besoin : & comme on n'aura point manqué de mettre de l'eau au Soleil, on verse-
ra environ une chopine de Paris de cette eau même, dans chacune de ces terrines
qui s'y trouveront comblées, puis que les terrines qui pourront contenir environ
trois demi septiers de la même mesure,ne pourront point souffrir plus d'une chopine
d'eau,le pot y étant.Quoi qu'il en soit le pot tirera de l'eau par le bas,& elle n'endom-
magera ni les fannes, ni la tige, & autant qu'on pourra il faut faire en sorte que l'eau
ne gagne point le dessus du pot, afin qu'elle n'y cause point d'humidité , ce qui pourroit faire venir la moisissure.

Il suffira que la racine soit abbreuvée pour communiquer à sa plante l'effet de cet
arrosement merveilleux , qui lui donnera une force toute nouvelle, dont on s'ap-
percevra bien-tôt, par la fermeté de ses feüilles.

Quand on dit qu'il faut ainsi donner de l'eau à l'Oeillet, on entend qu'il
faut si bien prendre son temps, que ce ne soit pas dans un temps de gelée, ou à la
veille de la gelée, ce qu'on peut facilement connoître & prevoir, car il faudroit
laisser languir l'Oeillet encore quelque peu de temps plûtôt, que de le faire geler
dans

dans un eau nouvellement gelée, qui glaceroit facilement la terre.

Quand on dit aussi qu'il faut lui donner de l'eau qui ait été exposée au Soleil, on entend autant qu'il se pourra, & que le Soleil ait quelque ardeur, mais à ce défaut on pourra se servir de l'eau de puits nouvellement tirée, comme-il a été dit cy-dessus, parce qu'outre qu'elle n'est pas froide, elle n'a rien de méchant durant l'Hyver.

Il ne sera point encore hors de propos pour la culture de l'Oeillet, de lui ôter dans la Serre les feüilles qui se trouveront séches, parce que comme elles sont plus susceptibles d'humidité, elles pourroient bien aussi faire venir la pourriture, qui est le mal le plus à craindre durant l'Hyver.

Comme les Rats font une cruëlle guerre aux Oeillets quand ils sont dans la Serre, un nouveau Curieux s'est servi heureusement du remède suivant, pour empécher le dégât que ces cruels ennemis pourroient faire; il a fait une pâte dont il a mis quelque portion dans des cartes, ou bien il a fait rôtir des noix qu'il a un peu humectées & a poudré les noix rôties avec de la poudre qui fait le principal ingredient de sa pâte, qui se compose ainsi; Il faut prendre quatre onces de vieux fromage, deux onces de beurre frais, une once & demie d'arsenic, un quart d'once de sublimé corrosif, sept ou huit grains de musc en poudre, une once & demie de farine d'avoine & de tout faut faire une pâte molle. Si on poudre les noix avec la poudre d'arsenic, de sublimé corrosif & de musc, on n'a pas à apprehender que les Chats en mangent.

CHAPITRE IX.

Quand on doit sortir l'Oëillet de la Serre.

C'est ici qu'il ne faut témoigner ni trop d'impatience ni trop de lenteur, car qui voudroit sortir l'Oeillet trop-tôt, feroit mal, comme celui qui le sortiroit trop tard, par exemple qui en useroit ainsi dans le mois de Février, il se mettroit au hazard de perdre ses Oeillets par la rigueur du froid qui continuë encore dans ce mois, ou par la neige, ou par les gréles, ou par la pluye froide. Qui les sortiroit sur la fin d'Avril, il feroit aussi mal, parce que l'Oeillet languiroit dans la Serre, & poussieroit son dard sans profiter.

Quand on doit sortir l'Oëillet de la Serre

La meilleure & la veritable saison pour transporter hors de la Serre, c'est la semaine de la Passion dans le Carême, pourveu que le temps ne soit point encore disposé à la gelée, & que le Ciel n'envoye point ses mauvaises influences, comme les neiges & la grêle, ce qui n'arrive pas frequemment dans cette semaine. On peut les sortir plûtôt, pourveu que l'Hyver n'ait rien eu d'âpre & de piquant : on remarque ici-ce qui se doit pratiquer ordinairement, lors que les Saisons sont dans leur réglement.

Quoi qu'il en soit il faudra disposer des couvertures pour mettre l'Oeillet à couvert en cas de besoin, dans un lieu où le Soleil ne pourra point envoyer ses rayons, à quoi il faudra bien prendre garde, pour plusieurs raisons. I. Parce que l'Oeillet qui a long temps été enfermé, étant fort tendre, venant à être exposé au Soleil, ils s'affoibliroit tellement, qu'il seroit fort difficile de le relever de sa foiblesse. II. L'Oeillet ne doit point être traité plus cruellement que les autres plantes, mème les plus robustes, qui n'éprouvent pas les ardeurs du Soleil au sortir des lieux où elles étoient enfermées. III. L'Ombre est amie de toutes les plantes & les fortifie. IV. Le Soleil du mois de Mars est quelque fois si chaud, qu'il desseche la terre & les plantes qu'elle porte. La cinquiéme raison, est tirée de l'experience.

Il faudroit donc en transportant l'Oëillet de la Serre, le placer sur des ais mis à l'ombre, & lui donner une couverture soit paillasson, soit de toile cirée, soit de bois, laquelle se baissera, ou se levera à la veuë d'un bon ou mauvais temps, du chaud ou du froid, du vent ou du calme, pour mettre l'œillet à couvert des insultes de trois de ses ennemis, des pluyes froides, de la grêle & du grand vent, qu'on appelle *Gâle de Mars*, qui lui est extremement nuisible, car étant entouré de bons paillassons & bien couvert, il sera bien difficile qu'ils puissent faire aucun mal, & si le Ciel veut bien lui donner ses pluyes douces, comme il arrive assez souvent, il faudra baisser toutes les couvertures du dessus & du bas, & lui faire respirer un air libre en recevant cette celeste rosée, qui lui fera prendre en peu de temps son vert naturel, sa première vigueur, son état avant sa prison : mais si le Ciel lui refusoit ses pluyes, il faudra avoir recours à l'arrosement artificiel, car l'œillet sortant de la Serre, il faut qu'il soit arrosé du Ciel, ou de le main du Fleuriste, sans y manquer, autrement le grand air, lui causera de grandes incommodités.

Et ainsi apres avoir été exposé huit ou dix jours à l'ombre, le Fleuriste qui n'aura point planté ses œillets en la forme qui a été dite cy dessus, c'est à dire qui ne les aura point mis en Autonne dans une terre à demeurer toute l'année, pourra la Semaine Sainte les transporter dans la terre & en la forme prescrite dans les Chapitres quatre & cinq de ce Traité des Oëillets, en les mettant à l'ombre aprés qu'ils auront été transplantés, durant huit jours pendant que ceux qui auront été mis l'Autonne dans leur terre naturelle à demeurer, seront exposés à l'aspect du Soleil, qui leur est utile & naturel, jusques à ce que ceux qui auront été de nouveau transplantés au Printemps, soyent en état de leur faire compagnie, & d'être exposés avec eux à un même ou different aspect. Arrachés adroitement toutes les feüilles pourries, si elles quittent d'elles mêmes, coupez-les si elles resistent. Tenés toujours vos plantes propres.

CHAPITRE X.

Quel Lieu, quel Aspect & quelle Situation il faut donner à l'Oëillet.

Quel lieu aspect & situation il faut donner à l'œillet.

CEtte question est tout à fait d'experience, & plusieurs péchent sur cette matiére par excés ou par defaut. Par excés, en exposant leurs Oillets à l'aspect du Midi ; Par défaut, en leur donnant si peu de Soleil, qu'ils n'ont point la force de pousser leur dard. L'Oëillet ne veut ni le trop ni le trop peu, il lui faut une mediocrité en toutes choses, & c'est la plante du monde qui demande le plus de régle & de moderation.

En effet le grand Soleil le dessêche, l'affoiblit, le rend maigre, en sorte qu'il ne peut profiter que par de grands & frequens arrosemens : Par une raison contraire & opposée, l'absence du Soleil le fait jaunir, retarde sa fleur, & la rend trés-petite : Voilà les maux que l'excés & le défaut lui causent.

Voici le Lieu, l'Aspect & la Situation qui lui sont favorables.

Pour le Lieu, Premierément le grand air lui est commode, l'œillet qui a été une fois enfermé ne demande plus que des lieux spacieux ; Nous en voyons la difference par ceux qui sont élevés dans les petits Jardins, dont les fleurs n'on pas la même largeur que ceux qui sont élevés en plein air ; nous voyons une semblable difference entre ceux qui sont cultivés dans les Jardins des villes, & ceux qui sont cultivés dans les Jardins de campagne, les derniers l'emportent le plus souvent en grosseur & en largeur, mais non pas toûjours en beauté. Secondement, les Lieux marecageux, les prairies & les marais qui sont voisins des lieux où ils sont cultivés, ne contribuent

pas

pas peu à leur bon fucces, d'où vient que les Oeillets viennent plus beaux, plus gros &
plus larges dans les païs bas que dans aucuns lieux, joint qu'ils s'y portent beaucoup
mieux, & que rarement ils les perdent, au lieu qu'en France à mefure que nous
avançons dans les lieux chauds, les Oeillets en font moins vigoureux & moins larges.

Pour l'afpect, celui du Soleil levant depuis fix heures du matin jufques à onze, &
celui du couchant, depuis trois heures jufques à fix ou fept du foir eft fans doute le
plus propre, parce qu'à ces heures-là l'ardeur du Soleil n'eft pas fi violente, mais le
meilleur des deux, c'eft le Soleil levant. I. Parce que l'Oeillet qui a été arrofé le foir
précedent ne doit point demeurer fi longtemps dans fa bouë. II. D'autant que le
Soleil levant eft favorable à toutes les plantes, particulierément à l'Oeillet qu'il re-
crée vifiblement en le faifant monter peu à peu. III. Le Soleil couchant conferve
encore quelques reftes des grandes ardeurs du midy, ayant échaufé l'air & la terre,
au lieu qu'au matin il fe trouve un air frais, qu'il diffipe peu à peu par fes rayons. IV.
L'Oeillet ayant été refroidi durant la nuit, tant par la fraicheur, que par l'arrofement & la rofée, il eft bien jufte qu'il foit réchaufé par les premiéres vifites du Soleil
qui font douces & benignes.

Monfieur Morin dit pourtant que l'experience lui a fait connoître qu'en expofant
l'Oeillet au grand Soleil & l'arrofant foigneufement tous les jours, vifiblement on le
fera croître & profiter davantage en huit jours, qu'il ne feroit autre part en trois mois:
Mais fi l'arrofoir de fon maître l'oublie un ou deux jours, il eft certain qu'il eft perdu
fans reffource.

La fituation de l'Oeillet doit auffi être obfervée : Car il faut éviter de le pofer com-
tre des murailles, pour plufieurs raifons. I. L'Oëillet n'ayant point d'air autour de
fa tige, il ne pouffera fes marcottes que d'un côté, ou s'il en pouffe, elles languiront
ou s'étoufferont par le manquement d'air. II. La reverberation du foleil qui vient
de la muraille & donne fur l'Oeillet, l'endommage notablement & le féche par une
ardeur trop violente. III. Cette fituation engendre des maladies à l'Oeillet, *le blanc*
particulierement. IV. Les animaux qui en veulent à fa deftruction, trouvent un
chemin bien facile pour l'attaquer fe fervant de la muraille, comme d'une écheile,
pour attaquer le pot de l'Oeillet & s'en rendre bien-tôt les maîtres, comme font les
fourmis, & les perce-oreilles, qui auront encore cet avantage, aprés avoir fait leur
butin, de fe retirer en bon ordre dans quelques ouvertures de la muraille, pour s'y
cacher durant le jour & recommencer leur ravage durant la nuit ; les limaçons les
chenilles & les autres animaux ennemis de cette fleur, fe ferviront de cette mefme
route pour lui faire infulte.

Il faut donc que l'Oeillet foit mis dans un lieu fpacieux, autant qu'on le pourra,
ou du moins qu'il ait de l'air fuffifamment, qu'il foit expofé au Soleil levant pour le
mieux, ou au couchant, fi on le veut, & pofé fur des ais foûtenus par des tretaux de
telle maniére que l'air fe puiffe communiquer autour de fa tige, & que le Fleurifte
puiffe faire la ronde à l'entour de fes Oeillets qui feront placés par degrés fur les tretaux, afin que les premiers ne puiffent point couvrir les feconds, les feconds les
troifiémes & ainfi des autres, ni leur ôter la refpiration de l'air, la veuë du Soleil, ni
la douceur des arrofemens.

CHA-

CHAPITRE XI.

Quel doit être l'arrosement de l'Oëillet

Quel doit être l'ar-rosement de l'œil-let.

L'Oëillet exposé & disposé qu'on vient de dire, s'il n'est point favorisé des arrose-mens du Ciel, il faudra lui donner l'eau de la terre, en la forme & maniére qu'on va marquer.

I. Il faut que le pot soit dans une égale situation, en sorte qu'il ne panche ni d'un côté ni d'autre, afin que l'eau se puisse étendre sur le pot, & se communiquer éga-lement à toute la plante, & de plus empécher que l'eau ne fluë & ne tombe hors du pot, à quoy il faut bien prendre garde pour trois considerations.

La prémiére, est que la plante est privée de son arrosement, dont elle aura peut-être grand besoin. *La seconde*, c'est que le Fleuriste est obligé pour conserver ses œillets, de redoubler ses peines en donnant un second arrosement. *La troisiéme*, c'est que la graisse & la nourriture du terreau qui est dans le pot, tombe avec l'eau.

II. Si la terre du pot est desséchée, & que par la sécheresse elle se soit détachée du pot, laissant un vuide entr'elle & le pot, il faut absolûment remplir ce vuide par le doigt de la main, en le passant sur la terre autour du dedans du pot; pour les mêmes raisons qù'à l'article precedent, tirées du besoin d'un arrosement nouveau pour faire de la graisse & nourriture perduë, parce que l'eau qui sera versée sur le pot fluera par les ouvertures, & passera sans laisser aucune humidité dans le pot.

III. Il faudra dés le matin tirer de l'eau du puits & la verser dans un tonneau ou bassin qui sera exposé en un lieu où le Soleil donnera le plus, pour être échauffée par l'ardeur de ses rayons & lui faire perdre son froid naturel, qui est plus grand dans l'Eté que dans une autre saison.

C'est ici qu'il faut examiner l'eau dont on se doit servir pour arroser l'œillet, & les motifs de ceux qui usent d'eau mélangée, pensant lui faire du bien.

Sur la quantité de l'eau, il faut dire premiérement que l'eau des riviéres dans l'Eté est merveilleuse pour deux raisons. *La prémiere*, parce qu'elle est legere. *La seconde*, parce qu'elle est temperée ayant reçû la chaleur du Soleil, mais comme les Jardins des Fleuristes ne sont pas toûjours situés au voisinage des riviéres, ce leur seroit une grande peine d'en faire venir journellement.

L'eau des petits ruisseaux ni des fontaines n'est convenable à l'œillet, qu'entant qu'on l'aura transportée dans des tonneaux & exposée au Soleil pour deux rai-sons.

La prémiére, que cette eau conserve toûjours une certaine crudité, qui ne se dissipera qu'en la separant de son lit.

La seconde, c'est que cette eau retient toûjours son froid par la proximité de sa sour-ce; & par la communication d'autres sources, qu'elle trouve dans son chemin: or l'eau trop froide n'est aucunement propre à l'œillet.

C'est la raison pourquoi il ne faut pas se servir d'eau de puits fraîchement tirée, du moins durant l'Eté: fondé sur sa crudité & sa trop grande froideur qui saisit l'Oeillet dans son alteration & lui cause le même mal, que l'eau nouvellement tirée à ceux qui en boivent, lors qu'ils sont extrémement échauffés dans la sueur, c'est à dire la pleuresie, puis que *le blanc* qui lui surviendra infailliblement, ou la pourritu-re, ou la gâle par cette eau froide, est à l'Oeillet ce que la pleuresie est à l'homme.

L'eau

L'eau bourbeufe n'eſt pas moins pernicieuſe, parce qu'elle laiſſe avec elle ſes é-gouts, dont elle n'eſt point purifiée : l'eau puante eſt à éviter parce qu'elle engen-drera la corruption à l'Oeillet.

Les eaux minerales & les ſouſtrées qui ſe rencontrent quelques fois dans quelques veines de terre, ſont à rejetter comme mortelles à l'Oeillet.

L'eau tiede miſe ſur le feu eſt pire que toutes les autres, ſoit durant l'Eſté, ſoit durant l'Hyver, d'autant qu'elle participe de la chaleur du feu qui cuit l'Oeillet en peu d'heures.

L'eau la plus convenable pour l'arroſement de l'Oeillet, & pour la commodité de celui qui le cultive, c'eſt celle de puits expoſée dés le matin au Soleil & verſée ſur le pot avec l'arroſoir prudemment & dans le temps.

I. Avec l'arroſoir de fer blanc afin que l'eau s'imbibe plus facilement & que la terre ne s'endurciſſe point par la violence de l'arroſement.

II. Avec prudence, parce qu'il faudra conſulter les beſoins de l'Oeillet, en ne lui refuſant pas ce qui lui eſt neceſſaire, mais auſſi en ne lui donnant pas ce dont il ſe peut paſſer ; & de fait ſi les pluyes ſont frequentes & abondantes, c'eſt en vain qu'on l'ar-roſe : mais s'il en eſt privé, il faut quand on voit ſa terre commencer à ſe deſſecher, l'arroſer tous les jours ſans manquer, mais peu pour l'entretenir toûjours dans une humidité égale, ſuffiſamment pourtant enſorte qu'il n'en puiſſe pas ſouffrir, c'eſt la prudence qui en fera le reglement.

III. Le temps, parce qu'il ne faut arroſer l'Oeillet que ſur le ſoir, environ le So-leil couché, autrement qui l'arroſeroit en plein Soleil, outre qu'il ne tireroit aucun profit de l'arroſement, parce que le Soleil deſſecheroit incontinent la terre, c'eſt qu'il lui feroit venir des taches trés pernicieuſes & feroit ſecher ſes feüilles & peut ê-tre ſa tige : Qui voudroit auſſi l'arroſer le matin avant le Soleil levé, outre que le Fleu-riſte ſeroit fatigué de ſe lever ſi matin, le Soleil venant à darder ſes rayons ſur les feüilles qui ſe trouveront encore moüillées, il les ſecheroit pareillement, & de plus ce ſeroit le priver des avantages qu'il reçoit pendant la nuit, de la chaleur du Soleil qu'il a ſentie pendant le jour.

En l'arroſant il faudra autant qu'on pourra épargner ſes feüilles, mais il ne faut pas en cela ſe gêner trop.

Il y en a pluſieurs qui ſe ſervent de la façon avec laquelle on arroſe les Oeillets dans la Serre, en ſe ſervant de petites terrines de terre & laiſſant les pots dans les terrines du-rant l'Eté, y verſant de jour à autre de l'eau ſuffiſamment pour arroſer la plante, mais cette methode n'eſt point tant a approuver. I. Parce qu'il faudroit une trop grande quantité de terrines. II. Parce qu'il ſeroit à aprehender que l'Oeillet n'eût trop d'hu-midité. III. Parce que dans les pluyes, l'Oeillet prendroit un double arroſement, & la pluye venant à remplir les terrines, ce ſeroit laiſſer toûjours l'Oeillet dans le bourbier.

Et par ces raiſons on ne peut approuver le deſſein de ceux qui ſe ſervent d'eau mêlangée pour arroſer leurs Oeillets, comme d'eau detrempée de fiente de pigeon, ou de bois ſervant à teindre, ou de crotin de Cheval, ou de fiente de Vache, ſi-non en la maniére qui ſera dite cy-aprés. I. Parce que la fiente de pigeon eſt trop chaude pour l'Oeillet, & quoi que detrempée dans l'eau elle ne laiſſera pas de faire venir le blanc à l'Oeillet. II. Parce que le bois à teindre ne pourra point contribuer à ſon avancement, ni à ſa beauté. III. Le crotin de cheval donnera à l'eau une chaleur étrangere, qui n'eſt propre qu'aux plantes qui ne peu-vent être élevées que trés difficilement dans les païs froids & moderés, comme les Tubereuſes, les Narciſſes de Conſtantinople & autres plantes de cette nature qui ſont cultivées dans les ſuſdits pays froids ou moderés. L'Oeillet demande

un

un chaud naturel, une eau qui n'ait point d'autre chaleur que celle que lui donne le Soleil. IV. La fiente de vache ne lui eſt point favorable, qu'entant qu'on s'en ſert rarement & prudemment : *Rarement*, Parce qu'on n'en doit uſer que 2. ou 3. fois au plus. *Prudemment*, d'autant qu'on doit prendre la fiente de vache la plus nouvelle, la bien délaier dans le tonneau avec l'eau dont il ſera rempli, & ſur tout ne donner l'arroſement ainſi compoſé, que dans un temps de grande ſechéreſſe & durant l'Eté, & en voici les raiſons.

I. La fiente de vache de ſoi eſt trop froide pour l'œillet, & qui voudroit s'en ſervir frequemment empêcheroit le progrés de l'œillet, en refroidiſſant ſa terre.

II. Elle conſerveroit trop long temps l'humidité à l'œillet.

III. Elle feroit une eſpece coëne ſur le pot, laquelle avec le temps pourroit bien cauſer la pourriture au pied de l'œillet.

IV. Elle donneroit par ſa graiſſe trop de nourriture à l'œillet, & le feroit crever dans ſon bouton.

V. C'eſt que cette eau ainſi mélangée de fiente de vache, n'eſt utile que pour donner quelque rafraîchiſſement à l'œillet, mais non pas pour le refroidir.

Qui voudra donc dans les grandes chaleurs de l'Eté, ſe ſervir pour arroſer ſes œillets d'une eau mélangée avec de la fiente de vache, il ne fera point mal, au contraire il fera tres bien pourveu que ce ne ſoit que deux ou trois-fois au plus & dans l'Eté.

Un celébre Curieux, donne ſuccintement, des preceptes trés utiles pour l'arroſement de l'œillet & des marcotes. Il dit qu'à proportion que vos marcotes ſe fortifient, il faut les arroſer plus fortement. Plus il fait chaud, plus il faut leur donner à boire.

Quand le dard ou montant (c'eſt la même choſe) commence à monter, & que l'Oeillet va travailler à ſes fleurs, c'eſt alors qu'il faut le viſiter ſoigneuſement pour prendre garde à tous ſes beſoins.

Ne lui ménagés point l'eau, une plante ne travaille point dans la ſechéreſſe.

Prenés bien vôtre temps dans quelques jours fort chauds pour arroſer vos Oeillets avec de l'eau dans laquelle vous aurés mis détremper de la fiente de vache : cet arroſement frais & gras leur fait un bien indicible quand ils commencent à pouſſer le dard & leur ſert juſqu'à la fleuriſon, à moins qu'un chaud exceſſif ne vous permît de donner un pareil arroſement quand le bouton groſſit, ce qui feroit encore merveille.

CHAPITRE. XII.

Comme il faut cultiver l'Oëillet à meſure qu'il pouſſe ſon Dard.

IL faut ici avertir le Fleuriſte de faire proviſion de quantité de baguettes, & de fil ou de jonc pour ſoûtenir la tige de l'Oeillet.

Le bois de ces baguettes, doit être, autant qu'on le peut, choiſi ſur les buiſſons de coudre ou noiſetier, parce que ce bois eſt extrémement droit, moileux, d'une belle longueur, ſans nœuds, en un mot d'un beau blanc ſous ſon écorce, digne de ſervir d'appui à une plante auſſi curieuſe que l'Oeillet. Ce n'eſt pas que pluſieurs ne ſe ſervent de druneau, de la pruine ou ſemblable bois, mais le druneau ſe plie au Soleil : la pruine ſe ſéche trop-tôt, & l'autre bois ne peut pas être plus beau que le coudre.

La baguette ſera de la groſſeur du petit doigt, de la hauteur de quatre à cinq pieds

ſans

sans écorce, c'est à dire qu'il faudra ôter la pelûre du bois, pour bannir l'humidité qui pourroit être entre la tige de l'Oeillet & le bois de la baguette, & lui donner plus d'ornement, elle sera pointuë par un bout pour entrer plus facilement dans la terre du pot; & ne pas endommager la racine. Car qui ne voudroit point la faire pointue par le bout, il pourroit bien se mettre au hazard de déraciner l'Oeillet, en détachant les fibres de son pied, & même pour mieux éviter cet accident, il faudra ficher la baguette à la distance d'un travers de doigt de la tige de l'Oeillet & l'enfoncer jusqu'au fond du pot, afin qu'elle puisse mieux resister au vent, car si elle n'avoit point de resistance, il se pourroit bien faire que la baguette venant à être renversée par le vent, le dard de l'Oeillet qui est attaché à la baguette, pourroit bien se rompre.

Ceux qui voudront être les plus prévoyans commenceront dés le mois de Mars à faire couper ces baguettes, & aprés en avoit ôté la pelûre, ils en feront plusieurs bottes, liant chaque botte par le bas, par le mileu & par le haut, & en suite ils mettront les bottes dans le four, pour les faire sêcher, ni plus ni moins qu'on fait les cerises, les raisins & autres fruits, cet expedient est pour éviter, qu'elles ne coffinent au Soleil

Quand l'Oeillet commencera à pousser son dard, il faudra en même temps ficher la baguette dans le pot, & à mesure qu'il montera l'arrêter à la baguette, avec du fil ou du jonc, l'un & l'autre sont bons; le fil pourvcu qu'il soit gros & de chanvre: Le jonc, c'est à dire, celui qu'on trouve dans les marais & prairies. Il faura donner à chaque nœud de l'Oeillet un fil ou un jonc jusques au dernier nœud du maître bouton; j'appelle maître bouton, celui qui fleurit le premier & qui est au plus haut du dard, & comme il y a bien souvent dans un même pot plusieurs marcotes provenant d'un même pied, qui montent à dard, si on veut bien les laisser monter & ne les pas châtrer, comme on dira cy-apres, il faudra aussi donner à chaque dard une baguette & les arrêter comme dessus, & si la pluspart des marcottes ont monté, & qu'il s'en trouve jusqu'à 4. ou 5. on pourroit bien se servir de ces baguettes, pour en faire comme de petites cages, qui soûtiennent les montans de l'Oeillet.

On entre dans le détail, pour obliger ceux qui lient tous les montans d'un Oeillet à une même & seule baguette & qui en font comme un fagot, de changer de methode, & en voici les raisons. I. Ils étouffent la plante. II. Ils empéchent les marcottes de profiter. III. Ils ne peuvent point ôter facilement les boutons inutiles & superflus. IV. Ce n'est point tenir l'Oeillet dans une si grande propreté qu'il demande.

Pour passer plus outre, Quand le Curieux verra l'Oeillet pousser de toutes parts des montans & qu'il ne laissera point de successeurs, on entend, des marcottes, puis que celles qu'il aura poussé seront montées à dard, il faudra en diligence châtrer les marcottes, autant qu'on le trouvera à propos, en coupant le dard au second nœud, afin qu'il en arrive deux bons effets: Le prémier que l'Oeillet puisse produire de nouvelles marcottes; Le second que celles qui paroissent ordinairement pousser sur le pied, puissent profiter, & qu'elles remplissent la place de celles qui auront monté, joint qu'il sera trés avantageux au maître dard d'en user ainsi, puis qu'il deviendra plus gros & mieux nourri & donnera par consequent une plus grosse fleur, en lui ôtant une partie des autres montans qui lui déroberoient de la substance & l'affoibliroient en sorte que la fleur n'en deviendroit pas si grosse ni si large.

On explique ceci en détail pour le faire mieux entendre & plus clairement.

I. Quand on se sert du mot de châtrer, il ne faut pas le croire impropre & inde-

cent:

cent: impropre, parce que c'eſt *châtrer un Oeillet*, que d'empécher ſa production: Indecent, parce qu'on s'en ſert pour les autres plantes, comme les giroſliers, les melons & autres qui n'ont point les qualités de l'Oeillet.

II. Châtrer l'Oeillet, c'eſt à dire couper ſes marcottes, lors qu'elles montent à dard dans le ſecond nœud le plus voiſin du pied de l'Oeillet.

III. On dit qu'il faut ainſi châtrer l'Oeillet, pour faire pouſſer plus aiſément les petites marcotes qui paroiſſent au pied de l'Oeillet: car s'il y a pluſieurs marcottes au pied, dont quelques unes ſoyent montées & que les autres paroiſſent ne pas pouſſer à dard, il faudra bien ſe garder de châtrer celles qui montent, parce qu'en les coupant, on donneroit lieu aux autres qui ne montoient pas, d'en prendre le chemin, en recevant une plus forte ſeve; ſi au contraire toutes les marcottes montent, & qu'on ne les châtre point, outre qu'on alterera le maître dard, c'eſt qu'il ne reſtera au Curieux qu'un pied ſans marcotte au lieu que s'il avoit pourveu à faire cette diſſection en temps & lieu, il auroit donné lieu à l'Oeillet de pouſſer de petites marcottes dans ſes nœuds ſoit au pied, ſoit dans les marcotes ainſi châtrées, qui pouſſent bien ſouvent de nouveaux rejettons.

Quand l'Oeillet aura ainſi été à la baguette, & châtré, il ne ſera plus queſtion que de lui ôter les feüilles, que la chaleur du Soleil aura ſéchées, & en ſuite lui donner un petit labour, lors qu'il commencera à pouſſer ſon bouton, en la forme cy-aprés

Il faudra avec un petit morceau de bois fait en ſpatule de Chirurgien, large d'un poûce, d'une mediocre épaiſſeur, gratter la terre du pot de la profondeur de deux poûces dans toute l'étenduë du pot, ſans pourtant approcher plus prés du pied de la plante que de deux poûces à l'entour pour obvier aux accidens qui pourroient arriver à ſa racine. On demandera à quoi ſert ce labour? On répond qu'il contribuë notablement à fortifier la plante de l'Oeillet, & à rendre ſa fleur plus groſſe & plus large. I. Parce qu'il donne de nouvelles forces à ſa racine, qui étoit reſſerrée par la dureté de la terre. II. Il rend ſa terre plus legere. III. Il lui donne plus de nourriture. IV. Il fait pouſſer plûtôt le bouton & lui fait prendre une forme plus propre pour éclorre une belle fleur. V. Cela eſt fondé ſur l'experience.

Et comme par ce labour on aura mêlé le terreau qui étoit ſur le pot avec la terre, il faudra mettre au deſſus du pot de nouveau terreau de cheval bien pourri reduit en terre, lui donner auſſi-tôt un arroſement, pour éviter que les vents ne le chaſſent hors du pot, étant fort leger, & en méme tems pour le lier par le moyen de cet arroſement avec la terre du pot.

Et ſi les arroſemens & les pluyes avoient fait tellement diminuer la terre, qu'elle fut affaiſſée juſques au deſſous du cordon du pot, il faudra remplir le pot de la méme terre, dont il aura été rempli en plantant l'Oeillet, juſqu'au milieu du cordon, & le reſte juſqu'à rez du bord du pot de terreau de cheval, qu'il faudra arroſer, comme dit eſt, ſans pourtant enfoüir l'Oeillet.

Si vous obſervés bien tout ce qui vient d'étre dit, vous aurés aſſurément de belles fleurs, pourveu que vous ôtiés auſſi à l'œillet les boutons ſuperflus, comme on dira au Chapitre ſuivant.

CHAPITRE XIII.

Qu'on doit ôter à l'Oeillet les boutons superflus.

C'Est en vain se donner beaucoup de peine pour **bien cultiver** l'Oeillet, & tâcher de lui faire porter une belle fleur, si vous lui laissez tous les boutons, c'est aussi en vain esperer d'en avoir satisfaction, si vous lui en ôtés plus que de raison. Car d'une part vous le ferés venir trop petit, & d'une autre vous le ferés fendre dans son bouton, Il faut donc remedier à ces deux extremités & dire, qu'il ne faut point trop laisser de boutons, ni trop peu.

Qu'on doit ôter à l'œillet les boutons superflus.

I. Il n'en faut point laisser trop, parce que c'est alterer le maître bouton, par la raison que le dard, qui lui donne la seve, la partage avec tous les autres boutons, auxquels il la communique, & lui diminue par consequent sa vigueur, au point que sa fleur n'en sera point si grosse; comme par exemple ceux qui laissent croître des boutons dans tous les nœuds de l'Oeillet, depuis le bas de sa tige jusques à son sommet, font tres mal, & s'apercoivent visiblement du tort qu'ils font à la fleur : Ceux qui laissent deux boutons sur la même queüe de l'Oeillet, [qu'on appelle en Picardie, *Dardille*] se trompent encore dans leur attente, parce qu'ils se nuisent tous deux ensemble, en se dérobant l'un à l'autre par leur voisinage une seve, qui n'est suffisante que pour un. Ceux qui laissent pousser dans un même nœud deux queües, qui portent chacune un bouton se portent préjudice pareillement, quoi qu'elles poussent de differens côtés, par les mêmes raisons que dessus.

On ne sçauroit comprendre quels sont les motifs de ceux qui en usent ainsi, si ce n'est qu'ils aiment mieux la quantité des fleurs que la qualité, le nombre que la beauté; Au lieu qu'un veritable Curieux ne s'attache qu'à faire reüssir le maître bouton, qui doit faire seul l'ornement de toute la plante par sa grosseur & largeur, & ne se met en peine des suivantes, qu'entant qu'il en faut pour lui faire compagnie.

II. Il n'en faut point trop ôter, car comme c'est alterer le maître bouton, lui en laissant trop, parce que la seve est dispersée, c'est aussi lui donner trop de seve, & l'obliger à crever en lui en laissant trop peu. Ceux là donc qui ne laissent qu'un bouton ou deux sur châque montant de l'Oeillet, se mettent au hazard de ne pas joüir du fruit de leur travail, & de ne pas voir éclorre l'objet de leur esperance, puis qu'outre qu'il peut arriver quelque accident, qui pourroit les priver de la fleur, il est bien difficile que leur maître bouton ne creve par trop de seve, & d'ailleurs pourquoi se sevrer volontairement des fleurs, quand elles ne sont pas nuisibles à l'Oeillet? On ne le cultive pas seulement pour voir son vert & ses fannes, mais aussi pour admirer les fleurs, c'est le but du Fleuriste, c'est le sujet de ses soins.

Il y a pourtant de certains Oeillets auxquels il seroit bon de ne laisser que deux boutons, mais ils sont en petit nombre, & il ne faut point prendre un particulier, pour servir d'exemple à tous.

Le mieux est, d'ôter les boutons qui poussent dans le premier & second nœud du dard, plus prés du pied, pourveu qu'il reste encore quatre nœuds au montant, qui ayent tous poussé des boutons & de ne laisser sur châque queüe ou dardille qu'un seul bouton, & il est bon d'ôter les boutons, qui se trouvent trop proches voisins du maître bouton, afin qu'ils ne lui disputent point la seve.

Il ne faudra donc laisser sur châque dard que quatre boutons, si ce n'est que l'Oeillet fût sujet ou à crever ou à devenir trop petit, l'experience le fera connoître, & suivant les connoissances qu'on en aura, il faudra laisser plus ou moins de boutons.

Voila ce que dit fort au long l'Autheur du nouveau Traité des Oeillets; un autre Curieux en parle plus succintement & voici ce qu'il enseigne.

Caſſés ou coupés à un nœud prés du pied les marcottes qui montent.

Ne laiſſés qu'un dard au pot, dont vous voulés avoir de beaux Oeillets.

Mettés à ce dard une baguette de coudre ou noiſetier, ou d'autre bois non pliant. Il faut éguiſer la baguette par le bout qui entre dans la terre, elle incommodera moins les racines, piqués la à deux ou trois doigts du pied, il n'en ſera pas ſi fort ébranlé.

Liés vôtre dard à vôtre baguette & à châque nœud du dard, crainte qu'il ne caſſe en pouſſant, & pour ne vous pas tant aſſujettir, ne commencés, à le lier que lors qu'il eſt un peu grand.

Si vôtre pot a trop de marcottes & que vous jugiés qu'en lui ôtant les petites, vous ne ferés pas monter les autres, vous lui ferés plaiſir de le décharger, & ſes fleurs en ſeront incomparablement plus belles.

A moins qu'un Oeillet ne ſoit d'une nature extraordinaire pour trop crever, il ſufit de laiſſer trois boutons ſur le dard : Il faut arréter les autres dardilles dés qu'elles naiſſent.

Si vôtre œillet peut ſoufrir même que vous ne lui laiſſiés qu'un bouton, & que cela contribue à la plus grande beauté de ſa fleur, faites-le. La premiere fleur étant toûjours la plus large, elle eſt l'unique eſperance du Curieux, il neglige le reſte.

C'eſt à l'égard des pots que l'on deſtine au theatre qu'il en parle ainſi, on n'en ſçauroit trop pouſſer la fleur, pour les autres, laiſſés leur plus d'un dard, mais jamais plus de 3. ou 4. fleurs ſur châque dard.

Otés avec exactitude les boutons qui viennent autour des boutons que vous ſouhaittés qui fleuriſſent, ils ſe mangent les uns les autres. Il leur faut de la diſtance pour profiter.

On peut aider quelques boutons à fleurir, il y en a qui groſſiſſent en forme de culs d'artichaux, courts & gros ſeulement prés de la queüe ou dardille & menus à la pointe, il faut lier ceux-là avec du fil, ils ſe rempliſſent du bout & s'alongent mieux.

Tout Oeillet qui menace de crever doit étre lié. Ce n'eſt pas que la ligature l'en empéche toûjours, mais il en creve moins, quelquefois point.

Le ſecours d'ouvrir un peu le bout de l'écoſſe de tous côtés eſt tres bon.

Lors que vous avés une belle eſperance d'un tres gros bouton, & que vous craignés par le tems qu'il lui faut pour fleurir entierement, que le Soleil ne le brûle, ou que les pluyes ne le pourriſſent, couvrés ſa fleur avec le deſſus d'une boëtte ordinaire à confiture, ſur le bord de laquelle vous faites un trou avec un fer rouge, vous paſſés ce deſſus de boëtte par le haut de la baguette à laquelle le dard eſt lié, & avec un petit coin de bois que vous fichés dans le trou au deſſus de la boëtte, vous l'arrêtés contre la baguette, juſte ſur vôtre fleur, qui ainſi en eſt couverte. Il n'y a que vos tres gros & beaux boutons qui meritent ce ſoin, ſans lequel pluſieurs fleurs ſont gâtées avant que de fleurir.

A meſure que vos Oeillets fleuriſſent beaux, arrangés en la fleur en la peignant ou refendant ; mettés y le Carton, ſi elle en a beſoin & placés ſon pot ſur vôtre theatre. On n'y doit jamais mettre un Oeillet ſans l'avoir accommodé, il y a de la difference, d'un qui eſt ajuſté, à un qui ne l'eſt pas, comme du blanc au noir.

Arrangés vos fleurs ſuivant leurs couleurs, un mélange entendu eſt un tres grand agrément.

Il faut arroſer les pots qui ſont ſur le theatre un peu plus ſouvent que s'ils étoient à leur place ordinaire, mais plus legerement. L'eau conſerve la fleur plus longtems.

CHAP.

CHAPITRE XIV.

Comment on doit aider l'Oeillet pour le faire fleurir.

Quand vous verrés le bouton de l'Oeillet également *gros & long*, vous pouvés esperer une belle fleur, si l'espece de l'Oeillet est belle, & pour cet éfet gardés vous bien de toucher à ce bouton, qui n'a pas besoin de la main du Fleuriste, mais laissés le éclorre sans impatience. Si au contraire le bouton est *gros & court*, defiés vous en, car il se fendra certainement : il en sera de même s'il n'est point égal dans sa grosseur & dans sa longueur. Comme on doit aider l'Oeillet pour le faire fleurir.

Or pour éviter la disgrace qui en pourroit arriver, il faudra se servir de gros fil de chanvre, dont on se sert pour lier le montant de l'Oeillet à la baguette, & avec le fil arrêter le bouton au tiers de sa cosse, sans le trop serrer, parce que cela l'empécheroit de fleurir, & sans le serrer trop peu, parce que vous ne l'empécheriés point de crever, vous disposerés tellement vôtre fil sur la cosse, qu'elle ne puisse se fendre, & pour s'en mieux défendre, vous ouvrirés la côte avec la pointe d'une épingle ou d'une aiguille, ou d'un instrument propre à cela comme on en dépeint ici la figure,

Et vous la fendrés également dans toutes ses jointures jusques au fil, pour donner jour à la fleur afin qu'elle sorte plus aisément du bouton.

D'autres y appliquent la peau d'une côte de féve, ou un anneau de saule, (comme pratique Monsieur le grand & fameux *Fleuriste* Prevôt,) lequel venant à se secher soûtient également son peinturé feüillage, & le Curieux y fait entrer doucement un anneau de canne, ou d'argent &c. pour reparer le manquement, auquel toute son industrie n'a pû remedier.

Il y a quelques Fleuristes qui mettent l'Oeillet à l'ombre, lors qu'il commence à sortir de son bouton & n'attendent point que sa fleur soit éclose, pretendant qu'ainsi il fleurit avec plus de facilité & de beauté, mais comme les marcottes languissent étans trop longtems à l'ombre, il est mieux de ne laisser fleurir les Oeillets, que dans leur situation & leur exposition depuis le mois de Mars. Les rosées font, qu'il fleurit plus promptement, que le blanc de l'Oeillet en devient plus grand, & que les marcottes n'en soufrent pas : On a pourtant vû de bons éfets de les avoir exposés à l'ombre.

Quand l'Oeillet sera entierement épanoüi & fleuri, si l'on voit qu'il ne tourne pas bien ses feüilles, & qu'elles ne soient pas dans un bel ordre & arrangement, le Fleuriste pourra supléer à ces manquemens, en disposant tellement ses feüilles avec les doigts de la main bien nets, bien lavés & sans sueur, qu'elles trouvent chacune leur place & leur rang, & même pour donner plus de largeur à la fleur, il pourra plier les extremités de la Côte, cela donne moyen à l'Oeillet d'étendre ses feüilles sur la Cosse, ainsi pliée par ses bouts, comme sur une rondache : on apelle cette façon de traiter l'Oeillet, *l'ajuster*, le *peigner*, le *refendre*.

Il y a de certains Oeillets qui ayans les feüilles extrémement tendres & delicates, les renversent, comme *le Grand Chambellan*, *le Charmant de ses jours*, *le Morillon de la Croix*, *le beau Cramoisy* & autres semblables, ce seroit perdre la beauté de ces Oeillets qui sont tres-rares, si on ne soûtenoit pas les feüilles qui se renver-

L 2

sent, il faudra donc à cet éfet mettre derriere la fleur de l'Oeillet, un petit carton, de figure ronde, moins grand que la fleur de l'Oeillet, qui paroîtra peu, mais qui lui servira d'apui & lui donnera un éclat & une largeur merveilleuse. Il faudra en user de même quand l'Oeillet aura cossé, afin que le carton supplée au défaut de la cosse, dans l'endroit qui se trouvera crevé.

CHAPITRE XV.

Comment il faut garantir l'Oeillet des insectes qui l'endommagent.

Comment il faut garantir l'Oeillet des insectes qui l'endommagent.

Trois sortes d'insectes attaquent l'Oeillet pour le détruire, *le puceron*, qu'on apelle *pou-vert*, la *Chenille verte* & *le perce-oreille*.

Le Puceron ne peut faire aucun mal tout seul à l'Oeillet, parce qu'il est si petit & si facile à contenter, qu'il ne peut point dérober beaucoup de seve à l'Oeillet, mais ce petit animal jaloux de cette aimable plante, cherchant à lui faire incessamment la guerre, assemble tous ses camarades en troupe pour l'assaillir, & le terracer en lui succant la seve, qui fait sa force & sa vigueur : on en voit quelquefois une quantité prodigieuse attachée à la plante de l'Oeillet, & par une espece de finesse, se cacher sous les fanes durant le jour, pour en sortir la nuit & butiner l'Oeillet. Ce butin consiste à prendre la seve de l'Oeillet, ce qui l'empêche de profiter.

Et éfet, si le Fleuriste, n'a pas le soin de nettoyer la plante de ces petits animaux, il la verra languir & le dard devenir sec.

Pour s'appercevoir quand elle en sera attaquée, il n'y aura qu'à remarquer certaines petites tâches blanches en forme de points sur les feüilles, qui sont comme les repaires de ces petites bêtes, cela découvre leur malignité, & donne jour pour les abolir.

Pour bien faire, il ne faut point aprehender de les écraser avec les doigts de la main, ils n'ont rien de venimeux ni d'infect, on l'ôte aussi avec la plume, car ni l'eau, ni le Soleil, ni les pluyes ne les peuvent faire mourir, & pour s'épargner la peine de le faire à plusieurs fois, il sera necessaire au matin au Soleil levant, d'aller à la découverte de ces petits ennemis, qu'on trouvera assemblés tous ensemble sous les feüilles de l'Oeillet, & en deux coups de doigts on en fera quelquefois un massacre de plus de mille. Ils s'addressent particulierement aux violets & aux plus delicats, ne voulant pas trouver de resistance.

La Chenille verte fait bien plus de dégât, & donne bien une autre atteinte à l'Oeillet, car elle ne succe pas seulement la seve, mais elle le ronge, & coupe le montant, & pour se mettre mieux à couvert de la recherche du Fleuriste, elle se cache ordinairement de jour sous le cordon du pot, croyant y trouver un abry, ou du moins échaper à ses yeux ; mais la malheureuse ne prend pas garde, qu'en laissant une espece de mousse blanche dans le noeud de l'Oeillet qui est un signal infaillible de sa presence, elle donne lieu d'en faire la recherche, & de la trouver enfin sous le cordon du pot ou quelquefois sous l'Oeillet même, quelquefois aussi on la pourra trouver cachée dans cette mousse, qu'il faudra soigneusement ôter avec les doigts : car c'est encore une espece de repaire, qui pourroit bien donner naissance à de semblables animaux, & & il semble quelquefois que vous trouviés du crachat sur les fanes de vos Oeillets, c'est une mousse dont se couvre cet insecte, dont la bave desseche les marcottes.

Le Perce-oreille est l'ennemi capital & declaré de l'Oeillet, parce qu'il l'attaque

de

de toutes parts, dans son montant, dans son bouton, dans sa fleur : Dans son montant en rongeant l'écorce ; Dans son bouton en s'y faisant ouverture, avant que sa fleur soit éclose : Dans sa fleur, en coupant la racine de ses feüilles, qui faisoient sa beauté, & dont elle se trouve depoüillée au soleil levant.

Pour éviter le mal que cet insecte peut causer à l'Oeillet, il faut avoir soin de placer les tretaux sur lesquels les ais qui soûtiennent les pots sont posés, dans un lieu fort net, sans herbe, éloigné du buis & des autres plantes qui pourroient luy servir de refuge & d'azile ; & si par malheur elles continuoient leur ravage, il faudroit descendre les pots de leur place, découvrir le lieu où elles se retirent pour en faire un carnage, non pas avec la main, car elles ont quelque chose d'infect, mais avec de l'eau bouillante, ou une pierre, ou le plat d'une bêche : il se prend avec des petits cornets de papier, de carte ou de drap qu'on fiche le soir sur le bout de petits bâtons & qu'on visite lendemain matin : Mais pour les exterminer il ne faut que mettre sur le pot un morceau de linge humide, car s'y amassant tous en troupe, il sera facile de les y tuer.

Il y a encore d'autres insectes qui font la guerre à l'Oeillet, comme une espece d'*Araignée verte* & venimeuse, *le limaçon*, la *fourmi* & une espece de *Chenilles blanches.*

L'*Aragnée verte*, environ le commencement de l'Autonne, se iette sur le feüillage de l'Oeillet, où elle file une toile dont elle se couvre, sous laquelle elle fait le guet pour surprendre les petits moucherons qui viennent succer la rosée & le miel de nostre fleur, laquelle voulant s'exempter de loger ce mauvais hôte replie ses feüilles & les referme autant qu'elle peut, mais en vain, si bien que s'y trouvant contrainte, vous la voyés jaunir petit à petit & abandonner toutes les feüilles qui sont infectées de ce venin, qui se fanent & flétrissent en bien peu de temps.

Or ce seroit peu si cette malicieuse bête arrêtoit là ses entreprises, & n'inventoit point d'autres ruses : En ce tems-là l'œillet commençant à grener, il arrive que ce larron domestique perce & fait ouverture dans sa cosse, où imperceptiblement, & en secret il dérobe le thresor que la nature y cachoit, si bien que le Fleuriste venant à chercher la graine, n'y trouve plus rien, sans qu'on puisse découvrir le voleur qui est dans la cosse, si on n'y regarde de bien près.

Qui voudra éviter cet accident, qu'il veille à surprendre l'animal qui en est cause, car ayant découvert le mal, on y a trouvé le remede, puisque trouver cet ennemi, c'est le vrai moyen de le vaincre.

Le Limaçon assés frequent dans les lieux humides & aquatiques, s'attachant aux dards & montans de l'Oeillet les coupe en deux, & après avoir bavé sur toutes les fleurs, cherche une autre branche pour la ronger, ne cessant jamais qu'il n'ait ravagé tout l'Oeillet, où il s'est une fois trouvé attaché.

Si les *Fourmis* veulent venir à vos fleurs d'Oeillets, mettés du miel dans un gobelet posé près de vos pots, elles iront toutes au miel & laisseront les fleurs.

La Chenille est seule, mais elle ne laisse pas de faire un grand degast, qui est d'autant plus dangereux, que la cause en est presque inconnuë aux plus clairvoyans, car se retirant de jour sous le pot de l'Oeillet, le long des bords, ou dans le nœud des petites baguettes, la nuit seulement elle se met en campagne, & va à la picorée de toutes les plus belles fleurs encore en bouton, & avant qu'elles viennent à se développer, perce en rond le tuyau, s'y enfermant bien souvent pour y faccer à plaisir & piller le petit magazin des graines que la nature y prepare, si bien que vous ne voyés jamais une fleur d'Oeillet en sa perfection, mais les unes à demi mangées & les autres entierement perdues.

Le remede à ce mal, est de surprendre cet animal & lui faire son procés.

CHAP.

CHAPITRE XVI.

En quel lieu l'Oeillet doit être mis quand il est fleuri & sur tout qu'il le faut preserver du Perce-oreille & de la Fourmi.

Preserver
l'œillet de
perce o-
reille & du
la fourmi.

LA pluye, le Soleil, le grand arrosement, le Perce-oreille & la Fourmi blessent l'Oeillet dans sa fleur & en ternissent l'éclat.

La pluye : Il est certain que l'eau qui tombe sur la fleur de l'Oeillet le ternit, le tache, le corrompt, & le flétrit en un moment.

Le Soleil, ne fait pas moins de mal à sa fleur, parce qu'il desseche tellement la terre, que sa fleur se desseche aussi.

Le grand arrosement, le fait passer en un instant, sur tout lors qu'il est sur sa fin.

La Fourmi ronge sa fleur & le perce dans ses feüilles; On a dit cy-dessus comme il l'en faut garantir.

Le Perce-oreille est les plus cruel de tous, parce que comme il a été dit, il mange sa fleur ou du moins il coupe ses feüilles dans leur racine, en sorte qu'elles tombent, &c.

Le moyen de preserver l'Oeillet de tous ces accidens, c'est de faire faire un toict, soit de paillassons, soit de bois dans un lieu ou le Soleil n'envoye point ses rayons, ou du moins les plus ardens, c'est à dire quand le Soleil y paroîtroit une heure le jour, pourvcu que ce soit au levant ou au couchant, il ne causeroit aucun mal, & ensuite disposer des tretaux pour y poser des ais à la distance de 4 doigts de la muraille, & y placer l'Oeillet fleuri, comme sur un amphiteatre, afin que les fleurs en puissent mieux paroitre.

On met une distance de 4 doigts de la muraille, afin que la Fourmi & le Perce-oreille n'y puissent monter, mais comme elles pourroient bien se servir du tretau, comme d'une échelle, pour attaquer l'Oeillet dans la fleur, le Fleuriste aura soin avant que de placer les l'Oeillets fleuris, de poser les pieds des tretaux dans de petits plateaux de bois, ou dans de petites terrines de terre, qu'il tiendra toûjours pleines d'eau, en les remplissant tous les jours ; ces petits animaux qui abhorrent l'eau n'oseront se mettre à la nage pour butiner l'œillet.

Il y a un autre expedient, pour garantir l'Oeillet de leurs insultes, avec plus de facilité, c'est qu'il faut mettre de la glu mêlée avec de l'huile à brûler, au haut de chaque tretau, aprés l'avoir étendue sur de petits parchemins de la largeur de 2 ou 3 doigts, & de temps en temps il faut rafraichir ces parchemins, en y mettant de la glu nouvelle, & ainsi ces petites bêtes se prennent.

Si par hazard, quelques unes restoient cachées, soit dans le pot de l'œillet, soit dans les ais, soit dans le dessus des tretaux, ou bien qu'elles ayent volé, du moins le Perce oreille, qu'on dit avoir des aîles, il faudra mettre au bout des baguettes des ongles de mouton, ou de veau, ou de petits cornets de papier, comme il a été dit ci-devant, ou de petits cornets, en forme de capuce, ou de l'étoffe en la même forme, ou plusieurs brins de balay mis ensemble, en differens endroits sur les ais qui soûtiennent les pots, & le matin le Curieux ne manquera pas d'y trouver ces ennemis cachés.

Il ne faut donner d'arrosement à l'Oeillet fleuri, qu'autant que les marcottes en auront besoin, pour ne point languir, car l'œillet n'en a point besoin pour sa fleur, il n'y a que les rejettons qui en demandent, mais aussi-tôt que la premiere fleur est passée, qui est toûjours la plus belle, il ne faut point manquer de donner un arrosement copieux & abondant à l'Oeillet, & le porter au lieu où il étoit avant sa fleur, afin de lui donner lieu de former la graine.

CHA-

CHAPITRE XVII.

De la graine de l'Oeillet, du temps qu'il la faut semer & de son plan.

POur faire gréner l'Oeillet, il faut 1. se garder de l'exposer en sortant de l'ombre, Du tems qu'il faut semer la graine de l'œillet. où il étoit pendant sa fleur, au Soleil du midy, car la cosse de l'Oeillet secheroit, & sa plante prendroit le blanc, en sortant d'un air frais, pour en prendre un brûlant, c'est pourquoi aprés sa premiere fleur passée, il faudra le placer dans sa premiere situation, & dans l'aspect du Soleil où sa fleur a fleuri, si ce n'est qu'on voulût le marcotter, pendant le temps qu'il est à l'ombre, ce qu'il est bon de faire, & 4 ou 5. jours aprés le mettre dans sa situation ordinaire, qui est celle qu'il a eu depuis le mois de Mars jusqu'à sa fleur.

2. Aprés qu'il aura demeuré quelque temps en cette situation, pour soufrir peu à peu la chaleur du Soleil il faudra vers le 8. de Septembre, l'exposer au Soleil du midi & l'arroser frequemment pour l'obliger à gréner plus facilement, parce que le grand air, l'eau & le Soleil produisent sa graine, qu'il ne faut ceüillir que quand elle est bien meure. Ceux qu'on tient à couvert ne portent point de graine.

3. Pour conserver celle qui se trouvera dans sa cosse, qui est un petit tuyau dans lequel elle se forme, il faudra garantir sa cosse des pluyes frequentes, qui pourront arriver avant sa maturité, parce qu'autrement elle pourriroient, parce que sa cosse étant comme un vase, elle retient l'eau, qui penétre par aprés le vase où la graine est resserrée, & la corrompt par ses aproches.

4. Il faut faire choix de ceux qui sont plus feconds, & qui portent graine plus volontiers, pour en avoir plus de soin durant le temps qu'elle se forme & la faire venir en maturité. Les uns grainent plus facilement que les autres, ce que l'on a bien reconnu par l'exemple de *l'orpheline* qu'on a nommé depuis *abondante*, ou la *mere des Oeillets*, parce que cet Oeillet graine extremement & reüssit admirablement dans ses productions ayant donné *le Nomparcil*, *L'Atesse* & *le Medor*, qui sont des Oeillets tres-rares.

5. La saison la plus ordinaire de ceüillir la graine de l'Oeillet, c'est sur la fin du mois de Septembre, ou au commencement d'Octobre, quelquefois plus tôt & quelquefois plus tard, selon la disposition des temps.

Quand on aura cueilli la graine, il faudra mettre chaque espece dans un papier separé, pour les distinguer par écrit, aprés avoir laissé sécher cette graine sufisamment, en sorte que l'humidité ne puisse point la corrompre, & semer chaque sorte de graine, aussi separément dans des terrines, donnant à chacune une marque chifrée, pour connoître les especes qui reüssissent & les separer de celles qui dégénerent.

La saison pour semer l'Oeillet, est differemment observée; Les uns le sement en Automne, les autres au Printemps.

Les premiers, au nombre desquels est l'Auteur du Livre qui a pour titre la connoissance & culture parfaite des Tulipes rares, des Anemones, des Oeillets fins &c. veut qu'on cueille la graine quand elle est bien meure, & qu'on la seme aussi-tôt sur couche, ou sur terre bien fumée & bien disposée, ayant soin de l'arroser, il dit qu'elle pousse son plan assez tôt, & assez vigoureusement pour être replanté dans l'Automne & produire sa fleur l'année d'aprés, & que les paresseux qui attendent au Printemps suivant à la semer, y perdent une année.

Mais l'Auteur du Traité des Oeillets, n'est pas de ce sentiment, & il dit que la graine qui n'a point de repos, n'a point aussi assez de force, pour pousser un beau

re-

rejetton, qui languira durant l'Hyver, ou bien qui ne produira pas une fleur qui puisse répondre à l'atttente du Fleuriste, la raison, qu'il aporte, c'est, dit-il, qu'il faut laisser meurir la graine, sans vouloir la femer, aussi-tôt qu'elle a été cüeillie : Il faut lui donner du repos, ni plus ni moins qu'on en donne aux belles Anemones, qui après avoir demeuré dans le cabinet du Fleuriste, poussent des fleurs beaucoup plus larges qu'elles n'auroient fait, si elles avoient été mises en terre annuellement.

Son avis est qu'il faut femer au printems, non pas en Fevrier, comme font quelques uns, mais dans la Semaine fainte à caufe de la pleine Lune, s'en étant tóûjours bien trouvé.

La façon de femer les Oeillets, c'est de remplir les terrines dont on voudra se servir, de terre compofée moitié de terreau de Cheval, & moitié de terre de marais ou de fable noir, mais feulement jufqu'au cordon de la terrine, & en fuite répandre la graine fur la terre & l'affaiffer avec le plat de la main, puis après remettre de la même terre jufqu'au milieu du cordon de la terrine, & le reftant jufques à rez du bord, de terreau de cheval, & après avoir donné un arrofement confiderable fur la terrine, l'expofer au Soleil, pour faire pouffer la graine.

Le temps de mettre le plan de l'Oeillet en terre, c'est ordinairement dans le mois de Juillet, ou au commencement d'Août, après la premiere pluye qui furviendra, & il faut bien fe garder de le faire durant la fechereffe, car le plan ne reprendroit point, quelque arrofement qu'on pût donner ; au lieu que si vous attendes la pluye, & si vous le couvrés durant 7 ou 8. jours de quelque toile cirée ou de paillaffon, pour le metre à l'abry de l'ardeur du Soleil, comme on fait pour les girofliers, vous lui donnerés vigueur par l'humidité qui fe trouvera dans la terre, par l'ombre qu'il recevra, & par l'arrofement que vous lui donnerés de temps en temps, au point qu'il ne flétrira point, mais prendra de bonnes & fortes racines.

CHAPITRE XVIII.

Des Maladies de l'Oeillet.

OUtre les maladies des Oeillets, defquelles il a déja été parlé cy-devant, les plus ordinaires font *le blanc*, *la pourriture*, *& la gale*.

Le blanc eft une efpece de tache blanche, qui s'attache aux fanes de l'Oeillet, & dont peu à peu comme une pefte, elle gagne le cœur, en forte que la mort s'en enfuit, quelque diligence que vous puiffiés apporter à couper fes fanes, ce venin eft fi mortel, que quand il ne paroîtroit qu'à l'extremité des fanes il ne laifferoit pas de caufer les mêmes ravages, que s'il s'en étoit attaqué d'abord au corps de la plante, c'eft ce qui fait croire à tous les Curieux, que c'eft une maladie interne qui vient de la racine, & qui fe communique par après au refte de la plante.

La caufe de cette maladie, vient de la trop grande fechereffe, d'une mauvaife expofition de l'Oeillet, d'un mauvais arrofement, des broüillards & d'autres accidens.

Comme le blanc eft une maladie incurable de l'Oeillet, il ne fert de rien d'en propofer des remedes.

Pour le preferver pourtant des accidens que caufe cette maladie, le grand fecret, eft. 1. de le preferver des nuits froides & des broüillards, car on remarque par des expériences fi diffes qu'ils engendrent cette maladie, & de fait *le blanc* ne prend ordinairedinairement à l'Oeillet qu'au Printemps & à l'Autonne, & c'est rarement qu'il en est attaqué dans l'Eté, si ce n'est sur la fin, ou qu'on l'ait privé de ses arrosemens necessaires. 2. C'est d'exposer l'Oeillet en grand air, & en éfet on remarque que les œillets élevés dans les jardins de campagne, ne sont point si susceptibles du blanc 3. C'est de ne se servir d'aucun remede, mais d'arroser plus abondamment & plus frequemment les Oeillets malades, & les laisser guerir d'eux mémes: Et on se trouvera tres bien de ces arrosemens, soit qu'ils ayent sauvé l'Oeillet de cette maladie, soit que d'eux mémes ils ayent recouvré leur santé. Quoi que c'en soit, il n'en faut point trop esperer, il n'en faut point aussi desesperer, comme font ceux qui les arrachent dés la premiere atteinte; il faut se donner patience & voir si la tache blanche ne se trouvera point en un blanc tirant sur le rouge ou sur le jaune, parce que pour lors, il faut esperer sa guerison & croire que le blanc n'étoit point de mauvaise qualité: Ce qu'on éprouve à *l'Indicrose*, qui semble d'abord étre ataquée du blanc, mais par après le blanc change en une couleur rougeâtre, qui ne lui fait aucun tort. 4. Il faut reconnoître quels sont les Oeillets les plus sujets au blanc, pour en avoir plus de soin, & les en preserver. Par une visible experience les *Incarnats* en sont beaucoup plus susceptibles que les autres, & ce doit étre une raison pour laquelle on leur donne une terre plus legere qu'aux rouges & aux violets.

La pourriture est une espece de gangréne qui ronge l'Oeillet petit à petit, elle vient ordinairement de la trop grande humidité de la terre, du trop d'ombre, des mauvaises eaux, des lieux humides &c.

Quand elle n'a point atteint de cœur le l'Oeillet, mais qu'elle demeure au pied, on pourra sauver l'Oeillet en coupant avec le bout du canif tout ce qui se trouve pourri au pied jusqu'au vif, & en suite on bouchera la playe que l'on y aura faitte, avec de la cire molle, pour éviter que l'eau n'y l'humidité n'y puissent avoir entrée, on pourra par ce moyen sauver les marcottes, qui étoient sur le pied en les marcottant de bonne heure, mais il ne faut pas attendre qu'il porte une belle fleur cette année-là Si quelques unes des marcottes avoyent de la pourriture, il faudroit les retrancher comme des membres pourris, afin qu'elles ne corrompissent point les autres, ni le pied.

Le jaune est à l'Oeillet ce que la jaunisse est aux femmes, il vient d'une eau mauvaise retenue trop long temps dans le pot qui par une humidité excessive & maligne a vitié la racine de l'Oeillet, en sorte qu'il languit & devient jaune.

Le remede autant qu'on en peut donner à une plante à demi morte, c'est d'exposer l'Oeillet en un lieu où le Soleil envoye ses rayons deux heures le matin sans l'arroser, ni lui donner la pluye du Ciel, jusques à tant que cette grande humidité qui est dans le pot, soit passée & que la racine qui étoit enfermée comme dans une cloaque de boüe, soit dessechée, & cette maladie vient ordinairement du defaut des issües qui doivent étre au fond du pot de l'Oeillet, parce que l'eau y demeure & y croupit, n'ayant point d'écoulement & cause l'humidité qui engendre cette maladie.

Le hâle, est une tache qui vient ordinairement sur les fanes de l'Oeillet, & gagne peu à peu jusqu'au cœur, si on n'a pas soin de couper celles qui en sont attaquées.

Cette maladie vient ordinairement dans le Printemps, & dans l'Autonne par les vilains broüillards & les pluyes froides, quelquefois aussi durant l'Hyver par l'humidité de la terre ou du temps.

Les Oeillets qui y sont le plus sujets, sont ceux de couleur de Rose & de Chair comme *l'Indicrose*, *la Maréchale*, &c. Les *Incarnats* en sont aussi susceptibles.

Pour empêcher le progrés de cette maladie, il faut faire deux choses, ou couper les fanes qui en sont atteintes, ou si on ne veut point deshonorer l'Oeillet, il faudra le gratter avec la pointe du canif, pour éviter que le mal ne se communi[...]

CHAPITRE XIX.

Des noms des Oeillets & de la maniere de les leur donner.

Des noms
des œil-
lets & de
la manie-
re de les
leurs don-
ner.

IL ne faut point changer le nom des Oeillets donnés par les Curieux, parce qu'on s'abuse souvent, en faisant recherche d'une fleur qu'on possède, d'où vient que quelques uns curieux du bonheur de celui, qui a élevé *le sauvage*, se font persuadés de devenir Auteurs d'un si bel Oeillet, en lui donnant le nom, de *Dromadere*, du *beau Louys*, &c.

Monsieur I. Laurent Notaire de Laon, dans son abbregé pour les arbres nains &c. donne une methode de baptiser les Oeillets & leur donner des noms pour les distinguer en leurs couleurs, &c. Et pour y reüssir, il dit qu'il faut que les premieres lettres de ces noms, marquent les premieres lettres de ceux de leurs couleurs.

Par exemple, un blanc panaché de rouge, on doit l'appeller le bon Roy ou le Baron Royal, ou le Benédictin reformé, ou la belle Rachel, ou le bon Riche, ou le beau Rustique, ou le bon Receveur, ou le brave Roland, ou le bien Rayé; le B de ces noms signifiera Blanc, & l'R. denotera rouge.

Autres Exemples. Pour un blanc panaché de couleur de chair, ce sera le *bon Chapelain*, ou *la belle Charlote*, ou *la bonne Chalonnoise*, ou *le beau Chapeau*, ou *le bien Charitable*, ou *le bon Chanoine*, par la méme regle que ci devant.

Pour un blanc panaché de violet, ce sera *la bonne voye*, ou *la bonne villageoise*, ou *le bon vieillard* ou *le beau visage*, ou *le bon Vice-Roy*, ou *le bien venu*, ou *le bien vif* par la méme addresse.

Pour le gris de lin & pourpre, ce sera *le grand Prieur* ou *le grand Pape*, ou *le grand Prétre*, ou *le grand Provincial*, ou *le grand Pompée*, ou *le Gros Paul*, ou *le grand président*, ou *le grand Partisan*, ou *le Greffier Presidial*, ou *le gros Pierre*, ou *le grand Philippe* ou *le grand Poussin* ou *le grave Philosophe* par la raison ci-dessus.

Choisissés ces noms ou en inventés d'autres, si vous pouvés, & quand vous aurés plusieurs Oeillets de méme couleur, qui seront pourtant differens en leurs ouvrages & en leurs formes, vous leur donnerés de ces divers noms devant & ci aprés declarés, ou d'autres que vous forgerés ainsi qu'il vous plaira, avec addition de quelque epithete, si bon vous semble, on en donnera des preuves ci-dessous.

Pour un blanc & incarnat ce sera *la belle Indie*, ou *Iulienne*, ou *la bonne* ou *belle Indienne*, ou *le blanc Iacobin*, ou *la brave Iudith*, ou *le bon Iardinier*, ou *la belle* ou *bonne Infante*, ou *le Bacha Ibrahim*, ou *le bon Ioseph*.

Pour un blanc panaché de pourpre: ce sera *la belle Paule*, ou *le bon Prince*, ou *le beau Poupon*, ou *le bon Patriarche*, ou *le brave Prophete*, ou *le beau Prieur*, ou *le bon Pasteur*, ou *le bon Paroissien*.

Pour le gros blanc, ce sera *le grand Berger*, ou *le gros Benedictin*, ou *le grand Bailly*.

Pour un Rouge & Gris de lin, ce sera *le Rodomont Gaillard*, ou *le General Rose*, ou *le grand Religieux*, ou *le gros Ruby*.

Pour un Gris de lin & violet, ce sera *le General Wirtemberg*, ou *le grand Vicaire*, ou *le grand Varlet*, ou *le grand Vaillant*, ou *le gentil Vicomte*, ou *le gai Walon*, ou *le grand Visir*.

Pour un rouge & couleur de chair, ce sera *le ravissant Conseiller*, ou *le Chanoine Regulier*, ou *le rusé Commissaire*, ou *le Cœur Royal*, ou *le Chaste Roy*, ou *le Rodeur changeant*, ou *le Capucin reformé*.

Et ainsi des autres couleurs, cette methode locale vous fera facilement connoître

la

la couleur de vos Oeillets, ce que ne font pas tous les beaux noms que vous pourriés autrement leur donner.

Une ardoise à châque pied d'Oeillet, portant un de ces noms ci-deſſus declarés, ou autres par la même adreſſe, vous fera connoître ſa couleur en tout temps.

Vous pouvés garder les noms qu'on a déja donné à quelques-uns & y ajoûtant quelque qualité par la ſuſdite adreſſe, elles vous en feront auſſi connoître les couleurs, comme par exemple *la Ducheſſe d'Avaro*, qui eſt un blanc panaché de violet, donnés lui la qualité *de bonne Veuve*, vous marquerés la couleur comme il a été dit : de même pour la *Sainte Agnés*, qui eſt un autre blanc & violet, ajoûtés y *brave Vierge* & vous ſçaurés la couleur.

Pour *le Commandeur*, qui eſt un blanc panaché de rouge, ajoûtés, *bien reglé*, & à *la Iunon*, qui eſt auſſi un autre blanc & rouge, ajoûtés ces mots, *belle rêveuſe* vous ſçaurés ainſi les couleurs & conſerverés les noms, & de même des autres, il n'y a rien de ſi facile.

Liſte de quelques Oeillets violets, appellez.

A.

Alteſſe.
Aſtre du monde violet.
Archiducheſſe
Aſtropole.
Archevêque.
Arche de triomphe,
Alidor.
Aurore naiſſante.
Artamene.
Admiral Tromp.

B.

Belle Deeſſe.
Bâton Royal.
La Braſarde
Beau de nos jours.
Belle de jour.
Belle Hortenſe.
Belle Agnés.
Belle Iris.
Beau Routier.

C.

La Conquête.
Conquête de Bacquelan.
Conquête du ſautoir.
Carme mitigé.
Catalan.
Conquête d'Eſtrée.
Comteſſe
Comteſſe d'Ether
Cour Royale.
Charles d'Autriche

Charle le Hardy
Conquête Verdier
Charmant d'Hongrie
Conquête conſtant.
Conquête de l'Aube
Conquête des prés.

D.

Duc de Longueville
Duc de Guiſe
Diſputé Triomphant.
Le Dauphin
Dorimene.
Ducheſſe de Boheme.
Duc de Candale
Duc de Milan
Duc de Duras.
Dauphin triomphant.

E.

Eleuë d'Eſtrée
Etendard du jour
Excellente Bury.

F.

Favory
Florebertine.
S. Fouray.

G.

Grand conquerant
Grand Prieur
Grand Preaux
la Gentille

Grand Cæſar
Grande beauté
Grand Noir
Grand Jupiter.

H.

Le Heros.
Le Hardy.

I.

Illuſtre Pontoiſe
Iditiot.

L.

Louïs conquerant.

M.

Medor.
Marquis du Queſnoy.
Morillon d'Artois.
Morillon violet.
Morillon ſivel.
la Majeſtueuſe
Morillon le Fevre
Maître des Poſtes,
Marquis d'Aſſentar.
Muſtapha violet.

N.

Nompareil de Compiegne.
Nompareil Royal.
Nompareil de Rhodes.
Nouvelle Enfrol.
Nouvelle Enceinte.

O.

O.

Olidan
Orpheline.

P.

Primo Pastorelle.
Polimor
Perle Royale
Passe-rose violet.
Patriarche le grand.
Prince de Chimay.
Pâle mitigé
Paon Royal.
Pourpre enfoncé.
Passe-croisette.
la Princesse

Petit David.
Pourpre surdassant.
Princesse aimable,

R.

Ravissante Landouche
Roy des Maures
la Reine d'Espagne.

S.

Sans souci
Superbe de France.
Scarbourg.
Superbe Verdier.
Souveraine Royale.

T.

Tertiò violet
Thresorier
Triomphe des Oeillets.
Triomphe des Couleurs.
Theatre du monde.
le Tuton.

V.

Unique de Flandre.
Unique Imperial.
Unique Royal.
Unique triomphant.
Victoire de Mastricht.
Violet choisi.
Unique des Couleurs,
Unique Dauphin.

Liste des Oeillets Rouges.

A.

L'Auguste,
Aimable Orphée
Aimable rouge.
Agréable en beauté.

B.

Balas.
Beau cramoisi.
Baradas.
Beauté triomphante.
Bel inconnu.
Beau thresor.
Brisar.
Belle Ecossoise.
Baltanie.

C.

Charmant de nos jours.
Conquête malin
Couronne Royale.
Cloris.
Cramoisy Royal.
Cleopatre.
Constantin.
Conquête rouge.
Cardinal de Bouillon.

D.

Dupe Philippe.
Duc D'yorck
Duc de Duras rouge
Duc d'Anjou.

E.

Eleüe des Granges
Etendard Royal.

F.

Saint Felix.
France triomphante.

G.

Grand Charlemagne,
Grand Marêchal.
Grand Argentier.
Grand Cramoisi de l'Isle.
Grand Admiral de France.
Guimberlin.
Geant.
General de France.
Grand Chambelan.

I.

Illustre en beauté,

L.

Loüis triomphant.

M.

Morillon de la Croix.
Morillon Bellonne.
Morillon d'Irlande
Morillon magnifique
Morillon Hardi rouge
Morillon de Gand
Morillon d'Espagne
Morillon de Mont
Morillon d'Hybernie ;

Morillon de la Cour
    Mitigé.
Monsieur de la Ferté.

N.

Nompareil le grand.

O.

Oriflamme.

P.

Le Prince
Prince d'Espinoy
Prince des Païs-Bas.
Prince d'Orange
Procris
Saint Paulin.

R.

Le Roy d'Alger
La Royale Poncet.
Roy d'Angleterre
Roy de Flandres
Rouge sergent.

S:

Soldat
Sortie Royale.
Sophy de Perse

T.

Tournoisien rouge.

V.

Vranie.

Liste des Incarnats.

B.
Beau Daumon
Benjamin.

D.
Duc de Florence.

E.
Etat de France.

F.
Flamboyant
Feu de Ligny
Feu de Rhodes
Feu & blanc.

G.
Grand Incarnat.
Grand Cyrus.

Grand Etendart,
Grand Albardir
Grand Turc.

H.
Hipolyte.

I.
Incarnat imperial.
Incarnat Jancille
Incarnat Lambinoy
Incarnat Caron.
Incarnat le Gille.
Incarnat de Doüay.
Incarnat de Fremnes,
Incarnat de Compiegne.
Incarnat tiedré.
Incarnat bâty

Incarnat blonne.
Incarnat d'Athe.
Incomparable.

M.
Monstre pâle.

P.
Polyphile.

S.
Sauvage.

T.
Tertiò de Paris.
Triomphe imperial.

V.
Victorieux.

Liste des Oëillets couleur de Rose.

C.
Celimene.
Charle d'Austriche Rose.
Celadon.
Comtesse d'Hollande.

D.
Doralise.

F.
Saint François Xavier.

G.
Grosse Magdelon
Grande Rose Thomas.

I.
Indicrose.
Isabelle.

M.
Madame d'Humieres.
Monstrueuse.
Madame Dorieux.

P.
Pucelle de Flandre.

R.
Rose d'Hollande
Rose d'Isdrid.

Rose Royale.
Rose permanente.
Rose de Jerico
Rose triomphante.
Reine en beauté.
Rosalinde.

S.
Saliné.
Sylvie.

T.
Tour de Babel.

Liste des Oëillets blancs.

B.
Belle douce.
Blanc racine

Blanc de Paris.
Blond de perle

Beau blanc
Rose blanche.

Liste des Oëillets Piquetez.

A.
Auguste triomphant.
Astre du monde.
Astre triomphant.
Amiral de Frise.
Amarillis.

Agreable.
Apollon.
Alcidon.
Auguste le grand.

B.
Belle Aminthe.

Beau piqueté.

C.
Charles-Quint.

E.
Etoile du jour.

Eu-

Eudoxia.
Eminentiffime.

G.
Gros piqueté.

I.
Indimion.
Jupiter.
Junon.

L.
Lys parangonné.

M.
Mars.
Mercure.
Maftricoy.

P.
Piqueté Imperial.
Piqueté de Tournay.
Piqueté de Brinche.
Piqueté du Change.
Piqueté gagné.
Pulcheria.

Piqueté Briefmans.
Piqueté pourpre.

R.
Reine Marguerite.
Roy d'Hongrie.

T.
Triomphe de l'Ifle.

V.
Verdure luifante
Venus.

Lifte des Oëillets Tricolor, Quadricolor : Quincolor.

T.
Tricolor de Compiegne.
Tricolor Poncet.

Q.
Quadricolor d'Amiens.

Quincolor d'Amiens.
La diverfité des trois couleurs.
La joliet des 4. couleurs.

La Chinoife.
Le Zelandois.
La Conquête de Los.

On ne pretend point d'exclure par ces liftes les Ocillets, qui feront échapés ou à la memoire ou à la connoiffance de l'Auteur defdites liftes.

CHAPITRE XX.

De la Beauté & definition de quelques beaux Oëillets en détail, &c. Oeillets Violets.

APpelles, eft un violet brun, fur un fin blanc, qui porte tres bien fes feüilles, il vient de la graine recueillie de *l'Orpheline* ; fa plante eft delicate, il porte neanmoins une fleur affez large : Il lui faut laiffer trois boutons fur le montant.

Alteße, eft un violet de même efpece fur un blanc, qui paroît d'abord carné, mais qui dans la fuite devient un blanc de fait, fa plante eft delicate & fon vert pâle, il vient large & porte de gros panaches fort détachés ; il a été élevé à Compiegne, & gagné de la graine de Orpheline. Il faudra lui laiffer fur fon maître dard quatre boutons. Il graine, mais il faut preferver fes marcotes de pourriture, parce qu'il y eft fujet.

Aftre du monde Violet, c'eft un violet pourpre clair, extremement rond, qui tourne bien fes feüilles, fon blanc eft affez fin & fon panache regulier, mais il eft marqué de quelques moûchetures, qui ne le rendent point pourtant broüillé ; fa plante eft robufte & vigoureufe, mais fes marcottes ont peine à prendre racines, fa fleur eft affez large, il ne lui faudra laiffer que 3 ou 4. boutons. Il s'apelle autrement *Iris pourpré.*

Archiducheße, Violet fur un blanc paffable, fort rond, de mediocre largeur élevé à l'Ifle : il ne faudra lui laiffer que 4 boutons fur fon maître dard.

Aftropole, eft un violet brun, admirable fur un blanc de laict fort détaché, fa fleur affez large, mais fa plante delicate, fujette aux pucerons : Il graine, & fes marcottes n'ont pas de repugnance à prendre racines. Il a été élevé à l'Ifle & ne doit porter que 3 ou 4. boutons au plus.

Arche de Triomphe, eft un pourpre enfoncé fur un blanc paffable, fon panache eft gros, fa fleur ronde, & large ; fa plante delicate, abondante en marcottes, & facile

cile à prendre racine, elle est sujette aux taches blanches, comme à une espece de gale qui s'attache à ses fanes : Cet œillet s'appelle autrement *Architriomphant* : il vient de l'Isle ; il ne lui faut laisser que 4. boutons

Artamene, est un violet brun sur un fin blanc, gagné de *l'Orpheline*, il ne faut lui laisser que trois boutons, parce qu'il vient petit ; autrement sa plante est robuste & ses marcottes vigoureuses.

Admiral Tromp, est un violet sur un fin blanc, qui vient de l'Isle ; sa fleur est large.

B

Bâton Royal, est un pourpre sur un tres grand blanc, il porte une fleur de mediocre largeur, mais bien remplie de feüilles & fort ronde, sa plante est delicate & ses marcottes foibles, & susceptible du jaune & de la gale : Il le faut preserver des dernieres pluyes de l'Automne & du Printemps, & ne lui laisser que 3. boutons. Il vient de l'Isle.

Belle Agnés, est un ancien Oeillet marqué de peu de Violet sur un blanc passable, il créve facilement, mais aussi il est facile à grainer ; c'est ce qui doit le faire reserver ; il faudra lui laisser six boutons.

Beau Roulier, est un violet sur un fin blanc, qui vient d'Amiens, sa fleur est large & ses feüilles bien rangées, sa plante est fort delicate, mais fort hâtive à porter fleur ; il est sujet au blanc & à la pourriture : Il faudra lui laisser 5. boutons.

C

La Conquête, est un violet brun admirable, sur un blanc de neige, sa fleur est tres large, n'est point sujette à crever, & porte graine volontiers, sa plante est robuste, mais les marcottes ont peine à prendre racine : Il a été élevé à l'Isle, s'il a un défaut dans sa fleur, c'est que sur sa fin il cossine ses feüilles, c'est à dire qu'il les tourne en forme de petits cornets, il peut souffrir 4 boutons. Quelques-uns ont voulu croire que c'étoit le Primo ; il n'y a point de difference dans la fleur, mais seulement dans le fanage.

Conquête Bacquelan, est un pourpre & blanc, fort détaché & large, sujet au blanc, ses marcottes sont délicates, mais sa fleur est riche, portant des panaches de pieces emportées ; il se trouve à l'Isle. Il faut lui laisser 4 à 5. boutons

Conquête du Sautoir, c'est un violet pourpre & blanc regulierement panaché, large & rond, garni de feüilles, qui graine & ne créve point, sa fleur est assez Jardine, sa plante assez vigoureuse. Il a pris sa naissance à l'Isle chez Mr. Du Sautoir. Il ne lui faut laisser que 4. boutons sur son montant.

Carme mitigé, c'est un pourpre enfoncé sur un blanc passable, c'est à dire ni blanc de laict, ni blanc carné, ni fin blanc passable, c'est à dire un blanc commun : afin de se faire entendre quand on se servira de ce mot de passable, c'est un ancien Oeillet qui n'est pourtant point à rejetter parce que son pourpre est enfoncé, ce qui ne se trouve pas toûjours dans les Oeillets.

Conquête d'Estrées, est un violet & blanc qui porte une grosse fleur, & qui pourtant ne se fend point, sa plante est delicate : Elle a été élevée à l'Isle, & peut grainer si on la conserve bien ; il faudra lui laisser 4. boutons.

Comtesse violet blanc, c'est une bonne fleur, le blanc en est fin, le panache regulier, & sa plante assez forte ; elle vient de l'Isle : Il lui faut laisser 4. boutons, pour lui donner lieu de pousser une belle fleur & porter graine.

Comte d'Ether, est un violet & blanc qui est passable : Il se trouve à l'Isle. Laissés lui 4. boutons sur son montant.

Conquête Verdier, violet en foncé sur un fin blanc, il porte graine, sa plante est assez delicate, & sa fleur n'est point hâtive, il faut lui laisser 4. boutons.

Con.

Cour Royale, eſt un Violet brun & blanc regulierement panaché, ſa fleur eſt groſſe & large & ſa plante vigoureuſe : il ſe trouve à l'Iſle ; il pourroit bien créver, ſi vous lui laiſſiés moins de 6. boutons,

Charles le Hardy, c'eſt un tres bel Oeillet, il eſt pourpré ſur un blanc tres fin, ſa fleur eſt fort groſſe & détachée, tiſſue de gros pannaches qui ſont pieces emportées : Il ſe trouve à l'Iſle, il faut lui laiſſer 4. ou 5. boutons ſur le principal montant.

Conquête conſtant, c'eſt ce qu'on appelle, *Meder*, dont on parlera ci-aprés.

Conquête de l'Aube, eſt un violet brun ſur un grand blanc : Il eſt rond & garni de feüilles, auſſi ſa fleur eſt large & bien tranchée, mais ſa plante, qui eſt délicate ne produit pas beaucoup de marcottes, & il faut bien ſouvent la laiſſer en vieux pied. Il ſe trouve à Peronne : 4. boutons lui ſont ſuffiſans. Il a pris naiſſance à l'Iſle, chez Mr. de l'Aube.

Conquête des Prez, eſt un violet & blanc qui porte une groſſe fleur avec de gros pannaches. Il a pris naiſſance à l'Iſle. Il faut lui laiſſer 5. boutons.

D

Duc de Longueville, c'eſt un pourpre tellement enfoncé qu'il paroît noir, ſon blanc paroît d'abord carné, mais dans la ſuite de ſa fleur, il devient blanc de laiſt, qui re-hauſſe encore la beauté de ce pourpre. Ses panaches ſont gros & ſa fleur tres large, ſa plante eſt délicate & ſon vert pâle, ſes marcottes prennent difficilement racine, auſſi elles ſont ſujettes aux tayes qui viennent ſur les fanes, elle eſt fort hâtive : Comme elle n'eſt pas ſujette à crever, il ne faut laiſſer que 4. boutons

Duc de Guiſe, eſt un beau pourpre ſur un fin blanc : ſa fleur eſt large, ſes panaches détachées, facile à porter graine. 4. boutons ne nuiront pas ſur ſon montant. Il ſe trouve à l'Iſle.

Diſputé triomphant, c'eſt un violet aſſez fin ſur un beau blanc, ſa fleur n'eſt pas large, c'eſt pourquoi, il ne lui faut laiſſer que trois boutons.

Dauphin, eſt un tres beau pourpre ſur un fin blanc ; il eſt fort large & bien garni de feüilles, rond & bien tranché, ſes fanes larges & fortes, ſes marcottes ne prennent pas bien racine & pouſſent à dard avant le tems : ſes panaches ſont de pieces emportées. Il ne faut lui laiſſer que 5. boutons.

Dorimene, eſt un pourpre ſur un fin blanc, qui fleurit tres large, ſes panaches détachés, mais ſa plante delicate & peu vigoureuſe, puis qu'on a peine d'en tirer des marcottes. C'eſt une production de la graine d'Orpheline, venuë à Compiegne. Quatre boutons lui ſufiſent.

Ducheſſe de Boheme, eſt un violet brun ſur un beau blanc. Il n'eſt pas beaucoup dé-taché, mais il eſt large, ſa fleur eſt aſſez hâtive, portant graine. Quatre boutons ſont avantageux à ſa fleur.

Duc de Milan, eſt un violet brun, ou pourpre clair, ſur un beau blanc ; ſa fleur eſt large & ronde, garnie de feüilles, ſes panaches gros, ſa plante mediocrement forte, Il ne créve point, c'eſt pourquoi on pourra lui laiſſer 4. boutons, pour tâcher d'en avoir la graine. On le trouve à l'Iſle communément

Duc de Duras, eſt un tres beau violet & blanc, ſa fleur eſt groſſe réguliérement tra-cée de gros panaches qui ſont bien détachés : ſa plante eſt aſſez delicate, mais ſon vert eſt beau : Le Puceron l'ataque & le blanc facilement. Il le faut preſerver des méchantes pluyes, ſur tout ſi on veut qu'il graine ; laiſſes lui 4. boutons.

Dauphin triomphant, eſt un Oeillet fort nouveau. On dit que le blanc en eſt tres be-au, & ſon violet admirable, tres bien tranché & de gros panaches. On vend ſa mar-cotte à l'Iſle onze florins.

Ex-

E.

Excellente Bury, c'est un pourpre noir sur un fin blanc, qui n'est point fort détaché: sa plante dificile à élever, étant sujette à la pourriture. 4. boutons lui sufifent.

F.

Florebertine, est un tres bel Oeillet pourpre brun, sur un grand blanc fort rond & large, garni de feüilles, ses pannaches ne sont pas bien détachés, mais neanmoins sa fleur a grand éclat par l'arrangement de ses feüilles, & par la beauté de ses couleurs: Il se trouve facilement à Compiegne & à Noyon. Sa plante resistant aux influences de l'air, on ne lui laisse que 4. boutons, & cependant il ne créve pas.

G.

Grand Conquérant, est un violet brun sur un blanc assez fin, sa fleur est fort grosse & comme elle est garnie de beaucoup de feüilles, elle s'éleve en la façon d'un petit dome, ses panaches ne sont point fort gros, ni fort détachés, ayans des moûchetures sur les feüilles, mais qui ne ternissent point la beauté de sa fleur. Sa plante est robuste, mais neanmoins susceptible du blanc: Quoi que son bouton soit gros, il ne se sent pas: Il faudra pourtant lui laisser 5. boutons & voir s'il grainera.

Grand Prieur, est un violet pourpré sur un blanc de laict, sa fleur est fort ronde, large & tracée de gros panaches, il ne creve point: sa plante est forte & son verd admirable, qui donne toûjours esperance d'en voir sortir une belle fleur, pourveu qu'on ne laisse que 4. à 5. boutons sur son principal montant.

Grand Preaux, qui s'apelle autrement *Paon Royal*, est un violet & blanc, qui porte une grosse fleur, le panache est fort & détaché, il graine, aussi sa plante est robuste, sujette pourtant à la galle, ou aux taches de couleur de gris sale. C'est assez de 4. boutons sur son maître dard.

Grand Cesar, c'est un violet & blanc, large, il est fort bien détaché, & porte une grosse fleur, & il graine.

Grande Beauté, est un violet brun sur un blanc de laict, sa fleur est large, ses panaches gros, & fort détachés, sa plante vigoureuse, sujette neanmoins au blanc. Il faut la preserver des broüillards, elle graine, se trouve à Compiegne. Il ne lui faut laisser que 5. boutons.

Grand Noir, c'est un pourpre fort enfoncé, grand & large, sa plante est pourtant fort délicate, sa fleur n'est pas fort détachée, ayant des mouchetures sur son blanc qui est fin. 5. boutons sufifent.

I.

Illustre Pontife, on l'apelle autrement *le beau de Verny*, Il vient d'Amiens, c'est un violet pourpré qui graine, sa fleur n'est pas bien large, mais son panache est détaché: 4. boutons sont sufisans sur son dard.

Idisiot, c'est ce qu'on apelle autrement *Tertio violet*, c'est un violet brun fort détaché, sur un blanc de laict, mediocrement large, bien rond, fort hâtif. sa plante assés delicate, sujette à la pourriture, elle graine: C'est une fleur tres fine, 3 ou 4. boutons tout au plus sufisent; Elle se trouve facilement à Amiens.

M.

Medor, c'est un pourpre clair, qui s'appelle autrement la Conquête Constant, parce que c'est Monsieur Constant de Compiegne qui l'a élevée de la graine de l'Orpheline: son violet pourpré quoi que clair paroit beaucoup, parce que son blanc est tres fin, ses panaches sont gros & détachés & accompagnés quelquefois de certaines moûchetures violettes, qui ne fe rendent point pour cela confufes, fa fleur fort ronde, aflez large, mais fa plante forte & robufte, rarement fujette au blanc; Il ne creve pas. 4. boutons lui fufifent.

Morillon fivel, eft un violet & blanc, fa fleur tracée de gros panaches, & large, il eft fort hâtif, il fe trouve à l'Ifle, graine dificilement, & 4. boutons lui fufifent.

La Majeftueufe, eft un pourpre fur un fin blanc, fa fleur eft groffe, & fa plante vigoureufe : fon vert eft bien conditionné. Il ne lui faut laiffer que cinq boutons.

Morillon le Fevre, c'eft un Oeillet qui fe trouve à l'Ifle, qui porte un tres beau violet fur un fin blanc, fes panaches font fort détachés fur fa fleur, qui eft large & ronde, fa plante aflez vigoureufe & fes marcottes faciles à prendre racine : laiffés fur fon dard 4. boutons.

Maitre des Poftes, c'eft un violet & blanc, fort large.

Muftapha violet, c'eft un violet clair, fur un beau blanc fort détaché : La fleur n'en eft pas beaucoup large, mais elle eft fine. Sa plante eft delicate & porte graine. 3 ou 4. boutons lui fufifent.

N.

Nompareille de Compiegne, fon violet eft fort clair, mais fon blanc eft tres fin, ce qui lui eft de particulier, c'eft qu'il porte autant de violet que de blanc, fes panaches, font pieces emportées, s'il en fut jamais, & fes couleurs fe fuccedent les unes aux autres, c'eft à dire qu'aprés un panache violet, il fuccede un gros panache blanc, aprés cela un blanc, un violet, ni plus ni moins que les couleurs qui font fur les jupes rayées des femmes. Sa fleur eft aflez large, fa plante tantôt vigoureufe, tantôt delicate, fujette bien fouvent au blanc; on pourroit lui donner fans injuftice le nom du Morillon, puis qu'il en porte les qualités, il eft quelquefois fujet à degenerer à caufe de fes gros panaches, fi fon violet étoit pourpre ou plus brun qu'il n'eft pas, ce feroit un Oeillet fans prix, rarement il graine, l'Orpheline eft fa mere, le jardin de Monfieur Conftant eft le lieu de fa naiffance. 4. boutons lui fufifent.

Nompareil Royal, eft un violet clair venu de l'Ifle, tracé fur un blanc de neige, fort détaché dans fa fleur, qui n'eft pas bien large, mais fine, fa plante eft délicate & fes marcottes prennent volontiers racine, il ne créve pas. 4. boutons lui fufifent.

Nompareille de Rhodes, c'eft une fleur d'une groffeur prodigieufe, le violet en eft beau, mais le blanc n'en eft pas fin, fa plante eft forte & fes marcottes vigoureufes, il fe trouve à l'Ifle. Il faut bien prendre garde que le bouton ne fe caffe, portant une fi groffe fleur, auffi il faut lui en laiffer fix fur fon principal dard.

Nouvelle Enceinte, fon nom lui eft bien convenable, puis que c'eft une groffe fleur panachée d'un beau pourpre fur un fin blanc, elle fe trouve à l'Ifle, elle porte un beau vert & de bonnes marcottes. Il faut lui laiffer 4. boutons.

O.

Oliban, eft un violet clair qu'on trouve à l'Ifle, Il paroit beaucoup fur le blanc de laict qu'il porte, fa fleur n'eft pas bien large, ni fa plante fort robufte, il eft fujet à la pourriture, il le faut preferver des grandes eaux, en lui donnant un arrofement fort moderé : fes marcottes font auffi délicates & prennent dificilement racine, 4. boutons accommoderont fa fleur.

Orpheline, C'eft la mere des beaux Oeillets, quoi qu'elle méme n'ait pas de grands traits de beauté, c'eft pourtant un violet brun fur un fin blanc, mais la fleur n'en eft pas fort large : elle renverfe les feüilles de fa fleur, les ayant extremement tendres & delicates; d'où vient que la moindre eau ternit fa fleur en un moment. Sa plante n'eft pas bien vigoureufe & fes marcottes ne prennent racines qu'à l'extremité : Il
faut

faut laiſſer juſques à 7 à 8. boutons, puis qu'elle graine facilement & qu'elle a donné des rejettons d'une beauté tres rare.

P.

Prima C'eſt le méme Oeillet que la Conquête dont il a été parlé ci-deſſus, les mémes couleurs, le méme blanc, ſemblable en qualité, ils ne different que dans le feüillage, mais c'eſt ſi peu qu'on n'y doit point aporter de difference.

Paſtorelle, eſt un violet brun, tirant ſur le pourpre, tracé de gros panaches ſur un fin blanc, ſa fleur eſt tardive, mais large, ſa plante aſſez robuſte, ſes marcortes neanmoins ont peine à prendre racine, elle caſſe dans ſon bouton, ſi on ne lui en laiſſe ſix, elle graine rarement, pour faire avancer ſa fleur, il faut l'expoſer quelquefois au Soleil du Midi.

Polimir, c'eſt un élevé du méme temps que le Primo, il eſt violet brun ſur un beau blanc, il ne lui cederoit point en beauté, s'il avoit d'auſſi gros panaches, & il ſeroit méme plus beau, parce qu'il eſt plus large & plus garni de feüilles que le Primo, ſa fleur ſort en forme de Dome, mais elle prend fort peu de panaches, c'eſt la fleur la plus ronde qu'il y ait, ſa plante eſt délicate, quoi que ſon vert ſoit vigoureux, le puceron l'attaque, & ſes marcottes languiſſent le plus ſouvent, comme étant ſujet à la pourriture, il faut lui laiſſer 4 à 5. boutons, quoi qu'il ne ſoit point ſujet à caſſer. Il ſe trouve à l'Iſle.

La Perle Royale, autrement le *Tuton*, eſt un beau violet & blanc: ſa fleur mediocrement large, mais ſa plante foible & ſujette au blanc. Laiſſés lui 4. boutons.

Paſſe-Roſe Violet, c'eſt un beau violet blanc & large, mais plat, ſon panache eſt de pieces emportées, ne creve point, il faut lui laiſſer 5. boutons. Il ſe trouve à l'Iſle.

Patriarche le grand, autrement dit *Grand Patrice*, eſt un violet brun ou pourpre clair ſur un tres grand blanc, l'Oeillet eſt fort large, portant de gros panaches, ſa plante eſt aſſez délicate & ſujette au blanc. 4. boutons lui ſufiſent. Il a été élevé à l'Iſle.

Paſſe mitigé, c'eſt un Oeillet tout ſemblable au *Carme mitigé*, ce qui le rend plus beau, c'eſt qu'il eſt plus large & ſes panaches plus gros. Il eſt à l'Iſle.

Le Prince de Chimay, c'eſt un pourpre clair ſur un blanc de laiĉt, ſa fleur n'eſt que mediocrement large, mais bonne & fine, ſa plante eſt delicate, d'un beau vert, tardive à porter fleur, il graine & ne caſſe point. 4. boutons lui ſufiſent.

Pourpre ſurpaſſant, c'eſt un tres beau pourpre ſur un blanc de laiĉt, ſa fleur tranchée de gros panaches, large, qui ne créve point, pourveu qu'on lui laiſſe 5. boutons. On la trouve à l'Iſle.

Princeſſe aimable eſt violet & blanc, bien tranché, ſa fleur large, & ſa plante vigoureuſe, ne créve pas, en lui laiſſant 5. boutons, elle eſt fort eſtimée à l'Iſle.

R.

Reine d'Eſpagne, eſt un violet clair ſur un beau blanc, la fleur en eſt mediocrement large, le panache en eſt gros, mais non pas bien détaché, ſa plante eſt delicate, on la trouve à Amiens: Laiſſés 4. boutons ſur ſon dard.

S.

Superbe de France, eſt un violet & blanc, la fleur n'eſt pas bien large, mais le panache eſt regulier: ſa plante eſt ſujette à prendre le blanc. On le trouve en Flandre; il faut lui laiſſer 4 à 5. boutons.

Scarbourg, eſt un beau pourpre enfoncé qui porte une fleur large, tracée de gros panaches ſur un fin blanc; ſa plante eſt d'un beau vert. Il ne caſſe point, & on peut en eſpérer la graine & lui laiſſer 4. à 5. boutons.

Su-

Superbe Verdier, la fleur en eſt fort groſſe, c'eſt un violet ſur un fin blanc, à pa-naches détachés, ſes marcottes ſont fortes, il ne caſſe point en lui laiſſant cinq bou-tons.

Souveraine Royale, eſt une groſſe fleur panachée de violet & blanc : ſa plante eſt ſi delicate, qu'on ne peut l'élever que dificilement : Elle vient de l'Iſle, ne caſſe point dans ſes boutons, pourveu qu'elle n'en porte pas moins de 4. à 5.

T

Treſorier, eſt un tres beau pourpre brun ſur un fin blanc, ſe trouve à Compiegne ſa fleur eſt fort large, tracée de panaches de piéces emportées. Ne creve pas, en lui laiſſant 5 à 6. boutons ſur ſon maître dard.

V

Unique de Flandres, eſt un pourpre & blanc, large & bien détaché, élevé à l'Iſle Sa plante eſt aſſez delicate, dificile à prendre racines, porte graine, ne creve pas, en lui laiſſant juſqu'à 5. boutons.

Unique imperial ou *Royal*, c'eſt un violet & blanc, ſemblable *au Primo*, large, tranché de gros panaches, ſur un fin blanc, il porte graine, & ne ſe fend pas dans ſes boutonts, qui ne lui feront pas ôtés juſqu'à 4. à 5.

Unique Triomphant, violet & blanc réguliérement tranché à gros panaches, ſe trouve à l'Iſle, ſa plante eſt robuſte, ſa fleur hâtive, ne creve pas en lui laiſſant 5. boutons.

Victoire de Maſtrich, c'eſt un tres beau pourpre, ſur un fin blanc, gagné aprés la conquête de cette ville; ſes panaches ſont gros, il fleurit tres bien, ne créve point en lui laiſſant 5. boutons.

Unique Dauphin, Eſt un brun ſur un fin blanc, ſa fleur eſt petite mais délicate, ſa plante ne l'eſt pas moins, étant ſujette à la pourriture & aux pucerons. Il ne lui faut laiſſer que 3. boutons.

Oeillets Rouges.

A

L'*Auguſte*, eſt un cramoiſi & blanc, qui porte une groſſe fleur, qui caſſeroit ſi on lui laiſſoit moins de 5 à 6. boutons. Sa plante eſt vigoureuſe & ſe trouve en Flandres.

Aimable Orphée, eſt auſſi un cramoiſi & blanc, ſa fleur n'eſt pas bien large, mais bien tranchée, ſa plante eſt d'un beau vert, abondante en marcottes, élevé à l'Iſle. Il ne lui faut laiſſer que 3 ou 4. boutons.

B

Beau Cramoiſi, autrement appellé *Grand Chambelan*, *Balas*, porte ſa couleur par ſon nom, mais ce qui lui eſt de particulier, c'eſt ſon blanc qui pourroit le diſputer avec la neige : ſes panaches ſont emportés, ſi on en a jamais veu, extremement détachés ſans moûchetures, ſa fleur tres large, garni d'une tres grande quantité de feüilles, auſſi il faut ſe défier de ſon bouton & ne lui en laiſſer que ſix, pour l'em-pécher de créver : Sa plante eſt vigoureuſe & d'un beau vert. Il vient de l'Iſle. Son défaut c'eſt 1. qu'il ne graine point, 2. que ſa fleur n'eſt pas hâtive. 3. ſon pius grand

grand défaut c'est que comme les feüilles de sa fleur sont fort délicates, elles se renversent, en sorte qu'il faut les soûtenir par de petits cartons, il n'est pourtant pas toûjours necessaire, parce que quelquefois les fleurs se soûtiennent, sur tout lors qu'on a le soin de baisser les extremités de la Cosse.

Baradas, est un rouge brun dont la fleur est fort large, & garnie de quantité de feüilles, qui lui font faire un dome au milieu de sa fleur : ses panaches sont gros, mais non pas fort détachés : son blanc n'est point carné, il n'est pas aussi fin : ce qu'on peut dire, c'est que sa fleur est grosse & d'un beau rouge: sa plante est sujette au blanc: Il lui faut laisser 4 ou 5. boutons.

Beauté triomphante, est un rouge de sang, sur un blanc de laict, ses panaches sont petits aussi bien que sa fleur, qui n'est point garnie de beaucoup de feüilles : L'Oeillet est pourtant fin & sa plante vigoureuse. Il ne lui faut laisser que 3 ou 4. boutons. Se trouve à l'Isle.

Bel inconnu, rouge clair sur un beau blanc, sa plante est délicate, sujette aux taches grisâtres & dificile à prendre racine. Trois boutons sufiront pour son maître dard

Beau Thresor, c'est un beau rouge sur un grand blanc, sa fleur est ronde & large, ses panaches détachés; Il graine & ne créve pas & se trouve à l'Isle. Il est hatif, abondant en marcottes, sujet à dégenerer & au blanc. 4 boutons sufisent.

Belle Escossoise, c'est un même Oeillet que *le Bel inconnu*, sous different nom.

Batavie, est un rouge fort clair, qui prend un peu de couleur de rose. Il est fort large sur un blanc qui n'est point fin. Il casse facilement si on ne lui laisse au moins six boutons. La beauté de sa fleur est sa grosseur. Il a porté 14. poûces de tour. Sa plante est neanmoins foible & sujette au blanc, ne portant pas facilement ni marcottes ni graine. Il vient de Noyon.

C

Conquête Malin, est un cramoisi hâtif, sur un blanc passable, assez large, sa plante robuste. Il se trouve à l'Isle.

Couronne Royale, c'est un cramoisi sur un fin blanc, ses panaches sont fort détachés, ses fanes bien conditionnées, son bouton gros, qui donne une fleur large, hâtive & qui graine. Cinq boutons lui sufisent.

Cloris, est un cramoisi blanc & passable, sa fleur n'est ni petite ni large, ses panaches assez détachés, mais sa plante foible. Il se trouve à l'Isle. 4 ou 5. boutons sufisent.

Constantin, est un rouge brun sur un blanc de laict, portant de gros panaches de piéces emportées sans moûchetures, il a peine à fleurir, sa fleur étant fort tardive ; Il rejette ses feüilles, qui sont delicates & il a besoin du secours du Fleuriste Il créve si on ne lui laisse 5. ou 6. boutons

Conquête rouge, c'est une même espéce d'Oeillet, que le bel Inconnu & la belle Escossoise

Cardinal de Boüillon, est un beau rouge panaché sur un blanc de laict : Sa fleur est large, bien tranchée, il porte graine, & ne créve point, si on lui laisse 4 à 5. boutons. Il se trouve à l'Isle.

D

Duc d'Yorc, est un beau rouge sur un blanc, bien détaché, ses panaches petits, aussi bien que sa fleur, mais elle est fine & porte graine. Son feüillage est beau & ne créve point.

Dupe Philippe, Cét Oeillet, pour avoir eu differens noms comme de *Prince d'Epinay*,

qui

qui est son veritable nom, & *de Saint Felix*, n'a point été changé en nourrice, c'est un rouge de sang sur un fin blanc, sa fleur est large, quoi qu'elle ne soit pas chargée de feüilles, ses panaches ne sont pas gros, mais fort distincts & détachés, sa plante qui est vigoureuse a l'ambition de se vouloir élever au dessus de toutes les autres plantes d'Oeillets, on a peine à lui trouver des baguettes assez hautes. Ses fanes sont d'un beau vert & ne sont pas sujettes aux taches. Tout son defaut c'est d'étre plat car il ne casse point, si vous lui laissés 4 ou 5. boutons.

Duc d'Anjou, est un rouge clair sur un blanc assez fin, sa fleur est mediocrement large, mais fort ronde & bien garnie de feüilles, ses panaches bien tranchés Il graine, mais sa plante est sujette au blanc & dificile à conserver. Il faut lui laisser 4. boutons.

E

Elevé Desgranges, c'est un rouge brun tirant sur le pourpre extrémement enfoncé sur un blanc assez fin : ses panaches sont fort gros & de pieces emportées, mais un peu confus, & accompagné de moûchetures. Mr. L'Abbé Desgranges l'a élevé dans Paris : son montant s'éleve fort haut, ses fanes sont fort vertes & sa fleur hâtive & mediocrement large. Il est tout semblable à l'Oeillet qu'on apelle *Le Soldat*, tant par sa couleur que par sa façon de fleurir & par son feüillage. Il ne créve pas, en lui laissant 4. à 5. boutons.

Etendart Royal, est un cramoisi blanc bien tranché de gros panaches détachés, sa fleur est hâtive, son feüillage d'un beau vert & sa plante forte : Il se trouve à l'Isle, il ne créve pas, lui laissant 5. boutons.

F

France triomphante, c'est un tres beau cramoisi sur un fin blanc, large & panaché regulierement, sa plante est d'un beau vert, Elle se trouve à l'Isle. 3 ou 4. boutons lui sufisent.

G

Grand Maréchal, est un rouge brun sur un blanc, qui n'est point fin : ses panaches ne sont point entierement détachés, mais c'est une fleur large ronde & garnie de beaucoup de feüilles qui sortent en dome, & qui graine. Il se trouve à l'Isle, & ne casse pas si on lui laisse 4 à 5 boutons.

Guimberlin, c'est un Morillon fort semblable au Morillon de Gand, ou au Tourisien rouge. Il vient de Normandie, sa fleur est autant large qu'un Morillon le peut être, son blanc est de laict & son rouge si bien détaché, qu'on le peut admirer, comme une rareté surprenante. Son defaut est. 1. qu'il est sujet au blanc & à la pourriture 2 que son bouton creve, si on n'a soin de l'en empêcher, il ne faut pourtant pas lui en laisser plus de 5. sur son montant, parce qu'il ne donneroit point une fleur aussi large, qu'on le doit souhaitter. C'est une fleur tres fine, tardif à porter sa fleur.

Grand Argentier, est un rouge brun tout semblable au Grand Maréchal.

Grand Cramoisi de l'Isle, soin nom porte sa couleur & le lieu de sa naissance : son blanc est admirable, tant il est fin, sa fleur large, tracée de gros panaches, non confus. Il graine & ne créve pas, si vous lui laissés six boutons.

Grand Admiral de France, est aussi un cramoisi sur un beau blanc ; se trouve à l'Isle la fleur est hâtive, sa plante robuste & abondante en marcottes, ne créve point, si on lui laisse 4 à 5. boutons.

Grand Chambellan, c'est le même Oeillet que le beau Cramoisi.

Louis

L

Loüis triomphant, cramoifi & blanc, fa fleur n'eft pas bien large, mais fa plante porte beaucoup de marcottes; il eft fin, il porte graine, ne créve pas, fi on lui laiffe cinq boutons.

M

Morillon de la Croix, il a beaucoup de reffemblance *au beau Cramoifi* & *au Grand Chambellan*; il differe pourtant en quelque chofe, mais non pas en beauté, & en couleur; car fon cramoifi eft tres vif fur un blanc de neige, fes panaches font piéces emportées, detachés autant qu'on le peut fouhaiter, fa fleur fort large & garnie de feüilles, qui font foibles & délicates au point qu'elles fe renverfent fur fa coffe; fa tige eft groffe & fes marcotes vigoureufes. Il fe trouve à l'Ifle. Il faut lui laiffer fix boutons pour éviter qu'il ne créve.

Morillon Bellonne, fon rouge eft tout particulier, parce qu'il n'eft point fait en forme de panaches, mais en forme de points: fon blanc eft de laict, fa fleur n'eft pas bien large, mais fort tardive, fujette à crever & au blanc. Se trouve à Amiens. Il faut lui laiffer 6 à 7. boutons au moins

Morillon Magnifique, c'eft un rouge de fang fur un blanc de laict, fa fleur n'eft pas bien large, ni garnie de feüilles: fes panaches ne font pas gros, mais il eft extremement rond & détaché, il eft dificile à cultiver. Il fe trouve à l'Ifle. 4 ou 5. boutons lui fufifent.

Morillon de Gand ou *Tournifien rouge*, ne font pas beaucoup differens du *Guimberlin*, fi ce n'eft que le dernier eft tant foit peu plus large: le refte de la fleur eft femblable.

Morillon d'Efpagne, c'eft un rouge cramoifi fur un fin blanc, à gros panaches détachés & de pieces emportées, fa fleur eft large & porte graine; ne creve point, fi on luy laiffe 5. boutons.

Morillon du Mont, *Morillon d'Hibernie*, font deux beaux Oeillets femblables, cramoifi & blanc, fes panaches font fort gros & detachés fur un grand blanc, larges, portant graines, non fujets à crever avec fix boutons fur le maiftre dard Ils fe trouvent à l'Ifle.

Morillon de la Cour, c'eft un cramoifi & blanc fort nouveau.

Marquis d'Humieres eft une production du *Grand Maréchal*, & il eft rouge brun, tout femblable, fauf qu'il n'eft point fi large & fa plante n'eft pas fi vigoureufe.

P

Le Prince d'Epinay, voyés cy deffus le dupe philippe.

Procris eft un rouge brun pourpre fur un beau blanc, il n'eft point diffemblable de *l'élevé Degranges* & *du Soldat* puis que fa couleur & fon blanc fe reffemblent beaucoup, Sa tige s'éleve de même & fon fuiage n'eft pas tort different.

Saint Paulin eft un Oeillet monftrueux en groffeur, mais non point chargé de panaches qui font tres petits, il eft fujet a créver.

R

Roy d'Alger, eft un rouge tirant fur le cramoifi portant de beaux panaches fur un fin blanc & nullement confus. La fleur eft large mais tardive, fe trouve à l'Ifle & graine. La plante produit beaucoup de marcottes, mais elle eft fort fujette au blanc, il ne luy faut laiffer que 4. boutons.

Roy d'Angleterre eft un Oeillet tres rare d'un tres beau rouge cramoifi fur un blanc de laict, fa fleur eft affez large, mais ronde au dernier degré, fa plante eft vigou-
reu-

reufe, qui ne produit pas beaucoup de marcottes. Il faut luy laiffer 4. boutons.

Roy de Flandres c'eft un rouge brun, mais d'une groffeur prodigieufe, fon blanc n'eft pas bien fin, mais fa fleur porte le plus fouvent 14. pouces de tour : fes panaches font gros, fa plante forte, mais qui ne produit pas beaucoup de racines, elle ne créve pas, luy laiffant 5 ou 6 boutons.

Oeillets Incarnats.

B.

Beau Daumont n'eft autre que *l'incarnat Laubinoy*, c'eft un fecond nom qu'on luy à impofé avec celuy de *L'Epicier*, c'eft un tres bel Oeillet élevé à Paris, fa couleur eft de feu affez vif, fon blanc n'eft pas des plus fins, mais un peu carné, fa fleur eft large, quoy qu'elle foit platte, mais ce qui luy eft de propre, c'eft qu'il graine facilement, a de gros panaches d'une couleur fort recherchée, fa plante eft delicate, fujette au blanc & méme à la pourriture, il ne créve point d'ordinaire, il faut pourtant luy laiffer 5. boutons.

Benjamin eft un incarnat clair fur un fin blanc, fa fleur eft large & tiffue de gros panaches, mais elle n'eft pas fournie de feüilles, fa plante eft delicate, fufceptible de pourriture & de blanc, il ne caffe pas en luy laiffant 4. boutons

D.

Duc de Florence, eft un incarnat clair fur un fin blanc, mais fes panaches font confus, fa plante eft affez robufte, mais tardive à porter fleur, ne caffe pas fi on luy laiffe 4. à 5. boutons.

F.

Feu de Ligni le feu en eft vif fur un tres grand blanc, il eft large, mais fa plante eft foible, fe trouve à l'Ifle, fon defaut eft qu'il degenere tres-facilement, il graine & ne créve point, fi vous ne lui refufés 5. boutons.

Feu & blanc eft une belle fleur, fes panaches font gros, fon blanc fin, il eft fort large, & méme monftrueux.

G.

Grand incarnat, autrement *Incarnat Royal*, *Incarnat Imperial*, eft un incarnat pâle dont les panaches, ne font pas gros, mais elle n'eft pas fournie de feüilles, elle eft tardive & porte graines, fa plante eft fi vigoureufe, que les fanes font prefque femblables à celles de pourreau, elles font quelquefois atteintes de taches rouffâtres, il ne caffe point en luy laiffant 5. ou 6. boutons, fur fon principal dard, fe trouve à l'Ifle.

Grand Cyrus, porte une belle fleur tracée d'un gros panache d'Incarnat pâle fur un fin blanc bien détaché, il eft fujet au blanc & à la pourriture, il ne créve pas, fi on luy laiffe 5 : boutons.

Grand Albardier c'eft un incarnat vif fur un fin blanc, il aproche du Tertio de Paris, fauf que fon feu n'eft pas fi vif, fon blanc auffi eft plus grand : fa fleur eft affés large, mais fes panaches ne font pas bien gros ni détachés, fa plante eft vigoureufe & fa tige s'éleve extrémement haut. Il vient de Flandres, cinq boutons luy fuffiront pour l'empécher de créver & en recüeillir la graine.

Grand Turc eft un incarnat pâle fur un beau blanc, le panache eft fort gros, mais
con-

confus, la fleur n'en eſt pas large, il pourroit paſſer pour un Morillon, ſa plante eſt aſſez delicate, ne créve pas en luy laiſſant 4. boutons.

H.

Hipolyte eſt un incarnat clair ſujet au changement, parce que ſon blanc eſt quelquefois carné & quelquefois blanc de laiĉt, tracé de gros panaches, quelquefois auſſi de petits: il caſſe facilement ſi on ne luy laiſſe 6. à 7. boutons.

I.

Incarnat Imperial, voyés le *grand Incarnat.*

Incarnat Caron, ſon veritable nom eſt *l'Incarnat Iancille*, autrement *le grand Etendard*, il vient de l'Iſle, ſon blanc eſt fort fin & ſes panaches aſſés gros, mais il eſt petit, il eſt fort rond & ſa plante vigoureuſe & d'un beau vert, ſujette aux poux verts & pucerons, ſon fanage vert, 4. boutons luy donneront une belle fleur.

Incarnat Cezille eſt un gros Oeillet d'un Incarnat pâle, garni de feüilles, ſujet à créver, ſon blanc eſt aſſez fin & ſa plante auſſi forte qu'on la puiſſe deſirer & abondante en marcottes, ſa fleur eſt hâtive & ſix boutons luy ſuffiſent.

Incarnat des Fremnes, c'eſt un incarnat venu de l'Iſle chez ſon parrein Monſieur des Fremnes, ſon panache eſt aſſez regulier, mais il eſt ſuivi de quelques moûchetures qui en diminuent la beauté, ſa plante eſt mediocrement forte, & porte des marcottes abondamment, il faut luy laiſſer. 4. boutons.

Incarnat Railly, eſt un gros incarnat ſur un fin blanc, originaire de Flandres, large qui ne creve pas, en luy laiſſant 5. boutons bons pour la graine, ſa fleur eſt aſſez bien tranchée, ſa plante aſſez vigoureuſe.

Incomparable, eſt couleur de feu & blanc, mais le blanc n'en eſt bas bien fin, ni le panache détaché, il a pourtant ſa beauté, qui conſiſte dans ſa couleur, rondeur & groſſeur, ſa plante d'un beau vert. ſujette au blanc, au chancre, autrement appellé la pourriture, il graine, il faut luy laiſſer 4. à 5. boutons.

Incarnat Blonne, eſt un incarnat pâle, mais le blanc en eſt tres-fin, ſon particulier, c'eſt d'eſtre un tres-gros Oeillet, garni de feüilles & d'avoir un panache fort détaché. Il ſe trouve à l'Iſle, il ne creve point en luy laiſſant 4. à 5. boutons, ſa plante n'eſt pourtant pas robuſte, étant ſujette à la pourriture.

Incarnat D'Ath, eſt incarnadin ſur un fin blanc, il porte une tres large fleur fort détachée & tranchée de gros panaches, il ſe trouve à l'Iſle, ſa plante eſt vigoureuſe, pas ſujette aux maladies; Il faut luy laiſſer 4. à 5. boutons.

M.

Monſtre pâle, eſt un incarnat pâle, d'une groſſeur prodigieuſe, ſujet à créver; il ſe trouve à l'Iſle, il faut luy laiſſer. 6. boutons.

P.

Polyphile, eſt de couleur de feu ſur un grand blanc, ſes panaches fort détachés, ſon particulier eſt que toutes ſes fleurs paroiſſent en même temps, & que la derniere eſt auſſi large que la premiere; il faut le laiſſer fleurir en Soleil. Il graine, mais ſa plante eſt difficile à conſerver étant ſujette au blanc & à la pourriture.

S.

Le Sauvage a pris ſa naiſſance à Paris, il porte ſon nom de celuy qui la élevé, quelques uns l'ont nommé le *Dromadere*, d'autres l'ont appellé *le Grand Louys*, c'eſt un Oeillet admirable; ſon incarnat n'eſt pourtant pas vif, mais ſon blanc eſt extremement fin, les feüilles de sa fleur sont larges & épaisses, ses panaches sont fort gros & de pieces emportées, sa rondeur est à estimer, mais sa grosseur quelquefois de 14. pouces de tour & sa façon de fleurir en forme d'une espece de Dome, le rendent sans prix: sa plante est forte & robuste, dont les marcotes prennent facilement racine, son défaut est qu'il casse, si on ne luy laisse plusieurs boutons, jusques à 6. ou 7. & on s'en trouvera bien.

T.

Le Tertio de Paris, c'est le frere du Sauvage, ayant été élevé au même lieu, leur couleur est pourtant differente, mais non pas leur beauté, celle cy est d'un Incarnat vif brun surpassant, c'est à dire de couleur de feu ponceau enfoncé; son blanc n'est pas fin, mais un peu carné, sa fleur n'est pas large comme celle du Sauvage, mais ses panaches ne sont pas moins gros ni détachés & sont pieces emportées, les feüilles n'en sont pas si larges ni si épaisses, d'ou vient qu'elles se renversent & qu'on est obligé de se servir de cartons: Il ne casse pas aussi comme le Sauvage, & 4. ou 5. boutons luy suffisent: sa plante est assez robuste, quoy que son vert ne soit pas des plus beaux, ses marcottes prennent racines facilement & ne sont pas sujettes aux maladies, sa fleur n'est pas si hâtive que celle du Sauvage.

V.

Victorieux, est aussi appellé *le flamboiant*, & par d'autres *l'incarnat à doubles feüilles* d'autres l'on nommé le *petit Sauvage*: c'est un incarnat vif sur un fin blanc tracé de gros panaches de pieces emportées, mais sa fleur est plate, n'étant pas garnie de beaucoup de feüilles, elle est pourtant assez large, sa plante est robuste & son feüillage assez particulier, étant fort court & fait en forme de petit cyprés, il ne créve pas. Il ne lui faut que quatre boutons.

Oeillets de Couleur de Rose & de Chair.

C.

Celimene est un Oeillet de couleur de rose fort large, mais confus, sujet à créver, il graine, sa plante est vigoureuse, laissés luy huict boutons.

Celadon est de couleur de chair tirant sur celle de Celadon, son blanc tres fin & sa fleur assés large, mais comme sa couleur est tres-pâle, elle ne donne pas dans les yeux & on n'en fait pas grand cas.

Comtesse d'Hollande, est de couleur de rose pâle ou de chair vive: elle est fort large & son blanc fort fin tracé de panaches detachés, sa plante delicate, mais abondante en marcottes, il faut luy laisser 6. boutons. Il se trouve à l'Isle.

D.

Doralice, est un Oeillet de couleur de rose vive, tirant sur l'Indicrose, son blanc est fin & sa fleur fort large, mais sa plante est delicate, & si sujette au blanc & à la pourriture qu'à peine peut on la conserver. Il luy faut quatre à 5. boutons.

G

Grosse Madelon autrement *Tour de Babel*, c'est un Oeillet d'une grosseur prodigieuse, mais c'est tout, car il creve, son blanc n'est pas fin. il est broüillé & confus, ne graine pas, mais il porte 14. à 15. pouces de Tour: Il faut luy laisser sept ou huict boutons, sa plante est extrémement forte.

I

Indicrofe ou Rofe Indique c'eſt un Oeillet le plus charmant qui ſe puiſſe rencontrer dans les couleurs douces, il eſt fort large, extrémement rond & garni de feüilles, ſon blanc de laiĉt, ſes panaches gros & fort détachés, qui paroiſſent d'abord de couleur de ceriſe, en ſuite de roſe, & ſur la fin de couleur de chair. Il ne créve pas ſi on lui laiſſe 5 ou 6 boutons : ſa plante porte un large Feüillage vigoureux & ſujet pourtant aux taches, qui paroiſſent comme le blanc d'abord, mais qui n'ont rien de méchant Ses marcottes ont peine à prendre racines & ſont ſujettes à la pourriture, ſa fleur eſt printaniere, auſſi on l'a doit planter en Autonne & la preſerver des trop grandes pluyes, ſe trouve à l'Iſle, Amiens, &c.

Iſabelle, eſt de couleur de roſe pâle ou chair, ſon blanc tres fin & ſes panaches de pieces emportées, ſa fleur fort large & garnie de feüilles qu'elle renverſe quelquefois, ne caſſe point avec cinq ou 6. boutons ; produit beaucoup de marcottes, qui ſont ſujettes aux taches blanches rougeâtres, c'eſt à dire à la gâle & au roux, qui eſt une eſpéce de gale : ſa fleur eſt le plus ſouvent hâtive.

M

Madame d'Humieres, eſt de couleur de roſe claire, ſa fleur d'un grand blanc tracé de gros panaches, large, mais tardive, ſa plante extrémement difficile à prendre racine, elle eſt forte & robuſte & créve ſi on ne luy laiſſe cinq boutons : ſe trouve à l'Iſle.

Madame d'Orieux, ne differe en rien de l'Oeillet précedent, ſinon que ſa couleur eſt plus pâle.

R

Roſe d'Iſtrie, c'eſt une couleur de roſe pâle ou de chair ſur un fin blanc. Comme ſes panaches ſont d'une couleur fort pâle; ils ne paroiſſent pas beaucoup ſur un ſi grand blanc, ſa fleur eſt large garnie de beaucoup de feüilles: ſa plante qui paroit robuſte, ne l'eſt pourtant pas, parce que les marcottes, qui ſont atteintes de gale, ne prennent que difficilement racines : il ne créve point avec cinq boutons.

Roſalinde a la même reſſemblance que *l'Iſabelle*, ſauf qu'elle ne fleurit pas ſi large ni ſi bien.

Roſe d'Hollande, c'eſt la même que *la Roſe de Ierico*, ſa couleur fort pâle, mais ſon blanc de lait, il ne créve point avec cinq boutons.

Roſe Royale, c'eſt une tres groſſe fleur, d'un blanc tres fin & reguliérement tranché, ſa plante eſt vigoureuſe, fertile en marcottes & d'un beau vert: il vient de l'Iſle. 5. boutons feront éclorre de belles fleurs, elle n'eſt pas hâtive.

Roſe permanente, eſt une fleur fine, pas beaucoup large, mais delicate : Elle ne caſſe pas en luy laiſſant cinq boutons : elle demeure toujours de couleur de roſe, ne changeant pas ſa couleur, ſa fleur dure longtemps, elle ſe trouve à l'Iſle.

Oeillets Blancs.

B.

Belle Douſe, eſt une groſſe & large fleur garnie de beaucoup de feüilles, dont la plante eſt forte & vigoureuſe, elle ne créve point avec cinq ou ſix boutons.

Blanc Racine, eſt un blanc auſſi large que le premier. Monſieur Racine a fait la conquête de cet Oeillet.

Blanc de Paris, il eſt commun à Paris.

Oeillets Blancs.

O 2

Blonde

Blonde de perle, eſt un blanc de perle fort large & d'un beau vert, elle ſe trouve à l'Iſle.

Roſe Blanche, c'eſt une veritable roſe blanche, parce qu'il n'eſt rien plus large, ni plus feüillu que la Roſe blanche, ſa plante eſt foible, mais ſa fleur ne caſſe point luy laiſſant cinq boutons.

Oeillets Piquetés.

Auguſte Triomphe, eſt un des plus beaux piquetés, à cauſe de ſa largeur & de la quantité de ſes feüilles, mais il eſt fort tardif à fleurir à cauſe de la foibleſſe & delicateſſe de ſa plante. Il faut luy donner du Soleil juſques à midi & le planter dans une terre legere & luy laiſſer cinq ou ſix boutons, autrement il creveroit : il ſe trouve à l'Iſle, à Paris &c.

Aſtre du monde, eſt un piqueté extremement mouchetté ſur l'extremité de ſes feüilles : ſa fleur n'eſt pas fort large, mais fort ronde & bien priſe dans ce qu'elle contient, ſa plante n'eſt pas fort robuſte ; Elle eſt ſuſceptible de blanc & de pourriture il ſe trouve à l'Iſle, à Amiens &c.

Aſtre triomphant, il eſt large & fort piqueté, ſa plante mediocrement forte il eſt à l'Iſle, il luy faut 4. boutons.

Amarillis, *Agreable*, *Belle Aminte* & *l'Etoile de jour*, ſont 4. piquetés à peu prés de meſme ſorte & ne different que par leur couleur & leur feüillage, mais non pas en largeur, ni en groſſeur, il faut leur laiſſer 4. à 5. boutons, ſe trouvent à l'Iſle.

Apollon, eſt un piqueté de brun ſur un fin blanc : l'Oeillet eſt petit & ſa plante fort ſujete au blanc & à la pourriture. Il eſt à l'Iſle, il ne lui faut laiſſer que quatre ou 5. boutons.

Beau-piqueté, fort ſemblable à la verdure luiſante. Il eſt piqueté de pourpre clair, fort gros & large, mais ſujet à crever, ſi on ne luy laiſſe 6. ou 7. boutons. Il pouſſe auſſi quelque fois deux boutons dans ſa fleur. Il prend auſſi quelques fois panaches.

Eudoxia eſt un Oeillet tres-fin, le blanc en eſt beau, il fleurit facilement, ſa fleur eſt mediocrement large & ſa plante eſt fort delicate, ſujette à la pourriture & porte graine. 4. boutons ſuffiſent.

Eminentiſſime, c'eſt un tres bel Oeillet, il eſt bien piqueté ſur un beau blanc aſſés large, ſa plante vigoureuſe, ſe trouve à l'Iſle, 4. à 5. boutons luy ſuffiſent.

Gros piqueté, un tres rare Oeillet par ſa groſſeur, qui eſt prodigieuſe pour un piqueté, & par ſon blanc qui eſt tres fin. Il eſt difficile à élever, ſa plante etant ſi foible & ſujette à pourriture, qu'à peine peut on le conſerver : il faut luy laiſſer 4. ou 5. boutons.

Indixion eſt un piqueté de brun ſur un fin blanc, large & ne caſſant point ; ſa plante eſt d'un beau vert, qui n'eſt point ſujette aux maladies : il ſe trouve à l'Iſle 4. boutons luy ſuffiſent.

Iupiter, *Iunon*, *Mars*, *Mercure*, *Venus*, ſont toutes divinités piquetées de brun ſur un fin blanc, mais les fleurs en ſont petites : elle ſe trouvent à l'Iſle.

Lys parangoné cet Oeillet eſt parfait quant à ſa fleur ; car il eſt tres bien piqueté, large & garni de feüilles, ſon blanc eſt fin, mais ſa plante eſt delicate, ſujette à pourriture, & ſes marcottes ne prennent racines que dans ſa couche, ſi on ne le marcotte dans le commencement de Iuillet ; il creve ſi on ne luy laiſſe au moins 6. boutons : il ſe trouve à l'Iſle.

Piqueté Tournay, il eſt d'un beau vert, facile à prendre racine ſa fleur mediocrement large, ſon blanc eſt fin, il ſe trouve communement dans la Picardie, 4. boutons luy ſuffiſent.

Piqueté du change, sa fleur est fort mouchettée, large, mais tardive, il ne creve point avec 6. boutons.

Pulcheria, est un Oeillet fort piqueté, mediocrement large, la plante peu feconde en marcottes, sa fleur est tardive, & 5. boutons luy suffisent.

Piqueté Belmans, est gros & large, sa plante est fort delicate & ses marcottes difficiles à venir.

Piqueté Pourpre est fort bien piqueté d'un beau vert, se trouve à l'Isle.

Triomphe de l'Isle est un piqueté fin sur un beau blanc, sa fleur large, sa plante vigoureuse : il veut 4. boutons.

Verdure Luisante, voyés le beau piqueté.

Oeillets Tricolor, Quadricolor, Quincolor.

Tricolor de Compiegne, il est pourpre, de couleur de rose pâle & blanc, le Pourpre est enfoncé & le blanc tres fin, mais ce qui est de surpassant pour un tricolor, c'est qu'il est gros & large, sa fleur fort ronde, fournie de beaucoup de feüilles tracées de gros panaches de pieces emportées, qui se succedent les unes aux autres, c'est à dire qu'un panache de pourpre suit celuy de rose pâle sur un fin blanc, qui doit passer plûtôt pour un panache que pour le champon: le fond de l'Oeillet, ne creve point avec 5. boutons : ses marcotes ne sont pas fortes, la pourriture attaque *le tricolor*, c'est pourquoy il faut le preserver des méchantes pluyes

Tricolor Poncet, ne differe du premier qu'en grosseur, n'estant pas si large ni son blanc si fin, ni ses couleurs si bien détachées.

Quadricolor, & *Quincolor d'Amiens*, ils seroient beaux, s'ils étoient détachés & gros, mais ils sont confus & peu larges & sujets à degenerer, ne se maintenans pas plus de deux ans dans la même fleur.

La diversité des trois couleurs, cet Oeillet est fort bizarre, mais qui porte une grosse fleur, qui a sept couleurs fort distinctes & separées : son blanc est fin, sur lequel paroit un brun noir & un beau rouge, sa plante est mediocrement forte il se trouve à l'Isle : il ne creve point avec 5. boutons qui graineront.

La Ioliete ou Ioliveté des 4. couleurs, est un Oeillet panaché d'un beau pourpre fort brun d'un beau rouge & de couleur de rose, sur un fin blanc, mais toutes ses couleurs sont tres bien & également distinctes & détachées : il se trouve à l'Isle facilement.

La Chinoise, est un tricolor rare, son blanc est de laict tranché de gros panaches bruns, comme s'ils étoient noirs & de couleur de rose, sa fleur large se trouve à l'Isle. 5. boutons suffisent.

Le Zelandois, c'est un quincolor degeneré. on en fait cas à cause de sa couleur qui est fort bizarre.

La Conqueste de Los est de couleur d'Ardoise, & se trouve à l'Isle

---

CHAPITRE I.

De l'Oreille d'Ours.

L'Oreille d'Ours est françoise : Il s'en trouve dans les prés de plusieurs Provinces de France, mais avec cette difference de celles des jardins, que *les premieres* font toutes de méchantes couleurs & tres petites cloches, & *les autres* triées parmi de bonnes semences, ont ces qualités desirables dans les fleurs qui font plaisir à voir.

Quoy qu'elle soit Françoise les Francois ne sont pas les premiers qui en ont reconnu les beautés, les Flamans y sont plus attachés qu'eux, ce sont eux qui ont élevé à l'Isle en Flandres les premiéres panachées. Ils les appellent *Auricules*.

O 3

CHAPITRE II.

Qualités que doivent avoir les belles Oreilles d'Ours.

PUis que la fane basse & point embarrassante rend une fleur recommandable *l'O-reille d'ours* l'emporte sur plusieurs.

La fane qui s'étend est un peu plus agreable que celle qui est si droite.

C'est un grand défaut à la tige de la fleur quand elle est si deliée qu'il faut la soûtenir ; aussi bien que quand elle est si courte qu'on ne voit quasi point le bouquet : une juste proportion est à desirer en toutes choses, & principalement en celles qui sont destinées au plaisir de la vûe.

Plus les cloches sont grandes & ouvertes, plus l'oreille d'Ours est estimable.

Il y en a beaucoup qui se gaudronnent, c'est un defaut.

Il faut que la quëue de la cloche réponde à la largeur de la fleur. Une tres grande fleur qui auroit la quëue de sa cloche tres courte, déplairoit plus que si elle étoit proportionnée.

On leur souhaitte l'Oeil grand & bien arrêté, point baveux ni imbibé.

L'Oeil est ce petit rond du milieu de la fleur qui est presque toûjours ou jaune ou citron.

On ne fait cas que des panachées. Si l'on estime quelques pieces, ce sera à cause d'une largeur extreme, ou d'une couleur si bizarre, qu'on espere qu'à force d'en semer la graine, il pourroit en venir quelque panachée qui en tiendroit.

Entre toutes ; *les lustrées, les satinées, les brillantes* & *les bizarres*, sont toûjours les plus belles.

Plus cette fleur a également de panache & de couleur, plus elle est belle.

Il faut s'attacher à trouver des couleurs differentes en oreilles d'Ours, car plusieurs se ressemblent aussi bien que les Oeillets, il y en a beaucoup plus de fleur à fleur que de visage à visage, mais il faut avoir des varietés promptement sensibles à tout le monde.

La nature ne s'épuisera jamais, elle nous montre toûjours quelque chose de nouveau dans ses productions. Il y a à present plusieurs Oreilles d'Ours doubles & panachées. Il y en a même qui font quelquefois jusques à trois cloches les vnes dans les autres, elles sont rares & cheres. A force de semer ce progrés pourra aller plus loin.

Plus l'Oreille d'Ours a de clochettes sur la même tige & plus elle est belle. Quand elle fait un gros bouquet de cloches tout autour de sa tige, on l'appelle *Polyanthée*.

CHAPITRE III.

De la terre propre aux Oreilles d'Ours, de leur gouvernement en pot & en fleur & de la maniere de les Oeillettonner.

Terre propre aux Oreilles d'Ours

CEtte plante est gourmande & aime la fraîcheur, il luy faut un peu plus de terre franche qu'à l'Oeillet.

Sur quatre panerées de terre franche, il en faut trois de terrot de fumier de cheval & deux de terrot de fumier de vache.

Aprés avoir dit que l'Oreille d'Ours aime la fraîcheur, on devroit peu parler de son gouvernement. On peut bien juger qu'il ne la faut pas laisser exposée au Soleil ardent : Cependant pour instruire davantage il vaut mieux estre un peu plus prolixe.

Dés

Dés le commencement du printemps avant la fleur, mettés vos pots d'Oreille d'Ours au Soleil levant ou couchant, sur des aix élevés sur des trétaux ou du moins sur des carreaux de peur qu'étans posés à platte terre, le ver n'entre par le trou du pot, qu'il ne mouline & ne renverse incessamment la terre. Essayés de les placer de sorte que le Soleil ne les voye que 3. ou 4. heures du jour, ils s'en conservent beaucoup mieux, & le coloris de la fleur en est plus velouté & plus foncé.

Ne leur donnés de l'eau que quand ils en ont besoin ; trop les pourriroit, trop peu aussi les feroit languir. Pour éviter un danger, ne tombés pas dans l'autre.

Lors qu'elles sont en fleur, il faut avoir soin d'oster de vos pots les Oreilles d'Ours dont tous les Oeilletons poussent entierement purs, & à moins que ce ne soit une espece tres-rare, il ne faut pas planter le pied à part en pleine terre pour attendre qu'il repousse quelque Oeilleton panaché.

S'il n'y a qu'un Oeilleton pur & un autre panaché, il faut détruire le pur & conserver l'autre : Le méme qui est devenu une fois pur ne devient jamais panaché. Pour détruire un Oeilleton pur ne déplantés pas vôtre plante, mais arrachés-la feüille & quand il n'a plus que le tres petit cœur, & que vous ne pouvés plus tirer de feüilles, coupés adroitement ce petit cœur sans endommager le collet ou haut de la plante, car c'est ce que les nouveaux Oeilletons repoussent & c'est ce qu'il faut conserver.

Si le pied qui est dans vôtre pot est garni de plusieurs Oeillettons & que vous ayés envie de multiplier l'espece, attendés que la fleur soit passée, posés vôtre pied d'Oreille d'Ours quand sa terre ne sera point moüillée, secoüés la si bien que toutes ses racines en soyent nettes, partagés vôtre pied en autant de parties qu'il aura de forts Oeilletons, & faites de chaque Oeileton une pottée differente, laquelle reproduira de méme de nouveaux Oeilletons, & ainsi avec un peu de soin vous ne sçauriez manquer de plantes.

Pourveu que chaque Oeilleton que vous replanterés ait seulement un filet de racines, il suffira pour le faire reprendre. S'il en a d'avantage ce sera tant mieux. Il est aisé de donner ordre que chaque Oeilleton ait beaucoup de racines, parce que s'il ne se separe pas aisément de luy méme, il faut fendre le navet de la plante tout au milieu, cela ne l'endommage point : ainsi si sur un méme pied vous aviés quatre Oeilletons qui ne se partageassent point coupés librement vôtre navet en quatre, vous estes le maistre par là de laisser autant de racines que vous voudrés à chaque œilleton.

A prés avoir coupé le navet, plantés vôtre Oeilleton jusques tout au haut du collet, qu'il ne sorte seulement que les feüilles, arrosés le fortement & laissés vôtre pot à l'ombre au moins un mois, il faut pendant ce temps-là donner de l'eau un peu souvent pour faire facilement reprendre, mais il n'en faut pas donner châque fois abondamment.

Lors que vos pots qui ont bien fleuri ont fait leur devoir sur vôtre theatre, remettés les au méme lieu ou ils ont fleuri, conservés leurs graines & pour avoir des nouveautés, semés abondamment. En cette plante là & en toute autre, c'est par là qu'on s'enrichit le plus.

Il faut dans les grandes chaleurs de l'Eté oster vos pots du lieu où ils étoyent & les mettre tous à l'ombre : Cette precaution est de consequence. Le grand Soleil & le grand chaud font fondre les Oreilles d'Ours & les tuent entierement.

En Automne remettés les en leur place ordinaire, & en Hyver exposés les au Soleil du midi, elles en ont besoin alors. Quelque soin que vous preniés de bien situer vos Oreilles d'Ours, il s'en pourrit sans cesse beaucoup de feuilles, épluchés les en toutes saisons, & comme on ébranle souvent le pied en arrachant les feüilles ; raffermissés le en appuyant le doigt autour, & quand ou par les arrosemens ou autrement la terre s'abaisse & que le collet se découvre ; remettés de la terre sur vôtre pot pour les regarnir.

La terre dans laquelle on plante les Oreilles d'Ours est un peu forte, & si on ne la couvroit pas sur son pot, elle se fendroit, ou elle se décoleroit, ou se durciroit : Pour empêcher ces inconveniens il faut mettre sur le pot un bon doigt de sable noir ; le sable blanc ou jaune feroit le même effect à l'egard de la plante, mais il en feroit un mauvais à la fleurison. Le rapport de sa couleur à la plus part des fleurs des Oreilles d'Ours diminueroit le Coloris. Il semble que cette remarque soit petite, mais dans la pratique elle est fort grande.

Ce sable qu'on met sur la terre du pot de l'Oreille d'Ours entretient sa fraicheur, aide à faire entrer aisément les arrosemens & empéche plûtot le pied & les feüilles de pourrir que si on se servoit de quelque terrot que ce fût : Plus on craint la pourriture, plus on doit éloigner le fumier.

Parce que vos pots sont souvent à l'ombre, le dessus se moisit & produit une verdeur désagreable à voir, ratissés la & remettés de nouveau sable : la beauté ne va jamais sans la propreté.

L'Oreille d'Ours ne craint point ordinairement la gelée, cependant si vous avés de la place de reste dans vos Serres, crainte de la pourriture ou de quelque nouvel accident, serrés vos belles, ce soin leur vaut beaucoup.

CHAPITRE IV.

De la graine d'Oreille d'Ours, la maniere de la semer & d'en elever le Plan.

IL faut particulierement s'attacher à recüillir la graine de vos plus belles plantes, de vos plus grandes cloches, de vos plus veloutées, & sur tout des doubles & des triples : negligés donc la graine des plantes ordinaires, semés plûtôt moins, & semés bon.

Cette graine veut étre semée au commencement de Septembre.

La maniere de la semer est vétillarde, mais faute d'en faire toutes les petites façons, de grands Curieux en ont semé plusieurs années de suite, sans qu'il leur en soit levé une seule. Elle craint tout à fait d'être couverte de terre, elle aime beaucoup la fraîcheur, & demande à cause de sa petitesse plus de precaution que toute autre.

Emplissés de tres bonne terre legere & finement passée des terrines ou des caisses plattes, appuyés la main sur la terre pour la presser, afin qu'elle ne fonde pas lors de l'arrosement, & pour toute preparation, à la reception de vos graines quand vôtre terre est bien vniment pressée, faites de legeres fentes avec le tranchant d'un couteau, que ces fentes soyent tres pressées & peu profondes, semés en suite vôtre graine un peu claire, & repassés tres legerement la main sur vos fentes pour les unir : Ou la graine est tombée dans vos petites fentes, ou elle se trouve enveloppée de la terre que ces fentes avoyent élevée, & cela suffit pour la faire germer. Arrosés aussitôt vos terrines ou caisses avec un petit arrosoir de fer blanc à pompe dont les trous soyent tres petits, afin que l'eau tombe déliée & qu'elle ne batte point la terre, mettés vos graines semées à l'ombre, qu'elles n'en sortent point que quand vous les voudrés replanter en planches, ayés soin qu'elles soyent toûjours humides.

Elevés sans y manquer vos terrines ou vos caisses, dans lesquelles vos graines sont semées, à moins qu'elles n'ayent des pieds tres hauts, car les vers entrent ou par les trous des terrines ou par les fentes des caisses, & remuant la terre quand la graine germe, ils la déracinent, la renversent & la font perir absolûment.

Quel-

Quelquefois la graine leve dés la même année que vous l'avés femée : ordinairement elle leve à la fin du Printemps de l'année fuivante, mais on en a veu qui n'a levé
que la feconde année.

Quand elle eſt forte & en état d'eſtre replantée, il faut la mettre en panache en
quelque endroit frais du jardin & à la premiere fleur la traiter felon fon merite & la
planter dans des pots, fi elle eſt panachée.

De L'Orchis de Serap.

Il eſt le plus eſtimé de tous les Orchis, il produit autour de fa tige un bouquet de
fleur blanchâtres, qui ont cela de propre, que le jour elles ne fentent rien, mais la
nuict elles repandent une tres agreable odeur.

Il aime l'ombre & l'humidité, il luy faut une forte terre, cinq doigts de profondeur & autant de diſtance, On le leve tres rarement,

De L'Ornithogalon.

Il y a pluſieurs fortes d'Ornithogalon, mais *l'Arabeſque* que l'on appelle autrement
lys d'Alexandrie & *l'Etranger*, que l'on appelle auſſi *Ornitogale d'Inde*, font les plus
eſtimés.

Le premier produit à l'extremité de fa tige, comme une groſſe grappe de fleurs,
qui s'ouvrant châcune avec fix petites feüilles blanches, entourent un bouton vert
brun, que pluſieurs apellent, *Les larmes de Nôtre Dame* : Elles commencent à fleurir
par le bas, & à mefure que les unes fleuriſſent, les autres fe paſſent.

L'Etranger, que l'on apelle *d'Inde*, eſt encore plus beau & plus eſtimé que le precedent. A l'extremité de fa tige, il fait monter un épi pointu & long d'un demi
pied, autour duquel viennent petit à petit pluſieurs fleurs blanches, qui decouvrent
un bouton vert qui eſt au milieu.

L'Ornithogalon demande du Soleil, un terroir à potagers, quatre doigts de profondeur, & un empan de diſtance, on le leve tous les ans parce qu'il multiplie beaucoup.

L'Etranger d'Inde, veut auſſi du Soleil, mais il le faut mettre dans des pots, pour
le ferrer l'Hiver, parce qu'il craint beaucoup le froid : Il luy faut une bonne terre,
deux doigts de profondeur feulement & un empan de diſtance : mais il vaut encore
mieux le mettre feul dans un pot ; On le leve rarement, mais quand la graine en eſt
meure, on la feme : On la replante auſſi-tôt, parce qu'alors il reprend bien plus facilement racine.

Du Panache de Perſe.

On l'apelle *Lys de Suze*, il jette autour de fa tige grande abondance de petites
fleurs pendantes en petits frifons, qui forment une longue pyramide : cette fleur ne
paroit jamais fi belle que lors que fa tige fe ploye, & qu'elle retombe en bas, car
pour lors il fe forme tant de petits bouquets, & il s'éleve du fond tant de petites
pointes dorées, qu'il femble que la Deeſſe des fleurs, ait pris plaiſir à y repandre
tous fes tréfors.

Cette fleur ne veut avoir que mediocrement de Soleil, une terre de potagers, la
profondeur de 4 ou 5. doigts & la diſtance d'un empan. Et comme fon oignon n'a
point de robe non plus que celui de la Couronne Imperiale, quoi qu'il foit un peu
plus long & plus élevé, on le tire de terre trés-rarement, & cele fe fait au mois de Septembre & il faut le replanter auſſi-tôt.

<table>
<tr><td>*Tome III.*</td><td>P</td><td>De</td></tr>
</table>

De la Paralyse.

De la Pa-
ralyfe.

Il y a de deux fortes de Paralyfe, *la fimple & la double*: *La fimple* éleve fa tige à la cime de laquelle elle produit un petit bouquet de fleurettes d'un blanc pâle, qui fe renverfent par le bord des feüilles.

La double eft differente de la fimple dans la couleur auffi bien que dans la figure : Car outre qu'elle tire au Citron, elle produit des fleurs les unes dans les autres, c'eft pourquoi on lui a donné le nom de *L'un dans l'autre*.

Elles veulent toutes deux être mifes en bonne terre, fort au Soleil, & être gouvernées comme les *Marguerites*

De la fleur de la Paffion

De la
fleur de la
Paffion.

Cette fleur que les Indiens apellent *Marocaio* & que nos Jardiniers modernes nomment *Grenedille*, eft confidérée comme un miracle fur lequel Dieu a diftinctement figuré les principaux myfteres de la mort & paffion de Nôtre Seigneur : Car fi nous regardons les feüilles qui environnent cette fleur, elles nous reprefentent l'habit, dont les Iuifs le revêtirent par derifion : Ces pointes aiguës qui paroiffent à leurs extremités, ne font-elles pas la figure des piquantes épines dont ils couronnérent fa tête: & ces petits filets tachés de couleur de fang qui s'épandent tout autour, nous reprefentent les foüets avec lefquels il fut cruellement flagellé. Cette petite colomne qui s'élevé au milieu de la fleur, nous montre celle à laquelle il fut impitoyablement lié chez Pilate. Le Chapeau qui eft au deffus, marque l'éponge trempée dans le fiel & le vinaigre, qui lui fut prefentée. Ces 3 ou 4 petits piquets qui s'élevent au deffus de la colomne, forment les clous pointus dont on lui perça inhumainement les pieds & les mains. Les feüilles pointües par le haut, & qui par le bas tiennent à la tige, font l'image de la lance qui lui ouvrit le côté. Il n'y a que la croix qui ne fe montre pas imprimée fur cette fleur; comme tous les autres inftrumens de la paffion.

Cette fleur veut être au grand Soleil, dans une terre graffe & bien detrempée: Pour bien planter la racine, il la faut courber de la profondeur de trois doigts, puis la couvrir avec de la même terre : Elle vient bien dans des pots & dans des planches, mais il les faut foigneufement border avec des tuiles, d'autant que cette plante étant fugitive, cherche tousjours la liberté, dés qu'elle commence à pouffer, il faut mettre une petite perche à laquelle on la lie avec du filet

Du Piment Royal.

Du Pi-
ment
Royal.

Le Piment Royal que l'on apelle *Rhus* a plufieurs petites branches, auxquelles font attachées des füeilles deux à deux & femblables à celles du Cornier. Il fleurit au mois de May : au bout de chaque branche, il vient une grappe qui eft verte au commencement, & croiffant peu à peu prend une couleur vermeille, & à la fin cette fleur qui eft femblable à L'Amarante, eft d'un pourpre éclatant & velouté, meflée de quelques petits grains de jaune doré, qui la rendent encore plus belle.

De la Plumelle ou Cornette.

Il y a la fimple & la double, parmi la fimple celle qui eft violette eft la plus belle, & parmi la double, l'incarnat eft la plus eftimée. Elle differe de la Giroflée en ce qu'elle a les feüilles plus étroites & plus tranchées : Elle veut pourtant avoir en tout la mesme culture.

Des

Des Ranoncules de Tripoly.

La Plante que Charles de l'Eclufe nomme dans fes livres, *Ranoncule Afiaticus gru-*
 mofa radice, eſt ce qu'on apelle en François, *Ranoncule de Tripoly.* Il y en a de di-
 verſes eſpeces, les uns portent des fleurs ſimples, les autres de doubles.

Pour bien entendre la deſcription qu'on en va faire, il faut ſavoir qu'il y en a qui ne portent qu'une ſeule couleur : les autres en portent pluſieurs, le dehors des feüilles de la fleur ſe trouve quelquefois d'une couleur, mais le dedans de l'autre. Parlant de ces derniers, on commencera à nommer la couleur du dehors la premiere, parce que c'eſt celle là qui s'aperçoit la premiere, lors même que la plante n'eſt encore qu'en bouton, puis la couleur qui eſt par le dedans : Le bouton noir en forme de Turban qui eſt au milieu de châque fleur des ſimples où ſe forme la ſemence, ne varie point de couleur ; c'eſt pourquoi on n'en parlera pas en décrivant leurs fleurs cy-aprés.

On commencera par ceux qui ne portent qu'une couleur & ſont ſimples.

Les Ranoncules ſimples de Tripoly de ſimple couleur, ſont de cinq eſpeces, ſçavoir.

Le Blanc, le jaune doré, le jaune pâle, le couleur de citron, le Rouge brun, qui eſt odoriferant.

Les Ranoncules ſimples de double couleur, ſont.

L'Africain, qui eſt jaune doré, marqueté de nacarat, ſur un fond jaune.

L'Aurore, eſt jaune panaché de nacarat par le dehors de la fleur ſur un fond Jaune d'aurore.

Le Beſançon, eſt d'un jaune pâle, marqueté de rouge, ſur un fond jaune.

Le Calabrois eſt chamois bordé de rouge, ſur un fond chamois.

Le drap d'or, eſt jaune doré, mêlé de rouge par le dehors de ſa fleur, de ſorte qu'il reſſemble à du drap d'or, ce qui eſt cauſe qu'on le nomme ainſi.

Le Melidor, eſt rouge cramoiſy, bordé d'Iſabelle par dehors de la fleur ſeulement, le fond eſt Iſabelle.

Le Parmeſan, eſt jaune doré, bordé de rouge, ſur un fond jaune.

Le Paſſe-roſe, eſt de couleur de roſe vermeille, nué de blanc, ſur un fond blanc.

Le Romain, eſt chamois, marqueté de rouge par le dehors de la fleur, le fond eſt chamois.

Le Roſe friſé, eſt blanc & couleur de roſe par le dehors ſeulement ſur un fond blanc.

Le Satiné, eſt blanc, marqueté de rouge par le dehors, ſur un fond blanc.

Le Sydonien, eſt chamois, marqueté de rouge, ſur un fond chamois.

Les Ranoncules doubles de ſimple couleur ſont.

Le Rouge cramoiſi ou ſang de bœuf.

Le Géant ou *Peone de Rome*, eſt tout rouge, fait groſſes fleurs, mais les feüilles n'en ſont pas bien unies.

Le Géant de Conſtantinople, qui porte ſes fleurs plus grandes que le precedent, auſſi ſes feüilles ſont mieux rangées.

Le jaune à feüilles de Rue, qui porte ſes fleurs plus petites que les précedentes.

Le jaune d'Italie, à feüille d'Ache, ſes fleurs reſſemblent à celles des grandes baſſinets doubles.

Les Ranoncules doubles à double couleur, ſont.

Le Boſuel, celui-cy provient du petit rat orangé vulgaire, lequel s'eſt rayé de jaune.

Le Géant ou Jaune de Rome, rayé de jaune, il eſt ſujet à varier, portant quelquefois plus de rouge que de jaune, & quelquefois plus de jaune que de rouge.

Des

Des Roſes & Roſiers.

Il y a pluſieurs ſortes de Roſes ; *La Roſe odorante* & *la Roſe ſans odeur. La Roſe d'Hollande* à cent feüilles, *les Roſes blanches de laict*, *la blanche rouſſe* que pluſieurs appellent *Roſe de Virginie. La blanche tachée*, *les Rouges pâles*, *les Roſes de couleur de chair*, *les Roſes couvertes* apellées *de Provins. Les Roſes Panachées*, *les Roſes ſimples de couleur de Velours rouge*, le deſſous des feüilles de couleur de jaune ſale, & des *Roſes de tous les mois*, qui eſt une eſpece de muſcades rouges, portant ſes fleurs par bouquets. *La Roſe jaune*, qu'on apelle *la grande*, *Les Roſes de Damas ou muſcades.*

Toutes les Roſes veulent beaucoup de Soleil, une bonne terre forte ; on les plante au mois de Novembre & de Février de la profondeur d'un empan & à trois pieds de diſtance les unes des autres : on les taille au mois de Mars ; on les arroſe dans l'Eté & dans l'Autonne, on ôte la vieille terre pour en mettre de nouvelle.

A toute ſorte de Roſiers, il n'y a point d'autre façon que de leur donner quelquefois un leger labour, les nettoyer & décharger du trop de bois & de celui qui eſt mort.

La Roſe de tous les mois veut être expoſée en bel air, en plein Soleil, dans une terre douce & ſablonneuſe pour porter tous les mois, & quand ſes premieres fleurs, ſont paſſées, on les taille au nœud, au deſſous où étoient leſdites fleurs, & ainſi faiſant après châque portée de fleurs, vous en aurés huit mois durant, ſçavoir depuis les premieres, juſques environ la nôtre Dame de Decembre.

Si ces *Roſes* ou *Roſiers* ne ſont pas en terre propre, expoſés & taillés comme on a dit, ils ne portent qu'une fois non plus que les autres.

Ou bien on les taille proche de terre au mois de Novembre, & les branches qui renaiſſent & qui ſe renouvellent, aporteront des fleurs avec plus de force.

On les retaille encore de nouveau trois jours avant la pleine Lune de Mars, laiſſant ſeulement un œil ou deux à châque branche, aprés on déchauſſe le Roſier tout autour, & on ôte la vieille terre pour en mettre de la nouvelle & on l'arroſe quand il en a beſoin. Quand elle commence à fleurir, il en faut cuëillir tous les boutons avant qu'ils s'ouvrent, & cela leur fait produire tout l'Eté plus grande quantité de fleurs.

Si vous n'avez pas naturellement de la terre de la qualité cy-deſſus marquée, pour les ſuſdits Roſiers, vous pouvés leur faire un fond artificiel en les plantant dans du ſable amandé & en quantité ſuffiſante.

La Roſe d'Hollande à cent feüilles, celle qui ſent ou celle qui n'a point d'odeur, demandent une même culture, elles veulent un lieu frais, peu de Soleil & une terre forte. On les taille au mois de Mars & on ne coupe que les extremités qui ſont ſéches. Elles peuvent porter en Autonne, quand on les taille au Printemps à un pied, ou un pied & demi prés de terre.

Les Roſiers d'Hollande, ſe plantent ſi l'on veut aux pied des arbres de haute tige & on les fait monter ſur ces arbres, où ils étalent leur belle & delicate marchandiſe en la ſaiſon, ce qui eſt bien agreable.

La Roſe jaune double, ne veut du Soleil que mediocrement, elle aime le froid & veut être en liberté, c'eſt pourquoi il ne le faut ni lier ni ſerrer. Quand on la taille, on n'en coupe que l'extremité des branches qui ſont ſeches, elle veut être garantie des grandes pluyes, autrement les fleurs pourriſſent & n'épanoüiſſent pas bien, c'eſt pourquoi on leur fait un abry, quand les années ſont trop pluvieuſes : Pour la faire mieux fleurir & empêcher que les boutons n'avortent, il eſt bon d'en ôter une bonne partie, avant que de les laiſſer ouvrir.

Pour les faire porter tous les ans, il faut aprés que les fleurs ſeront paſſées les tailler aſſez court, & s'ils pouſſent beaucoup de bois en Autonne, vous les taillerés encore en Février ou en Mars ſuivant.

Les

Les Rofiers panachés font des efpeces de Nains : (comme les Batavis) on peut les mettre dans des pots, fi l'on veut, où ils font bien de même qu'en pleine terre.

On peut greffer un Ecuffon de ces Rofiers & d'autres fur des Rofiers communs, & ces Écuffons ne manquent jamais de porter l'année fuivante, s'ils font dormans, les pouffans portent en l'Autonne de leur même année

Ce qui eft plus avantageux que de les avoir de plan, où ils font deux ou trois ans fans porter.

Les Rofiers mufquats blancs, veulent être taillés tous les ans en l'Autonne ou au Printemps à un demi pied prés terre, il faut les couvrir de long fumier pendant l'Hyver de crainte qu'ils ne gélent & au Printemps vous leur donnez un leger labeur, lors que vous leur ôtés ledit fumier.

Et quand les fleurs commencent à paroiftre, s'il y a des jets qui n'en ayent point il faut les tailler à un pied & demy de bas, & à chaque œil il pouffera un jet, qui donnera auffi beaucoup de fleurs l'Autonne.

De la Rofe de la Chine.

La Rofe *De la Chine* qui d'abord a eu le nom de *Barbare de Fuyo*, eft appellée aujourd'huy par quelques uns *Mauve d'Inde* & *Mauve du Iappon*, mais elle eft plus connuë par le nom de *Rofe de Sienne* Elle s'éleve avec le temps à la hauteur d'un arbre, dont l'écorce du tronc eft pâle & de la couleur du figuier & les feüilles toutes femblables. Elle jette plufieurs branches, qui fe chargent par le bout de plufieurs boutons ronds de la groffeur d'une noix, qui s'ouvrent & s'étendent à la largeur d'une rofe à cent feüilles, elle eft affez fournie de feuilles crépues & frifées.

De la Rofe de la Chine.

Elle fleurit dans l'Autonne & fa fleur ne dure que deux ou trois jours, mais elle a des couleurs fi belles & fi variées, qu'on ne la peut voir fans l'admirer. Au commencement elle eft blanche, puis elle rougit & enfin elle fe charge & devient d'un beau couleur de pourpre.

Pour en perpetuer la race, il en faut femer la graine ou en planter les branches.

On en feme la graine au mois de Mars à la fin de la Lune : On la met loin à loin en bonne terre legere, qu'il faut avoir paffée dans un crible fin & l'ayant préparée dans des pots, on y met la graine que l'on recouvre d'un doigt de la même terre : On l'arrofe à petites gouttes & on lui donne peu à peu du Soleil, au bout de trente jours elle commence à lever & quand ces petites plantes font devenues plus grandelettes, on leur met un peu de terre au pied de même qualité que la premiére, afin que les racines fe fortifient & foient plus profondes. Finalement pour les defendre de la rigueur de l'Hyver on les ferre dans un lieu chaud & aëré.

Au bout de l'an on les tire du pot & on les met en pleine terre fort au foleil dans laquelle pourveu qu'elle foit bonne elle apportera des fleurs au bout de deux ou trois ans.

La bouture s'en plante au mois de May, Et pour cela il faut prendre de jeune bois qui foit fur du vieux, qu'il faut replanter incontinent aprés l'avoir coupé dans un lieu fort au Soleil & en bonne terre de la profondeur d'un demi pied ou plus felon la groffeur du brin, duquel il faut couper l'extremité avec tous les yeux, & il faut couvrir les playes avec de la cire d'Efpagne pour les defendre du chaud, du froid & des pluyes qui lui pourroient nuire. Ainfi en fix mois il prend racine & au bout de l'an il produit des fleurs admirables.

De la Rofe de Guelares ou Sufeau Rofal.

Cette plante s'étend de toutes parts avec fes branches d'une maniere qu'il eft trés aifé de la réduire à la grandeur d'un arbre : il produit des fleurs qui ont

P 3

cha-

chacune cinq petites fleurs blanches, & quelquefois par nature ou par hazard, il s'en trouve d'une couleur vineuse. Ces petites parcelles de fleurs s'amassent toutes ensemble, font comme de grosses bâles rondes, qui sont sur l'arbre, comme autant de globes soûtenus par un Atlas

Il veut peu de Soleil, un terroir humide & fort : On le taille au mois de Mars & on n'en coupe que ce qui est sec.

Du Saffran.

Du saffran. *Le saffran* fleurit au printemps & en Autonne, il est aussi changeant dans sa fleur que dans ses couleurs, car quelquefois il devient simple & d'autrefois il est rempli de feüilles.

La scabieuse que plusieurs appellent *la Fleur de Veuve*, est de deux sortes : Car il y en a de commune, & c'est celle-ci que par excellence on nomme *la belle Scabieuse*. Elles n'ont rien different dans leurs fleurs, sinon que celle-ci est bien plus couverte & qu'elle est comme d'un violet cramoisy marqueté. Elle a une certaine odeur comme de Musc, qui est agréable de loin, mais que tout le monde n'aime pas de prés.

Elle veut beaucoup de Soleil, une terre à potagers. On l'arrose quand elle en a besoin : Cette fleur dure trois ans, c'est pourquoi pour en avoir, il la faut semer.

De la Sgarza odoarata.

Elle éleve quelquefois sa tige à la hauteur de plus de deux pieds ; Au bout elle pousse quelques boutons longuets, qui renversent des feüilles jaunes qui forment comme des lys : Du fond il sort comme de petits brins de la même couleur. Quand cette fleur n'auroit rien de recommandable que son odeur, c'est assez pour la faire estimer. Elle se cultive comme la scabieuse dont on a parlé ci-dessus.

De la Spéronnelle ou Esperon de Chevalier.

Le Speronelle, que les Allemans apellent *Ritter Sporn*, c'est à dire *Esperon de Chevalier*, est encore apellée *Confoulde Royale*, la fleur en est double ; Il y en a de *Blanche de Turquoise*, d'*Incarnate* & d'autres couleurs. Elle a les brins déliés, revêtus de petites feüilles longues & étroites tortues & jointes ensemble.

Pour en avoir de la race, il en faut semer la graine : Elle veut un grand air, une terre à potagers, & quand le besoin le demande, elle veut être abondamment arrosée.

Du Soleil nommé Tournesol & la grande Plante.

Du soleil nommé Tournesol. Cette grande plante a plusieurs noms, Matthiole l'apelle, *Couronne Royale* & *Coupe de Jupiter* : Les autres *Soleil d'Inde*, *Belide de Pline*, *Cloche d'Amour* & *Rose de Jerico*. Il éleve sa grosse tige boutonneuse quelquefois jusques à la hauteur de six ou sept pieds, à l'extremité de laquelle il produit une grande fleur, qui répand par le dehors tout à l'entour un cercle de feüilles d'un beau jaune doré dont tout le dedans est rempli d'une certaine graine brune obscure. Et parce que comme *l'Heliotrope* il se tourne toûjours aux rayons du Soleil, quelques-uns l'ont apelé pour cette raison *Tournesol*. Quelquefois la tige se separe en plusieurs branches, qui portent chacune une fleur.

Cette grande plante veut un grand Soleil & une terre bien grasse, & comme elle vient de graine, aprés qu'elle est levée & qu'elle est grandelette, on la transplante dans un lieu où domine le Soleil, & on l'arrose dans les temps.

Du

Du Treffle des Maréts.

Cette plante qui fur chacune de fes queües produit trois petites feüilles rondes en ovale, éleve fa tige à la hauteur d'un pied & demi, du milieu de laquelle elle fe charge jufques à la cime de certaines petites fleurs blanches qui reffemblent aux Jacinthes avec certaines petits filets comme les capriers, qui font fort agréables à voir & fentent admirablement bon.

Elle fe plait plus à l'ombre & à l'humidité qu'au grand Soleil.

De la Tubereufe.

Cette fleur s'appelle aufli *Jacinte d'Inde*, parce qu'elle en eft la 2. Efpece. Elle éleve au deffus de fa tige un bouquet de plufieurs fleurs, qui ne s'ouvrent pas toutes à la fois. Mais comme les chofes les plus belles & les plus eftimées veulent être veües longtemps, elle n'ouvre que quatre ou cinq de fes feüilles à la fois, qui ont la figure & la blancheur des *Jacinthes blanches orientales*, mais elles ont les bords moins renver-fés & font une fois aufli grandes : Et bien que les premieres fleurs fe paffent, cela n'empêche pas que les dernieres ne foyent d'une beauté incomparable & d'une fi lon-gue durée, qu'encore qu'elles fleuriffent tout l'Efté on en voit encore durant toute l'Automne. On dit qu'il y a des Tubereufes rouges.

La Tubereufe veut être dans un endroit fort découvert dans une terre groffe & bien détrempée : elle fe conferve mieux dans des pots qu'en pleine terre. Il ne lui faut pas pas plus de 3 ou 4. doigts de profondeur, Il l'a faut mettre feule, ou fi on la met avec d'autre, il lui faut donner un empan de diftance des autres oignons.

Pendant l'Eté il la faut arrofer continuellement & abondamment tous les foirs (méme à midi.) Durant l'Hyver pour ne l'a pas expofer aux injures du vent, du froid & des pluyes, il la faut ferrer dans un lieu à couvert, qui ait neanmoins bien du Soleil & qui foit bien aëré.

Afin que fon bouquet ait plus de fleurs, les Peres Chartreux, mettent au fond du pot le tiers de terrot de fient humain confumé de plufieurs années.

Au mois de Mars à la fin de la Lune, il faut les lever & en ôter les cayeux pour plan-ter dans d'autres pots à part, & ayant choifi les meilleurs oignons, on leur ébarre les longues racines & puis on les replante, mettant premierement un peu de terre fur la-quelle on repofe l'oignon, afin que les cheveux & la racine entrent, & s'y étendent plus aifément & qu'elles en reçoivent plus de nourriture.

Maniere de planter & de conferver la Tubereufe.

Aprés que la fleur des Tubereufes eft paffée, il faut renverfer le pot & le mettre dans un lieu fec, puis en tirer l'oignon fur la fin du mois d'Octobre, & le garder pen-dant l'Hyver jufqu'au mois d'Avril : Et avant que de le mettre dans un pot, il faut durant quatre jours le faire tremper dans du vin & en fuite le planter.

Il faut aufli prendre garde que l'oignon ne gelé pendant l'Hyver.

CHAPITRE I.

De la difference des Tulipes & de leurs efpeces.

Monfieur *Menage* dit que les Tulipes font originaires de Turquie ; On les appel-le Tulipes parce qu'elles ont quelque rapport avec la figure d'un Turban, qui en Italien eft apellé *Tulipano*.

Encore que toutes les Tulipes foyent d'une feule efpece [c'eft à dire Tulipes] nean-

neanmoins il est certain qu'il y en a de plusieurs sortes ; des *Blanches*, des *Jaunes*; les *Rouges* communes sont Tulipes, mais de trois sortes, qui ne changent jamais, & sont les plus communes, aussi sont elles estimées les moindres.

Il s'en voit d'autres de divers rouges, les unes plus enfoncées les autres moins, les unes plus éclatantes & les autres plus foibles, & quand de ces sortes il s'en trouve dont le fond est selon que le connoissent les Curieux, alors ils les laissent grainer, & ce sont de ces graines que viennent les meilleures couleurs.

On remarque de deux natures de Tulipes, les unes *Printanieres*, & les autres *Tardives*, nous en voyons encore d'une autre sorte, qu'on peut dire, *Meridionales*, d'autant qu'elles fleurissent entre les *printanieres* & les *tardives*, & de toutes les trois nous en voyons de diversement colorées.

Des Printaniéres, il s'en voit de plusieurs couleurs, & de parfaitement belles, dont les unes sont merveilleusement bien panachées & les autres simplement bornées : La fleur s'avance d'environ trois semaines ou un mois avant les autres & pour cela se nomment *Printaniéres*. Pour *les Bordées*, les plus belles sont celles qui ont la couleur fort éclattante, le bord grand & coupé nettement.

Des Tardives, aussi bien que des *Meridionales*, il y en a de plusieurs sortes de couleurs, dont les premieres sont simplement bordées, elle sont un peu plus en estime que les *blanches Jaunes & Rouges* : les unes sont *rouges bordées de Rouge*, & ce qui les fait un peu considerer, c'est que la couronne qui est dans la fleur est parfaitement ronde,

La seconde sorte, sont couleurs qui nous viennent par le moyen des graines & de celle-cy il s'en trouve de si diversement colorées, qu'il est impossible aux peintres & aux Teinturiers d'en imiter les couleurs : Et ce sont de ces couleurs que viennent les plus belles par l'industrie des Curieux qui sçavent aider à la nature; par un artifice que l'industrie & le temps leur a apprise : Et quoy, que ces couleurs, comme couleurs, soyent des moindres en beauté, neantmoins ce sont les plus belles comme seules capables de se changer en mieux, meilleures pour cüillir les graines. Il s'en rencontre aussi de *Glacées* entre ces couleurs, qui est comme une espece d'ombre, de moindre couleur que celle du corps.

La Troisiéme sorte, sont celles qu'on nomme *Panachées*, entre lesquelles il y en a encore de plusieurs sortes, dont les premieres & les moindres sont les *Paltots* de couleur rouge & jaune & de couleur blanche, & rouge, & dont il y en a de deux sortes ou de 2 classes.

La premiere se nomme *Paltody*, il a les mêmes couleurs que le *Paltot*, mais il est bien plus fin & bien plus nettement panaché, il faut que celui-ci ait les paillettes noires ou brunes, si ce n'est lors qu'ils ont un fond noir, il faut que les paillettes soyent jaunes.

La Deuxiéme sorte de Panachées se nomme *Morillon*, il n'a que deux couleurs en sa fleur, Il y en a encore de deux classes, dont la seconde s'apelle *Morillony*, il est beaucoup plus fin que le Morillon, & ses panaches sont plus nettement coupées.

La Troisiéme sorte de Panachées se nomme *Agates* : Il en est encore de deux sortes, dont la premiere n'a que deux couleurs, & la deuxiéme, qui se nomme *Agatine*, en a trois & quelquefois plus. *L'Agatine* est sans comparaison la plus belle Agate & ses couleurs sont plus distinctes & parfaitement détachées les unes des autres.

La Quatriéme sorte est la plus belle de toutes & se nomme *Marquetine* ou *Marquetrine* : C'est cette sorte de Tulipe qui emporte le prix sur les autres : Il s'en voit de 4. & 5. couleurs, & quelquefois davantage. *La Marquetrine* est la plus belle, ses panaches sont détachée les unes des autres sans aucune diminution, sont nettes en leurs couleurs & arrestées un petit bord, comme un filet de soye bien delié : Et c'est à quoi on connoît les plus belles.

Il

Il s'eſt trouvé encore une ſorte de Tulipe d'une forme extraordinaire, elle eſt bizarre en ſes couleurs & afreuſe à voir, & pour cela s'eſt fait donner le nom de *Monſtre*: On en voit de diverſes couleurs.

Il en eſt d'autres qu'on nomme *Iaſpées*, leſquelles ont bien pluſieurs & diverſes couleurs, qui ne ſont pas ſeparées les unes des autres, mais ſe mélangent enſemble comme dans le jaſpe.

Il s'en voit encore que l'on peut dire *doubles*, puis qu'elles portent juſques à plus de vingt feüilles.

Il s'en eſt veu & on en voit encore, qui ont les feüilles de la fleur *vertes*, *de deux couleurs*, on les nomme *feüilles rayées*, mais il s'en trouve peu de belles.

CHAPITRE II.

Qualités que doivent avoir les belles Tulipes.

IL eſt à ſouhaiter que la forme & le vert des Tulipes, ne ſoit ni trop long ni trop court, ni trop large, mais un peu friſé, & qu'il ſe couche ſur terre, s'il eſt rayé il en eſt plus beau. Qualitez que doivent avoir les belles Tulipes.

La Tige eſt mieux quand elle n'eſt ni trop haute ni trop baſſe.

La portée ordinaire du plus grand nombre des belles Tulipes doit régler cela, on ne peut en preſcrire une meſure juſte, parce que la terre des Jardins étant differente, ou bonne ou mauvaiſe, elle fait des tiges ou plus hautes ou plus baſſes. Il faut auſſi dans ſa hauteur, qu'elle ſoit aſſez forte pour ſoûtenir la fleur. Elle ſeroit un peu difforme ſi elle étoit trop groſſe.

La forme de la fleur, eſt tout à fait à rebuter quand elle eſt pointue: La connoiſſance de la curioſité, la doit rendre ſuportable dans une couleur quand elle eſt camuſe, parce que la feüille s'alongeant un peu en ſe panachant, cet effet corrige ce petit defaut. Il ne faut point du tout que la forme ſoit échancrée par le bas de la fleur, mais il faut que les feüilles ſoient larges à proportion de leur longueur. Les plus grandes fleurs bien proportionnées, ſont les plus belles.

Les Tulipes doivent avoir ſix feüilles, trois dedans & trois dehors. Si elles en ont reglément ou plus ou moins, c'eſt un défaut, celles de dedans doivent être plus larges que celles de dehors: Si elles étoient toutes ſix égales, elles en ſeroient mieux, mais ce ſeroit un défaut, ſi celles du dedans étoient plus petites.

Il ne faut point eſtimer celles dont la forme eſt belle en entrant en fleur, mais qui 2 ou 3. jours aprés s'alonge & ſe gâte.

Non plus que celles qui étans fleuries, renverſent leurs feüilles par dedans ou par dehors, ou qui ſe godronnent ou cofinent.

Il eſt de conſéquence que la feüille de la fleur ſoit épaiſſe & etoffée, pour durer long-temps en fleur, une Tulipe qui y dure peu n'eſt point conſiderée, quelque beauté qu'elle ait, & les Tulipes dont les feüilles de la fleur ſont minces, ſont quelquefois grillées par l'ardeur du Soleil avant que d'être fleuries.

Toutes les Tulipes ont du dos, celles qui en ont le moins ſont les plus belles.

Les couleurs bizares ſont certainement les plus belles. Les plus nuancées font les plus beaux panaches. Plus leurs couleurs s'éloignent du rouge, plus elles ſont à priſer, parce que les fleurs font de plus beaux éfets, avec cette exception neanmoins que les rouges à fond blanc ne ſont point à rejetter. Parmi les Rouges les couleur de feu & de grenade ſont les plus belles. Les Fortes bizares à fond tout blanc & les griſes à fond tout jaune ſont rares, & fort recherchées.

Tome. III.　　　　　　　　Q　　　　　　　　Plus

Plus le Coloris eſt luſtré & ſatiné, plus il eſt eſtimé, s'il eſt terne c'eſt un tres grand défaut.

Les Tulipes qui étans fleuries ne conſervent point leurs belles couleurs pendant onze ou douze jours, ne doivent guéres étre priſées, celles qui les gardent juſques à la fin de la fleur, ſont les plus belles

Les plus petits fonds ſont les meilleurs pour faire de beaux panaches.

Les fonds qui panachent le mieux ſont d'une même couleur, tant dedans que dehors. Il faut bien comprendre cette regle, c'eſt tout le fin de la connoiſſance, pour le jugement le moins incertain, de ce que doivent faire les couleurs, *le dehors du fond,* ſont les plaques cerclées ou étoilées qui ſont au bas des feüilles dans le vaſe, & *le dedans du fond,* c'eſt l'épaiſſeur même du bas des feüilles qui eſt couverte par plaque, de ſorte que ſi les plaques ſont blanches, & qu'en les levant avec l'ongle, ce dedans qu'elle couvre ſoit jaune, ce jaune en montant dans le panache s'éteindra en paſſant par le blanc de la plaque, ſi bien que pour n'avoir point de pareil accident à craindre, il faut que le dehors & le dedans du fond ſoit de même couleur.

Les plaques qui couvrent le dedans du fond de la fleur ne montent jamais dans le panache, mais ſeulement le blanc ou le jaune qu'elles couvrent, & les autres couleurs qui y ſont contenues par une vertu ſecrete, de laquelle on ne s'aperçoit point, comme en *la ſolitaire* qui panache de pieces emportées & ſeparées par de grands traits noirs, & dont le dehors & le dedans du fond ſon blancs.

Quand les plaques ou dehors du fond demeurent toûjours bien diſtinctes d'avec la couleur & le panache, c'eſt une eſperance tres forte que la Tulipe ſe parangonnera c'eſt à dire qu'elle reviendra tous les ans nettement panachée, mais quand le panache & la couleur s'imbibent avec les plaques, il faut craindre qu'il n'y ait moins de netteté au panache en certaines années qu'en d'autres.

Les paillettes ou Etamines, doivent être brunes, & non pas jaunes, mais il n'importe pas de qu'elle couleur ſont les pivots.

Il y a des couleurs de Tulipes qui aprochent ſi fort les unes des autres, quoi que de differente eſpece, que vous ne ſçauriés les diſtinguer que par ces paillettes ou ces pivots. Or la diſtinction des eſpeces eſt tres neceſſaire à ſçavoir, car quand une eſpece panache à merveille & que vous voulés conſerver pluſieurs oignons de ſa couleur, ſi elle ne differe d'avec 10 ou 12 autres eſpeces que par les paillettes & par les pivots comment feriés vous pour la démêler, ſi vous ne ſçavies par les examiner. Prenés donc garde que les pivots de l'une ſeront plus gros & plus longs que de l'autre, qu'il ſeront plus jaunes, ou plus clairs qu'ils ſeront entierement d'une couleur ou brunis à demi, ou brunis par en haut ou par en bas, ou enfin par d'autres diſtinctions qui ſe rencontreront. Examinés de même les paillettes par leur couleur, la largeur & la longueur & les fonds à pluſieurs differences qui les diſtinguent, & ſoyés certain que jamais les fonds, les pivots & les paillettes ne ſont tout à fait conformes aux eſpeces differentes, quoi que les fleurs ſe reſſemblent tout à fait.

Quelques Curieux qui ne ſçavoient pas le ſecours des differences des pivots & des paillettes pour démêler leurs eſpeces, vouloient les reconnoître par la difference de l'odeur, mais c'eſt une connoiſſance foible & incertaine & y en ayant d'aſſûrées, il faut y recourir.

Les Tulipes panachées doivent avoir les mêmes qualités que les ſimples couleurs, quant au vert, à la tige, a la forme & au fond.

Le premier Panache eſt celui qui vient par grands traits de differentes figures bien coupés & ſeparés de leurs couleurs & qui ne prend point de fond.

Le ſecond eſt le panache qu'on nomme *à yeux* ou *à Iſle,* qui eſt par grandes piéces emportées nettement & qui ne vient point du fond.

Le troisiéme est celui qui vient en grande broderie bien détachée de ses couleurs : & qui ne prend point du fond.   Il est parfaitement beau quand il vient sur des bizares bien nuancées.

Le quatriéme est celui de petite broderie, quand il est net & qu'il perce bien ses couleurs, il est agréable, mais il ne l'est que sur les bizarres qui ont plusieurs nuances, quand il vient sur d'autres couleurs, il ressemble trop au drap d'or, ou au drap d'argent.

Les autres panachées dont le panache prend du fond ne laissent pas d'être quelquefois assez belles, quand elles sont bien nettes & partagées de leurs couleurs.

Toutes les panachées qui sont également partagées & entrecoupées de panaches & de couleurs, sont les plus agréables chacune en son espéce.

Quand il se trouve beaucoup plus de panaches que de couleur dans une Tulipe, cela gâte la fleur & la perd d'ordinaire, sans qu'elle puisse jamais se rétablir, elle degenere en blanc & en jaune, c'est pourquoi il vaut mieux que la couleur soit dominante, parce qu'on en peut esperer une belle Tulipe, lors qu'elle prendra plus de panache, ce qui arrive souvent.

Les panachées dont le panache s'imbibe & se perd dans la couleur ne valent rien, on peut neanmoins garder leurs couleurs, si elles sont belles à cause des graines & point autrement.

Il faut toûjours preferer les Tulipes qui panachent de riches couleurs, quand elles ne seroient pas si bien panachées, pourveu qu'elles soient de belle forme & bien taillées, parce qu'elles peuvent en faire de plus rares & de plus belles.

Les panachées bizarres qui ont les couleurs les plus distinctes & les plus éloignées les unes des autres, sont les plus belles,

Les Brunes violettes panachées de jaune ou de blanc sont plus belles, que celles qui sont moins brunes, quand elles sont d'ailleurs également conditionnées,

Tout panache broüillé ne vaut rien.

Ce n'est pas qu'il faille jetter la tulipe, dont le panache n'est pas net la premiere année, il y a des panaches qui se nettoyent, c'est ce qu'on appelle se rectifier. Il faut mettre les hazards un peu brouillés pour les examiner l'année en suite : & s'ils ne se rectifient point, il les faut ôter. Par ce mot de *hazard*, on entend une Tulipe qu'on trouve panachée qui ne l'étoit pas l'année precedente.

CHAPITRE III.

De la Terre propre aux Tulipes.

LEs Tulipes viennent par tout, neanmoins les terres sablonneuses & legeres les conservent mieux que les terres fortes : Mais ces terres un peu fortes étant bien soulagées par les terrots de fumier de cheval consommés de deux ans, mélés ensemble & passés à la claye, les conservera comme les autres terres.

Il faut fumer vos planches en Juin, si tot que vous aurés déplanté vos Tulipes, & les labourer cinq ou six fois avant que de remettre vos oignons dedans, afin que le terrot soit extrémement mélé & consumé, crainte que s'il ne l'étoit pas, sa graisse n'engendrât la pourriture & des vers qui s'attachent plûtôt aux belles Tulipes qu'aux moindres.

Si vous pouviés un an auparavant fumer vos terres à part pour les raporter dans vos planches, quand vous auriés déplanté vos Tulipes, aprés en avoir ôté la terre qui auroit servi, cela en iroit mieux, ou si vos sentiers étoient aussi larges que vos planches, & qu'ils eussent été fumées un an devant, vous en jetteriés un pied du

Terre
propre
aux Tuli-
pes.

Q 2

des-

deſſus dans les planches, d'où vous auriés ôté la vieille terre, qu'on remettroit ſur le ſentier à la place fumée & repoſée, & continuer ce déplacement de terre fumée d'année en année, cela ſeroit bon.

Choiſiſſés la matiére qui vous conviendra le mieux, mais ſouvenés vous que la Tulipe aime une terre legere & fumée de fumier leger conſommé de long-temps.

Il y a une obſervation generale à faire à l'égard des terres pour toutes ſortes de plantes : c'eſt que les terres qui n'ont point ſervi auparavant aux plantes où vous les deſtinés, y ſont beaucoup plus utiles que d'autres, la raiſon eſt qu'il y a un ſel propre dans toute terre pour toute plante, & que ſi vous ſemés dans une terre où il y ait eu des choux, les choux n'y ayant uſé que le ſel propre aux choux, les Tulipes y feront mieux que s'il y avoit toûjours eu des Tulipes, qui auroient conſumé le ſel propre aux Tulipes, & ſi dans les terres où on met toûjours des Tulipes les frequents en graiſſemens des terrots n'en remplaçoient les ſels, les Tulipes periroient à la fin.

De quelque maniere que vous accommodiés vos terres, ne manqués pas dés le temps même que vous les accommoderés, à en écrire toutes les circonſtances, de ce temps & de cet accommodement, afin que ſi vos plantes reuſſiſſent, vous puiſliés continuer, & auſſi afin que ſi vous avez fait quelque faute en fumant trop ou trop peu, ou mêlant certaine terre ou terrot, avec d'autres, qui ne s'accorderont pas, vous puiſliés recourir à vôtre Memoire & vous corriger.

CHAPITRE IV.

Du Temps & de la maniere de planter les Tulipes,

Tems & maniere de planter les Tulipes, IL fait bon planter les Tulipes depuis la my Octobre, juſqu'à la fin de Novembre, quoi qu'il y en ait qui veulent qu'on laiſſe le commencement de Novembre pour les pareſleux & ſa fin pour les nonchalans

Si on ne peut avoir de la terre preparée comme on a dit au chapitre precedent il faut immediatement aprés qu'on aura levé les Tulipes, bien foüir & vareter les terres du moins à trois tours, les bien éplucher de pierres, de racines & d'herbes, & ce qui ſeroit à ſouhaiter les cribler même, de crainte qu'un oignon ne ſe bleſſe contre une pierre en groſſiſſant.

Vos planches étant labourées & dreſſées au rateau, il faut tirer deſſus au cordeau des traits en long, de cinq pouces, & refendre ces traits par d'autres en travers auſſi de 5 en 5 pouces, afin que de tout ſens vos oignons étant placés aux endroits où les traits auront croiſé, ils ſoient dans une diſtance égale.

Si vous n'étes pas contraint de faire vos planches plûtôt d'une largeur que d'une autre, faites les de deux pieds & demi de large, & de long tant qu'il vous plaira, vous mettrés cinq oignons de front ſur cette largeur, & vous avés ainſi le moyen de décrire plus facilement dans l'ordre, vos panachées ou vos couleurs, ce qui eſt extremement utile.

Vos oignons ſe doivent mettre tous ſur vos planches, avant que d'en enfoncer aucun en terre, de crainte que ſi vous enfonciés d'abord vos premieres plantes, les oignons qui reſteroient pour les dernieres, ſe trouvans trop foibles ou de quelque triage que vous auriés oublié, vous ne vouluſſiés changer vôtre plantage, à quoi il n'y auroit plus de remede, mais quand on voit tous ſes oignons ſur terre, on méle, & enfin on accommode mieux le tout à ſa volonté.

Il ne faut guéres enfoncer les Tulipes plus de trois bons doigts en terre. Il y a des pareſleux qui enfoncent leur oignon ſans plantoir, en le pouſſant & luy faiſant faire ſon trou par luy même ; cette maniere eſt blâmable, un oignon peut rencontrer du verre ou des pierres & fe brifer : il luy faut faire fon trou avant que de le mettre en terre avec le plantoir & qu'il foit à peu prés de la profondeur de cinq pouces, pour qu'il en refte trois lors que l'oignon fera au fond, & faut toûjours bien placer fa Tulipe en l'enfonçant fur l'endroit où les traits marqués fe croifent.

Au lieu que les piquets ou plantoirs ordinaires des Jardins font pointus par le bout il faut que celui des Tulipes foit rond, afin que le trou étant fait & l'oignon mis dans icelui, il s'ajufte bien au fond, & qu'il ne refte point de vuide au deffus ni aux côtés, en forte que le trou étant rempli de terre deliée, l'oignon foit tellement couvert, qu'elle le touche tant par deffous que par deffus.

Si vous étiés affez exact pour ne pas foufrir à la fleurifon des places vuides dans vos planches, principalement dans celles des belles panachées il faudroit prevoir en plantant vos planches, de planter auffi des oignons dans des pots pour mettre au lieu de celles qui feroient pourries, mais il faut que ce foit dans des pots nommés bonnets, plus hauts pourtant d'un tiers qu'à l'ordinaire & que le deffous du pot foit prefque tout à jour : c'eft à dire qu'il n'y ait au cul qu'une bande large d'un doigt pour foûtenir la terre du pot, quand on le levera ; la raifon de ce pot plus haut d'un tiers qu'à l'ordinaire, eft qu'un oignon de Tulipe produit également fa fleur quand il a dequoi enfoncer fa racine, au lieu de l'élargir, finon il ne fait qu'une petite fleur. Et la raifon du pot à cul à jour, eft que le foufle ou efprit vivifiant qui fort de la terre, attiré par le Soleil pour la nourriture des plantes, trouvant paffage à travers de ce cul à jour, nourrit cet oignon pendant qu'il travaille à fa fleur, & au contraire fi ce cul étoit tout fermé la fleur feroit maigre. Qu'on ne croye pas cet advis inutile, fur ce qu'on voit de Anemones & des Ranoncules auffi groffes dans un pot ordinaire qu'en pleine terre. Il n'en eft pas de même de la Tulipe, elle a plus de befoin qu'une autre plante pour fon accroiffement de ce foufle ou efprit vivifiant de la terre. Quand vous aurés planté vos oignons de referve dans autant de pots que vous aurés fouhaité, un oignon feul dans chaque pot, il faudra enterrer tous ces pots en planches, pour les gouverner comme les autres oignons jufqu'à la fleur.

Vos belles Tulipes panachées doivent être toutes décrites. Pour les mettre en ordre par terre, fi vos planches ont cinq rangées de front, il faut avoir de grands tiroirs plats feparés par cinq rangs de petits quarrés de la longueur qu'il fera neceffaire. Si vôtre planche a cinquante rangées de longueur & que vos tiroirs n'en puiffent tenir que dix de longueur, il faut cinq tiroirs pour mettre toute vôtre planche en fon ordre. Vous devés en mettant vos oignons dans les quarrés de vos tiroirs pour les arranger, les affortir par la difference & par le mélange des couleurs, ce qui eft agréable quand les fleurs font venues.

CHAPITRE V.

Gouvernement des Tulipes depuis qu'elles font en terre jufqu'à la fleur,

LEs Tulipes font robuftes, mais elles s'en trouvent confiderablement mieux quand on les choye, & qui en aura de tres belles, fera fort bien de les conferver. Il faut les couvrir à plat pendant les gelées avec du fumier éteint, particulierement les panachées & les oignons de referve dans des pots.

Quand les boutons veulent fortir de terre au Printemps, il faut commencer à arrofer fortement vos Tulipes, à moins qu'il ne pleuve, premierement parce que le bouton fortant de terre ne doit pas trouver fec le deffus de la terre, il le defécheroit. D'ailleurs cet arrofement battant la terre allegée par les gelées garnit la plante : ou-

tre

tre qu'il l'humecte dans le temps qu'il fait sa fleur & lui donne le moyen de faire un bouton plus nourri.   De plus le commencement du Printemps étant sujet d'ordinaire au grand hâle du Soleil qui attire doucement la vapeur de la terre mouïllée, il nourrit de cette vapeur le bouton tendre, au lieu que son ardeur peut le faire avorter sans ce secours.

Arrosés d'abord dans le déclin de la Lune, ou dans un temps doux, le jugement vous doit régler.   Si vous arrosiés à contretemps, il pourroit arriver des gelées, qui incommoderoient vos Tulipes, que vous ne couvrés plus quand elles sont en fannes.

Arrosés toûjours en suite quand vous croirés que vos fleurs en auront besoin, L'Oignon d'une Tulipe s'altére par la soif comme une autre plante, & vos fleurs durent beaucoup plus quand l'oignon est humecté, que lors qu'il soufre, par la chaleur.

Avant que d'arroser vos Tulipes la premiere fois, regarnissés vos places où il y aura des oignons pourris, & en faisant vos trous pour y mettre les pots de reserve, prenés garde d'éventer ou d'endommager les racines des Tulipes voisines.

CHAPITRX VI.

Des remarques necessaires pour éfiter les Tulipes quand elles font.
en fleur : Du choix de celles, qui font propres pour grai-
ne & des theatres des fleurs :

LA fleur étant venue, si vous avés mis dans vôtre Jardin des Tulipes de nouvelle acquisition ou de present, ou de vos graines, il faut soigneusement arracher les oignons, dont les fleurs n'auront pas les qualités cy-devant décrites pour la beauté.

Il faut remarquer separément les couleurs, & les panachées printanieres, les hazards parfaits pour premiere planche, ceux d'aprés pour les secondes planches, les couleurs triées dont on fera toûjours des planches à part, & les Tulipes dont vous voulés reserver les graines.

Voila de six sortes de Tulipes qu'on peut marquer avec trois couleurs de laine. On a son Memoire sur lequel on écrit.   Les Tulipes liées de laine blanche, font les couleurs printanieres, celles qui font liées de laine noire, font les panachées printanieres, celles qui font liées de laine rouge font les hazards parfaits; celles qui font liées de laine blanche & de laine noire, font les hazards pour la seconde planche, celles qui font liées de laine blanche & de laine blanche & de rouge, font les couleurs triées & celles qui font liées de laine rouge & de laine noire, font les Tulipes pour graine.

Il faut donner des noms à vos plus belles Tulipes, vous pouvés attendre si vous voulés que vos hazards ayent panaché nettement deux années de suite, afin de ne les point nommer inutilement; mais il faut décrire vos principaux hazards parfaits pour voir l'année, ensuite leur constance, leur progrés & leur diminution.   Auquel cas au lieu de leurs laines. il faudra y lier au pied de petits morceaux de cartes sur chacun desquels il y aura un chifre relatif à vôtre Memoire, sur lequel vous ferés leurs portraits.

Ainsi par exemple, il faudra écrire numero 1. couleur bizare nuancée de tané brun & clair panachée de tres beau jaune d'or par grandes pieces emportées, moyen vase ou grand vase, belle forme, haute tige, ou moyenne, fond vert cerclé ou autrement, estamine de bleu enfoncé, pivots jaunes clairs, brunis par en haut, ha-

zard

zard de 1694. & de même des autres numeros. Il ne faut pas manquer de faire des planches de couleurs arrangées. Mettés donc par rang cinq oignons d'une même espece de vos couleurs, ou davantage selon la largeur de vos planches, & décrivés sur vostre Memoire toutes les particularités de l'espece, accommodés en 10 ou 12 especes par année, afin de ne vous point trop embarasser à la fois, & quand un ou deux de vos oignons panacheront, vous verrés si le panache pourra ou sera devenu parfait, pour conserver tous les oignons que vous aurés de cette espece, il vous sera alors aisé de les reconnoître, en cüeillant une fleur de vos 5 oignons, qui n'auront pas panaché, & en l'aportant pour la confronter à toutes les couleurs de vôtre jardin, & si vous trouvés que le panache broüille ou s'imbibe, ou que la forme se gâte en panachant, ou enfin qu'il y ait d'autres défauts essentiels, ôtés de vôtre jardin tous les oignons que vous y aurés de cette méchante espece; Ne vous faites point de peur du soin & de l'équipage necessaire en déplantant ces couleurs arrangées pour les conserver en leur ordre; On met les 5 oignons de chaque espéce dans un même cornet de papier, sur lequel on écrit, *premier rang des couleurs arrangées*, & ainsi de suite. Et par la relation de cet ordre avec vôtre Memoire, vous connoissez vos plantes, si vous n'avés pas cinq oignons de la même espéce, décrivés toûjours ce que vous avés & multipliés par les cayeux, le tems améne tout.

Le choix des Tulipes que vous reserverés pour graine, demande un peu d'usage & de bon goût : l'instruction qu'on peut en donner est, qu'il faut en marquer de plusieurs especes des plus belles formes, des plus nuancées, des plus satinées & sur tout des plus bizares; les claires y sont aussi necessaires comme les brunes, & la huislée, est une bizarre nuancée qui n'est pas brune.

Vos Tulipes pour graine étans marquées, rompés les têtes de toutes les autres, afin de les empêcher de travailler inutilement, en produisant beaucoup de graine qu'on jetteroit, l'oignon s'emploie à sa conservation & à la nourriture qu'il lui auroit fallu pour ces graines.

Cela fait il faut laisser meurir les oignons, en leur laissant prendre leur saoul de terre : Et cette maturité se remarque, lors que la tige ne recevant plus de nourriture de l'oignon, il a comme reservé sa vertu en lui & la laisse secher.

Monsieur de Valnay a inventé une maniere de théatre tout à fait jolie, pour faire voir ensemble & commodément un amas de panachées mêlées suivant leurs couleurs diferentes & arrangées les unes prés des autres, de maniere qu'assis à l'ombre & d'un seul coup d'œil vous vous divertissés la veüe de tout ce qu'un tres grand jardin peut produire de raretés.

Au milieu d'une sale sur une tres grande table, il fait un theatre de 5 ou 6. gradins de 4 à 5. pouces & élevés les uns des autres de même hauteur, il les couvre d'un tapis vert, & il cüeille ses panachées parfaites, qu'il met chacune dans une petite phiole avec de l'eau aprés lés avoir entierement épanoüies : Il arrange ensuite toutes ces phioles sur des gradins; Il cüeille pour cela ses Tulipes quand elles ont été quelque temps en fleur, s'il les coupoit trop tôt, elles ne se tiendroient pas épanoüies dans l'eau, elles se resserreroient incessamment. Pour empêcher encore qu'elles ne se referment, il les met si tôt qu'elles sont cüeillies dans un pot plein d'eau, de sorte que toute la queüe y trempe jusques à la fleur, il les y laisse une jour entier. Par ce moyen la fleur se saoule d'eau, se gouverne plus aisément & demeure tendue & ouverte. Ces theatres bien servis de la main, à proportion que quelque fleur se dérange, font un éfet extraordinairement agréable.

On peut faire de pareils théatres d'Anemones, & si l'on ne se soucie point des graines, on en peut faire aussi d'œillets & d'oreilles d'Ours, qui auroyent beaucoup plus de propreté, que ceux où l'on met les pots.

CHAP-

CHAPITRE VII.

Du Temps auquel se déplantent les oignons, leur ordre & leur con-
servation. Des graines & de leur conservation. Du temps
de les semer & de leur Culture.

LE temps de déplanter vos Tulipes est quand la tige de la fanne se seche. Choisissés de beaux jours, afin qu'on serre vos oignons secs, ne les laissés au Soleil en
les déplantant que le moins que vous pourrés, parce que le Soleil les tue, pour peu
que ses rayons donnent dessus à nud. C'est pourquoi si le temps est trop ardent, il
faut differer & en attendre un plus moderé : si mieux on n'aime prendre le matin &
travailler jusques à 7 ou 8 heures, & recommencer aprés midi, environ sur les cinq
heures.

Vos oignons levés, mettés les sur le plancher d'une chambre & les étalés, si vous
les laissiés en tas, le feu s'y mettroit & ils periroient, laissés les à découvert afin
qu'ils se desséchent de l'humidité superflue qu'ils pourroient avoir retenu de la
terre, & par ce moyen ils se conserveront fort bien. Il faut pourtant de temps
en temps les visiter & tourner doucement, afin que s'il s'en trouvoit quelqu'un de
bessé ou de malade, on tâchât d'y remedier, en luy ôtant l'écorce ou plûtôt la blessure, ou bien en le mettant en terre, ou sans doute il reprendra sa vigueur.

Conservés toûjours les ordres de vos marques : separés les oignons de chaque sorte
& mettés une carte écrite sur chaque sorte, pour les distinguer.

Un mois ou deux aprés quand ils sont bien secs, il faut les éplucher & prendre
garde de leur ôter la derniere peau, sur tout celle qui tient au cul de l'oignon dont le
dépoüillement est mortel pour cette plante. Quand les oignons sont épluchés, mettés les dans des paniers, plûtôt que dans des boëttes, parce que les oignons y ont
plus d'air ; laissés les en repos jusques au temps de les planter.

En déplantant vos belles panachées, il faut suivre le même ordre que vous avés te-
nu en les plantant, & remettre dans chaque quarré de vos tiroirs l'oignon de son
rang.

Il ne faut pas lever les oignons reservés pour graine, que le châton qui la contient
ne vous montre en s'ouvrant, qu'elle est meure & seche, l'ayant cüeillie, laissés la
un couple de mois dans son châton, cassés le ensuite pour l'en tirer toute & la nettoyer.

Vous semerés vôtre graine de Tulipe au mois de Septembre, il n'importe en quel
temps de la Lune : Preparés bien une planche de terre, répandés vôtre graine dessus
la moins épasse que vous le pourrés, parce que vos graines pour grossir, doivent être
au moins deux ans en terre sans les lever. Couvrés vôtre graine semée d'un petit doigt
de la même terre que celle de dessous

Ces graines ainsi semées, leveront au mois de Mars suivant, & si-tôt que leur fane, (qui ne paroîtra pas plus que la petite füeille de poreau) sera seche, mettes un
bon doigt de terre sur la planche & les laissés-là. Aprés leur seconde füeille, si
vous voyes que les oignons ayent susisamment grossi, pour ne vous point trop donner de peine par leur petitesse à les tirer de terre & a les replanter, tirés les de leur
pepiniére & les plantés par planches, pour les déplanter toutes les années comme les
autres, ils rapporteront fleur plus vitte, que si vous les laissiés toûjours dans la pepiniere.

Ayés

Ayés soin d'arrofer vos graines dans les temps chauds, lors qu'elles en auront befoin, tenés les toûjours nettes de mauvaifes herbes & les couvrés à plat dans les fortes gelées.

CHAPITRE VIII.

De la Culture des Cayeux & comme ils confervent conftamment les couleurs de leur Mere.

LEs Cayeux font un autre moyen que la graine, dont la nature fe fert pour la confervation & l'augmentation des Tulipes, mais differens de graine, en ce que la graine ne produit pas toûjours une Tulipe femblable à celle qui l'a enfantée, mais bien fouvent differente, tant de couleur que de forme, au lieu que les cayeux tiennent toûjours de la nature de la Tulipe qui les a engendrés fans fe changer, ni diverfifier aucunement. En forte que pour conferver toûjours les efpeces des Tulipes qu'on veut garder & dont on fe veut rendre fort, il les faut planter curieufement, cette voye eft la plus affeurée pour les augmenter, comme les graines font auffi la voye la plus affeurée pour en avoir de nouvelles.

De tous les *Cayeux* qui fortiront des Tulipes, on peut faire une ou deux planches felon la quantité, & on les peut planter affez proche les uns des autres, ce qui fera comme une pepiniere, dont on levera tous les ans quantité de Tulipes portantes, & comme les Cayeux n'ont ni la force ni la vigueur des gros oignons & même qu'il s'en rencontre de fi petits & de fi foibles, qu'ils periroient s'ils étoient longtemps hors de terre, il les faut replanter dés la fin d'Aouft, ou même quinze jours aprés les avoir tiré hors de terre, par ce moyen ils fe conferveront & porteront beaucoup pluftot, que fi on attendoit à les replanter au temps des Tulipes portantes, auquel temps il s'en trouveroit beaucoup de fletris & même plufieurs de morts. On les peut laiffer deux ans en terre fans les lever mais il faut bien cercler & tenir vos planches nettes.

Il eft certain que les cayeux conferveront la même nature de l'Oignon qui les a engendrés fans degenerer.

CHAPITRE IX.

Qu'il eft neceffaire de lever tous les ans les Tulipes.

C'Eft une neceffité abfoluë de lever tous les ans les Tulipes, ce qui fe fait environ à la fin de Iuin ou au commencement de Iuillet, lors qu'aprés avoir porté leurs fleurs, elles ont laiffé fecher leurs tiges, non feulement pour plufieurs, inconvenients qui pourroient arriver à l'oignon, tant par pourriture que par d'autres accidens, mais encore à caufe que naturellement l'oignon de plufieurs Tulipes s'enfonce & coule dans la terre, en forte que qui les laifferoit plufieurs années fans les lever, il en perdroit beaucoup fans doute, & puis comme l'oignon s'en porte beaucoup mieux, c'eft une chofe neceffaire. Joignés à cela, que toutes les plantes & particulierement les Tulipes, fe perdent ou degenerent par la négligence de ceux qui les cultivent, étant certain que fi cette fleur n'eft transplantée tous les ans avec grand foin & dans la faifon, fes perfections diminuent & la fleur perd beaucoup de fon luftre & de fa beauté, au lieu qu'en les replantant tous les ans, trouvans une terre nouvellement labourée & bien varetée à trois ou quatre tours, cela aide beaucoup à leur embelliffement.

CHAPITRE X.

Des Maladies des Tulipes & de leur remede.

Maladies
des Tuli-
pes.

COmmençant par les Tulipes qu'on éleve de grain, les oignons étans encore petits & foibles, n'ont ni la force ni la vigueur pour refister aux accidens qui leur peuvent arriver, foit par la rigueur du froid ou par l'excés de chaleur, qui fans doute en font perir plufieurs, par l'alteration qu'ils leur caufent, c'eft pourquoi ayant à remedier à ce defaut, il faut avoir foin de les conferver durant l'Hyver avec des aix ou des nattes, pour les preferver des plus fortes gelées, des neiges & des verglas, & même du Soleil de l'Hyver qui tue autant que les plus rigoureufes froidures.

Le gouvernement des petits Cayeux fe doit faire de même, car en ayant une planche ou deux, qui font comme une pepiniere, il faut les couvrir avec le même foin, pour les preferver de femblables accidens.

On remarque qu'au commencement de l'Hyver, il leur furvient une maladie qui eft contagieufe, & leur arrive lors que l'oignon pouffant fes feüilles hors de terre, il entre des eaux froides qui coulent entre leurs peaux & defcendans jufqu'au cœur, les font pourrir, ce qui fe voit par une couleur rougeâtre, mais blafarde qui paroît au bout des feüilles, en forte qu'en les tirant elles quittent l'oignon, & font paroître la pourriture qu'il a jufqu'au cœur; & cette maladie eft fi maligne qu'elle infecte toutes les autres.   Pour remedier à cela il fera bon de lever l'oignon avec un déplantoir, tel que celui des melons, afin qu'en les tirant avec fa terre cette pefte ne paffe pas plus avant & n'infecte pas le refte: Ou bien faire une tranchée autour de la largeur de demi pied & de 10 à 12. pouces de profondeur, afin que celle qui eft déja gâtée ne gâte pas celles qui font faines.

Le mal que la rigueur du froid ou l'excés des chaleurs a aporté à nos Tulipes, paroit auffi dans le temps qu'on les leve de terre, car alors on trouve les petits Cayeux dépoüillés de leur peau, ce qui eft une marque d'alteration & de foibleffe, qui leur caufe un détachement qui les fait perir.

Pour remedier à ce mal, il faut fi-tôt qu'on les aura levées, prendre les Cayeux, ou même les meres, s'il s'en rencontre, & les mettre incontinent dans le fable, ou en terre en quelque lieu à l'ombre, afin de les conferver par une agréable fraîcheur & fi l'excés des chaleurs étoit fi violent qu'elles defféchaffent par trop, pour lors il les faudroit arrofer legérement, & continuer ce gouvernement avec jugement & avec prudence jufques au mois de Sept. qu'on les plantera ailleurs.

Le dépoüillement de la peau qui furvient aux Tulipes, procede de ce qu'on ne les plante pas affez avant en terre; & n'ayans pas toûjours la force de s'enfoncer eux mêmes, il arrive qu'ils groffiffent beaucoup & crévent leur peau qui eft affés tendre, & de là procédent les chancres, où s'engendre en fuite une gangréne qui les fait enfin mourir, mais fi-tôt qu'on s'aperçoit que ce chancre commence, il faut couper jufqu'au vif, & pourveu que le bas de l'oignon demeure encore entier, le remettant en terre, il fe peut garantir.

Si l'on ne tenoit pas les Tulipes couvertes durant les mois de Fevrier & de Mars, il leur pourroit encore furvenir plufieurs accidens par la rigueur des grêles, qui leur donneroit un mal qu'on apelle *tache de Mars*; qui eft une pourriture qui ataque leurs premieres feüilles à fleur de terre, ce qui leur eft caufé par des coups de grêle & par des froidures qui tombent fur elles, ce qu'apercevant il faut exactement ôter la pourriture, & pour cela dégrader & ôter de la terre jufques où on jugera neceffaire;

pour

pour pouvoir couper & racler jusques au vif le chancre que ce mal y pourroit causer : Car si on laissoit quelque temps le chancre croupir sur la Tulipe , il s'écouleroit jusques au cœur de l'oignon & le feroit mourir.

La principale marque de santé aux Tulipes, est lors que les tirant de terre, on trouve les oignons durs & leur peau d'une couleur rougeâtre tirant sur celle de châtagne, car cette couleur est celle que doivent avoir les oignons de Tulipes saines, que s'ils sont molasses & leur peau blâfarde ou noirâtre, sans doute il y aura de l'alteration.

Les plus célébres Curieux ont trouvé un moyen de conserver leurs Tulipes blessées & les oignons offencés immédiatement aprés qu'elles sont levées , ils les arrangent sur terre à l'ombre, comme s'ils les vouloient replanter, & laissent seulement un travers de doigt de distance entr'elles : Alors ils reprennent leurs forces & leur point de perfection.

Mais parce que quelques animaux , comme Mulots, Limaçons ou autres les pourroient endommager, ils ont une équarrie de bois, de la grandeur du lieu où sont les Tulipes malades & de hauteur d'environ quatre pouces, où l'on fait au dessus un treillis de fil de fer, dont les trous sont étroits, afin qu'étans enfermés dans cette machine, tels animaux n'y puissent passer pour les endommager.

CHAPITRE XI.

Liste de plusieurs noms de Tulipes, avec la quantité & distinction de leurs couleurs.

A

L'*Agate d'Ast*, Rouge , pourpre, rose séche, & blanc.

L'*Agate Amirale*, gris de lin, hamette rouge vif & blanc.

L'*Agate Armand*, gris de lin sale, Colombin & blanc.

L'*Agate d'Arquelaine*, colombin obscur, colombin clair & blanc.

L'*Agate Royale*, n'a que trois couleurs, mais parfaitement distinctes & separées les unes des autres, elle a *un pourpre clair avec du rouge, qui s'étendent en panaches dans beaucoup de blanc.* C'est une des belles Tulipes du temps.

L'*Agate Brosset*, rouge fort enfoncé, colombin clair, & blanc d'entrée.

L'*Agate Brillet*, colombin, & blanc ,*printaniere.*

L'*Agate Brabansonne*, Rouge obscur, Colombin clair & blanc obscur.

L'*Agate Brune*, rouge sur brun & colombin clair.

L'*Agate Chapelle*, rouge colombin & blãc

L'*Agate Coste*, gris de lin chargé, rouge vif & blanc de satin.

L'*Agathe de Cointe*, Colombin obscur, colombin clair & blanc terni.

L'*Agathe Chon*, Colombin, minime & couleur de Citron terni.

L'*Agate Castelain*, Colombin, Rouge pâle & blanc.

L'*Agate dentelée*, a du colombin chargé de rouge avec du blanc.

L'*Agate du Dru*, Couleur de rose mélé d'incarnat. Colombin, couleur de citron & blanc terni.

L'*Agate Datte*, gris lavandé & pourpre cramoisi.

Agate d'Epine, blanc de laict tachetée de rouge cramoisi clair.

L'*Agate Ferrans*, pourpre enfoncé, couleur du Vice-Roy & peu de blanc.

L'*Agate Frioul*, gris de lin enfumé, tristamin & couleur de citron broüillé.

L'*Agate Guerin*, Füeille morte & blanc.

L'*Agate Gobolet*, Rouge cramoisi, colombin, blanc & jaune.

L'*Agate Goblin*, est ornée de cinq couleurs, sçavoir *d'incarnat, rouge, jaune & lacque, chargé de chamois.*

L'*Agate Gorie*, Rouge sang de bœuf & blanc.

L'*Aga-*

L'*Agate Govion*, Rouge obſcur, colombin & Citron.

L'*Agate la deſerte*, colombin & peu de blanc, *printaniere*.

L'*Agate liante*, Amarante & blanc, non d'entrée.

L'*Agate Lionnoiſe*, Couleur de brique colombin & blanc, le tout broüillé.

L'*Agate Lorney*, Colombin & blanc *non d'entrée*

L'*Agate Minime*, a quatre couleurs aſſez diſtinctes, qui ſont *gris de lin*, *jaune*, *amarante*, *& du rouge*.

L'*Agate Monſieur de Chartres*, Colombin obſcur, gris lavande & blanc.

L'*Agate Magnin*, Colombin obſcur, mélé d'un colombin clair & blanc.

L'*Agate de Marc*, Gris cendré, gris violet & peu de blanc.

L'*Agate Mole*, Colombin obſcur, Colombin clair & blanc.

L'*Agate Morin*, a du pourpre & gris ſale dans beaucoup de blanc.

L'*Agate Morad*, Colombin obſcur, gris lavandé & blanc.

L'*Agate Ochée*, Triſtamin, rouge & chamois.

L'*Agate la Piemande*, Gris de lin, colombin, rouge & blanc.

L'*Agate Proſerpine*, minime brûlé, jaune & citron terni.

L'*Agate Patin*, Couleur de roſe, Colombin & blanc, *non d'entrée*.

L'*Agate Picot*, Colombin obſcur, Colombin clair & blanc terni.

L'*Agate de Quibly*, Gris de lin, Colombin obſcur, colombin clair & blanc d'entrée.

L'*Agate Rouſſy*, Rouge brun, Colombin & blanc d'entrée.

L'*Agate Riviere*, rouge brulé, colombin obſcur & peu de blanc terni,

L'*Agate Robin*, a du pourpre, rouge & blanc, mais quoi qu'elle ayc les couleurs de L'*Agate Royale*, neanmoins elle eſt beaucoup differente, d'autant que l'Agate Royale a bien plus de blanc & les panaches ne ſont pas ſemblables.

L'*Agate Romaine*, eſt colombine avec un peu de la copie & du blanc.

L'*Agate Saint Marc*, eſt gris de lin, incarnat & blanc.

L'*Agate ſans pareille*, rouge cramoiſi, colombin & blanc d'entrée.

L'*Agate Saunier*, Gris de lin clair, Colombin & blanc d'entrée.

L'*Agate ſauvage*, violet, pourpre enfoncé & blanc.

L'*Agate du Vaſſeur*, eſt d'un gris violet, avec du blanc & un peu d'incarnat.

Adimon, eſt amarante, avec un peu de rouge & du blanc de laict.

Albertine, a de petits traits pourprés par menus panaches avec gris de lin clair & blanc.

Alidore, eſt de couleur de feu avec un gris de lin enfoncé, ſur chamois blanchiſſant.

Alquite, eſt panachée de jaune, & rouge.

Amarantine, eſt panachée de pourpre ſur du blanc.

Amarante, a un fond blanc ſur lequel s'étendent des panaches amarante.

Amarillis, roſe ſeche, pourpre enfoncé & blanc.

Ambriſe, eſt colombin, rouge & blanc.

Amiable, bl. de lait, rouge brun velouté.

Amiral d'Angleterre, rouge brun, colombin vif & blanc.

Amiral Caſtelin, eſt colomb. rouge pâle, & bl.

Amiral Chrétien, Colombin pâle, mélé d'un colombin obſcur & blanc d'entrée; *printanière*.

Amiral de Boiſſiere, rouge brun, colombin & blanc d'entrée.

Amiral de Delf, roſe rouge & blanc.

Amiral Fruy, gris lavandé, minime brûlé & blanc.

Amiral de France, pourpre obſcur, colombin clair & blanc, *non d'entrée*.

Amiral Fournier, triſtamain rouge, & jaune blanchiſſant.

Amiral d'Heverte, pourpre obſcur, violet clair & blanc d'entrée. *Printaniere*.

Amiral de Hollande rouge & blanc.

Amiral de Mars, rouge de ſang & blanc.

Amiral Poncet, fleur de lin, colombin & blanc d'entrée.

Ami-

Amiral Triverman, couleur de rose, colombin & blanc, *non d'entrée.*

Amiral Vallier, orange, couleur de rose, citron & blanc sale.

Amiral Villiers, pourpre colombin & blanc d'entrée.

Amiral de Vesnes, rouge triste, rose & chamois blanchissant.

Angloise, est d'un beau colombin, rouge & blanc.

Argentier, pourpre colombin & blanc. Printaniere.

Argus, couleur de feu, gris de lin & blanc de laict.

Auguste le grand, couleur de rose éclatante, & blanc, *non d'entrée.*

Auguste, Colombin, blanc & rouge.

B

Baloise, est de trois couleurs, rouge, colombin & blanc.

Barre, tient sur le rouge, colombin clair & blanc.

Beau Courroy, pourpre obscur violet clair & blanc terni.

Beaupré est rouge & blanc.

Belin ordinaire, rouge, Colombin & blanc

Belin Trelon, violet, peu de rouge & blanc.

Bellissime, couleur de pêcher, fleur de lin & blanc d'entrée.

Belle d'Anvers, gris de lin, pourpre & blanc.

Belle Helene, rouge enfoncé ou sang de bœuf & blanc d'entrée.

Belle Morine, rouge cramoisi & beaucoup de blanc d'entrée

Belle la Barre, a des couleurs de la Brabansonne, qui sont *pourpre, rouge & blanc*, mais il y a de la dificulté aux panaches.

Belle Perlée, incarnadin éclatant, & beaucoup de blanc d'entrée.

Bellincourt, est de couleur de feu & blanc de laict.

Bizarre du Cadet, feüille morte, rouge brûlé & jaune enfumé.

Bolhuert, incarnat & blanc.

Boulonnoise, rouge pâle & blanc.

Bourbourg, gris lavandé, colombin obscur, colombin clair & blanc.

Bourgoise, rouge vif tirant sur l'orangé & blanc.

Bosuel, est rouge de sang & jaune.

Brabansonne, est blanc de laict, pourpre & un peu de rouge.

Brandebourg, rouge pâle tirant sur le Colombin & blanc terni.

Brantion, nacarat & blanc.

Brantion Marin, rouge, colombin & blanc. *Printaniere.*

Bruxelles, rouge obscur, colombin clair & blanc.

Il y a encore *la beauté de Chartres*, Belle mignonne, belle Cailite, belle Tragene, belle mariniere, blanche printaniere, blanche tardive, Bordée & rebordée, Brantion de Boh. Brantion de l'Aublepine.

C

Cadette, pourpre & beaucoup de blanc.

Cesar, lacque chargé & beaucoup de blanc d'entrée.

Caillarde, colombin chamois, incarnat & jaune doré.

Caliste, pourpre & blanc.

Camusette, incarnat rougissant & blanc de laict.

Canelée, gris, incarnat, & jaune.

Canette, beau violet & blanc.

Catine, gris lavandé, incarnat & blanc.

Carlée, gris rougeâtre & chamois.

Carmelite, est jaune paille, & incarnat fort éclatant.

Carie c'est *la carlée*.

Cadenville, a un nom fort convenable à sa beauté puis qu'elle ne cede a nulle autre, en la forme de fleur, soit en l'agreable disposition & assortiment de ses couleurs, qui sont *un pourpre violet, avec peu de rouge, & beaucoup de blanc.*

Celeste, gris lavandé, un peu de rouge & blanc de laict.

Cermoise, incarnat tirant au colombin, avec du blanc de laict.

Chanceliere, violet & blanc.

Chamois, bordée d'écalarte.

Chartreuse gris de lin, peu de pourpre & blanc de laict d'entrée,

Chameau, rouge gris de lin & blanc.

Chinose, colombin grisâtre, rouge & chamois,

Citadelle, pourpre gris de lin & blanc.

Colombin & blanc à grand bord. Printaniere.

Colombin & blanc à grand bord. Tardive.

Columelle rose rouge blanche.

Concubine, colombin & blanc.

Couronne ardente, blanche & par les milieux de couleurs d'agriote *Printaniere*

Corinthie, Iaune doré, blanc & rouge.

Cupidon, violet d'Evesque, pourpre clair & blanc.

Curé printaniére, gris de lin fort pâle & blanc.

Curé Tardive, gris de lin fort pâle & blanc

Confidente, Couronne royale. Cardinale.

D

Dalepon, couleur de brique, le fond noir.

De Launoy, pourpre, gris de lin & blanc.

Dentelée, rouge pâle & blanc sale.

Devisée, blanc & rouge.

Diligente, rouge colombin & blanc de laict. *printaniere.*

Doblan, fiametre, & blanc. *printaniere.*

Dom Château, violet cramoisi, pourpre & blanc.

Dolincourt, pourpre, & blanc.

Dorade, rouge & chamois blanchissant.

Doramie, pourpre gorge de pigeon, & jaune blanchissant.

Dorilée, violet & blanc de laict.

Doriméne, lacque, violet & blanc.

Dorinde, colombin, rouge & jaune blanchissant.

Doris, est d'un blanc de laict, comme à piece emportée avec du rouge tres vif.

Drap d'or, d'argent, panaché. Printaniere.

Drap d'argent de Valencienne, Drap d'argent du Pasteur.

Drap d'argent du Berger.

Druide, rouge terni, colombin obscur, & blanc.

Ducale, est d'un beau rouge & blanc.

Du Chéne, pourpre, rouge & blanc.

Dulcinée est d'un blanc de laict & couleur de lacque.

Du Lesne, Lacque, blanc tres net & rouge.

Du Pont, colombin, rouge chargé avec du jaune blanchissant.

Du Poussin, Duc à grand bord. Printaniere. Duc à grand bord. Tardive, Duc à petit bord. Tardive Dom Federic. Dom Jerôme, Dom François. Dom Pedre, De Clermont De Malines Dróleße.

E

Elisée, a du pourpre violet & blanc dés son entrée.

Erimante, rouge feüille morte & jaune.

Eristie, est pourpre & blanc.

Esperance, tristamin, rouge & jaune.

Estampe, colombin, blanc & incarnat.

Estoilée, a presque les couleurs de la *Dorillée,* qui sont un beau violet & blanc.

Eufrasque, rouge & blanc de satin.

Eugéne, rouge brun & blanc.

Euristée, colombin mélé de blanc & de fin panache.

Eusébe, Colombin, rouge & chamois.

F

Faustine, est d'un colombin rougeâtre & blanc satiné sur un fond bleu & est fort bien panachée.

Felicité, rouge mort, & jaune bordé d'un filet rouge.

Fenix, se panache d'un beau rouge brun, sur un blanc de satin.

Feüille d'Esdine est d'un beau nacarat & rouge brun.

Filandre a ses panaches tres fins, d'un beau pourpre sur du blanc.

Flamboyante colombin & blanc.

Flamboyante blanche, est panachée d'un beau rouge brun sur du blanc,

Flamboyante Colombine, est d'un beau colombin & blanc.

Flamboyante Maximis, minime brûlé, feüille-morte & citron, le tout broüillé.

Flamboyante du sautier, rouge & jaune fort vif.

Flamboyante de Tuder, rouge & jaune reguliere.

Flamboyante de Tunis, rouge & jaune broüillé, tirant sur la couleur de citron.

Fleurdelisée, couleur de rose, tirant sur le colombin & blanc.

Fleu-

Fleuricourt, a les panaches d'un beau pourpre sur un beau blanc de laict.

Fleurimont, est d'un haut pourpre & blanc.

Fleurisete, gris, incarnat & chamois.

Florentine, colombin clair & beaucoup de blanc.

Forte à connoitre, rouge & blanc.

Frangée, chamois blanchissant & rouge brun.

Frere André, rouge obscur mélé de blanc. *Printaniere.*

Frère Claude, couleur de rose, rouge & bleuë, le tout broüillé.

Frere Jean, couleur de lacque vif & blanc.

Frigienne, est panachée d'un beau rouge d'écarlate sur un blanc de laict.

Fronteval, est rouge, couleur de rose & blanc.

G

Galatée est panachée d'une Isabelle, blanchissant, avec du jaune doré.

Geande, colombin rouge & blanc, & n'est gueres fautive.

Geant, couleur d'agriote, tirant sur le colombin & blanc terni.

General Gouda, est un incarnat fort éclatant & blanc.

General Picot, est d'un blanc de laict, panaché d'un beau pourpre.

Genevoise, colombin obscur, colombin clair & blanc.

Genoise, tristamin rougeâtre & jaune.

Gentille, colombin changeant & chamois.

Gentilly, est rouge, fiametre & blanc.

Glorieuse, est une belle Tulipe & a pour couleur une Isabelle qui tire un peu sur le jaune & un rouge doré.

Grande Brabançone, rouge cramoisi, colombin & blanc non d'entrée.

Grand Cornard, rouge tirant sur le colombin & jaune citron.

Grand étendard, tane, rose & jaune blanchissant.

Grisée, incarnat & blanc. *Printaniere.*

Grise Orientale ou *Agathe Orientale*, est d'un beau gris de lin & lacque obscure.

Grise Orientale seconde, gris de lin & lacque obscure & blanc.

H

Hazard Dru, incarnadin, couleur de rose, nacarat, colombin & blanc d'entrée.

Hazard Robin., rouge cramoisi & blanc.

Hazard Robin 2. colombin, gris de lin & blanc.

Helene est de couleur fort aprochante de la *Geande*, savoir, rouge, colombin & blanc.

Heliodore, est de quatre couleurs assez distinctes, savoir orangé, jaune gris de lin & rouge.

Hercan est panaché d'un rouge brun avec chamois, qui blanchit en deux ou trois jours.

Herculée est panachée d'un rouge de sang & de blanc de laict.

I

Jacobée, est rouge, brun & chamois blanchissant.

Jaspe Angloise, est tristamin & rouge & jaune blanchissant.

Jaspin Harlan est tristamin couvert, semé de larmes rouges.

Jaspe Merceau, gris lavandé, colombin & blanc.

Jaspe premiere est rouge mort & chamois

Jaspée Ravascot, rouge pâle, gris de lin & blanc.

Jaspe S. Iean, colombin minime & blanc.

Jaspée Truder, est tristamin, rouge mort & jaune blanchissant.

Jean Le Fevre, rouge & jaune.

Iean Gueret, est d'un beau violet & blanc.

Ignace, rouge mort sur fond chamois, est tres fin panaché.

Imperiale, est d'un pourpre brun, un peu de rouge & blanc de laict.

Infante, Isabelle foüettée de blanc.

Iolicourt, couleur de tuile, & Iaune.

Iosephe, Isabelle rougeâtre, panachée de Jaune, avec un peu de rouge.

Iris est tristamin, rouge & Jaune.

Juline colombin, blanc & gris.

Justine est panachée de deux rouges sur le fond de satin.

L

Lactance eft de couleur fumet, blanc &
rouge.

La Blin eft de beau violet feparé d'un
blanc naiffant par un peu de rouge.

La Ducheffe a les couleurs de la *Branban-
fonne*, mais elles font differemment
afforties & font blanc, pourpre & rouge.

L'Amie ou *Agathe Perruchot*, eft gris de
lin & blanc par mêmes Panaches.

Lapponie, colombin blanc & rouge.

Larmoye, gris de lin & blanc de larmes

Leandre, colombin rouge & chamois.

Lindot, rouge brun & blanc.

Lionne, incarnat, rouge & blanc.

Lifa, rouge, orangé, & jaune par mémes
panaches.

Livie ou *Livia* a de fort jolis panaches
violets fur du blanc.

L'œuf de Pâques, rouge enfoncé & blanc
d'entrée.

Lucque eft panaché de gris de lin fur un
beau blanc,

Lyante, amarante tirant fur le violet &
blanc.

Lypy, rouge brûlé & jaune terni.

M

Marbrée de Bôtre eft un gris de lin mou-
vant, un beau rouge & relevé d'un incarnadin fort éclatant.

Marbrée Grenier, rouge, colombin &
blanc.

Marbrée faint Germain, gris mourant, incarnat & rouge.

Maniffiere a un rouge ferme, un peu de
rouge couvert, & un tres beau blanc &
bien net.

Marquife, rouge, rofe feche, & jaune blan-
chiffant.

Mayence entre en fleur incarnatte & chamois, puis elle fait paroître du colombin & du rouge.

Meridionelle, pourpre couleur d'Evéque
& blanc non d'entrée, *printaniére*.

Melidor, eft panachée d'incarnat fur du
blanc.

Melinde a pour couleurs un beau pourpre
rouge tres vif & un beau blanc de
laiét.

Meliffée, couleur de rofe, incarnat &
blanc.

Mercure, rouge incarnat & chamois.

Merveille d'Amfterdam, gris de lin, couleur forte & vive & blanc.

Merveille de Camp, colombin, couleur
d'agriote & blanc. *Printaniére.*

Merveille de Harlem, colombin obfcur &
colombin clair temps.

Meftre de Camp, colombin, couleur d'a-
griote & blanc.   *Printaniére.*

Morillon d'Anapes eft un chamois blan-
chiffant, fur lequel eft un incarnat bien
mélangé.

Morillon d'Aquin, couleur d'agriote claire & blanc.

Morillon Brun, eft d'un beau rouge brun
& blanc.

Morillon Brun Robin, rouge d'agriote &
blanc.

Morillon des champs, couleur de grenade
blanc.

Morillon chirat, incarnat tirant fur la couleur de rofe & blanc.

Morillon Cloutier, eft panaché d'un beau
nacarat & incarnadin fur du blanc.

Morillon Dru, couleur de grenade, jaune,
citron & blanc.

Morillon Dry, incarnadin tirant fur la couleur de rofe, & blanc non d'en-
trée.

Morillon de Fleurs, incarnat & beaucoup
de blanc.

Morillon de Flien, gris lavandé, colombin obfcur, colombin clair & blanc.

Morillon Jacquet, couleur de rofe & blanc

Morillon Madame, rouge & blanc non
d'entrée.

Morillon Medional, rouge cramoifi, colombin & blanc.

Morillon Nacarat eft nacarat & blanc,

Morillon parfait, rouge cramoifi & blanc.

Morillon pafcal, colombin obfcur tirant
fur le rouge & blanc.

Morillon picard, rouge tirant fur l'incarnat & beaucoup de blanc.

Morillon Rofin, couleur d'agriote claire.

tirant fur l'orangé & blanc.

Morillon fang de bœuf, rouge cramoifi obfcur, & blanc non d'entrée.

Morillon Studer, couleur rofe obfcure &
beaucoup de blanc.

Morillon fur brun, rouge cramoifi, fang
de bœuf & blanc fort vif.

Morillon furperlatif Dit *le petit Augufte,* incarnadin & beaucoup de blanc non
d'entrée.

Morillon Tournay, violet obfcur, colombin
obfcur & peu de blanc.

Morillon Ziret, rouge, couleur de rofe
& citron terni.

Morine, a un incarnat chargé affez beau
& bien panaché, fur un beau blanc
d'entrée.

Morinette, incarnat vif & blanc.

Montfort a fes panaches d'un gris de lin
chargé & mélé de rouge fur un beau
blanc.

Monftereulle eft panachée d'un cramoifi
vif, fur beaucoup de blanc.

Monftre fimple eft ainfi nommée pour la
grandeur de fa fleur, elle eft rouge, &
jaune, comme d'un drap d'or.

Monftre double, eft une Tulipe qui fatis-
fait peu, dautant que fa fleur, vient
rarement en perfection; elle eft fort
double & a plus de cent ou cent &
vingt feüilles & a pour couleur, rouge,
orangé & jaune.

Moulette, orangé tirant fur la brique &
blanc, eft *printaniere.*

N.

Nantoife, eft d'un gris de lin chargé &
mélé de rouge qui fe panachent affez
bien fur du blanc.

Nevers a les mêmes couleurs que la *Nantoife,* mais elle a fes figures & panaches
diferentes, fes couleurs font gris de lin
rouge & blanc.

Nicée rouge fur fond blanc fatiné.

Noiron a un rouge fang de bœuf & colombin, chargé fur du chamois.

Noirtis eft rouge, gris de lin & blanc.

Nouvelle de Hollande, blanche & picottée
de pourpre clair.

Tome III.

O

Oculus, a un beau rouge brun fur du blanc
de laiét.

Olinde a de menues panaches de rouge &
incarnadin fur le bord des feüilles qui
font blanches.

Olympe eft mélée de chamois avec une
couleur de gorge de pigeon fur du
blanc.

Ondée, cette Tulipe eft admirable principalement à caufe de fes feüilles qui font
d'une belle largeur, du même vert des
feüilles d'œillets, toutes bien godron-
nées & environnées d'une bande auffi
blanche que des lys, fa fleur eft toute
blanche.

Opale eft de quatre couleurs, colombin
chargé, jaune doré, rouge & blanc.

Orientale Morin, eft de trois couleurs di-
ftinétes, gris de lin, blanc & pourpre.

Ourlée eft d'un beau rouge fur du blanc

Ourlée reétifiée, rouge brun tirant fur le
cramoifi & beaucoup de blanc d'entrée.

P

Palamede, colombin; rouge & blanc, fa
fleur eft ample & s'éleve affez haut de
terre.

Palas, pourpre & blanc.

Paltot Cadons, rouge obfcur & jaune.
Printaniere.

Paltot de trois couleurs, colombin pâle, couleur de foutre, & rouge.

Paltot enfumé, minime, feüille-morte, le
tout broüillé.

Paltot Laydane, rouge brûlé, citron, couleur de fuif, le tout broüillé.

Paltot Ledanus, rouge tres vif & jaune
clair. *Printaniere.*

Paltot Pluton, rouge brûlé & jaune.

Paltot Quetor, minime brûle, feüille morte claire, le tout broüillé.

Paltot Robin, fautif.

Paltot S. Iofeph, rouge & jaune. *Printaniere.*

Paltot Saint Paul, rouge tirant fur l'incarnat & jaune de foufre.

Paltot Saint Philibert, couleur de rofe obfcure, rouge & citron broüillé.

Paltot S. Pierre, rouge enfumé, colombin

S

&

& jaune citron broüillé.

Paltot Tenebreux, rouge brûlé & jaune tirant sur le chamois.

Panachée d'Arras, pourpre clair, violet & blanc. *Printaniere.*

Panachée de l'Aube, rose, rouge & blanc non d'entrée.

Panachée de Caën, rouge éclatant & blanc à grandes panaches

Panachée de lief, rouge brun tirant sur le colombin & blanc.

Panachée de Paris, est d'un rouge fort éclatant, avec un beau blanc d'entrée.

Panachée Robert, incarnat & blanc non d'entrée.

Panfilie porte un beau gris de lin bordé de pourpre, panachée de blanc de laict à grandes pieces, comme apliquées.

Papillone a ses panaches tres fins & a les mêmes couleurs que la *Galatée*, qui sont Isabelle jaunissant, & rouge doré, mais les figures sont diferentes.

Parangon d'Acoste, pourpre, rouge cramoisi gris & blanc.

Parangon S. Maudé, incarnat & blanc.

Parangon Viltons, rouge tirant sur le colombin & blanc vif.

Passe Citadelle, est d'un beau gris de lin, pourpre & blanc, & les couleurs sont beaucoup plus vives que *la Citadelle.*

Passe Rosée, rose & blanche.

Passe Tuloise, colombin clair, colombin obscur & blanc sale.

Passe Zablon est d'un beau pourpre violet & blanc.

Paysane, rouge sang de bœuf, colombin & blanc.

Peintre, colombin vif & blanc. *printaniere.*

Pensée ou *belle Pensée*, est de couleur de pensée avec du blanc de laict.

Periandre, tres beau paltot, est panaché rouge brun, avec du jaune doré.

Petit Alexandre, colombin clair & blanc d'entrée.

Petit Auguste, fiametre, incarnadin vif & blanc d'entrée, *fort tardif.*

Petit Suisse, rouge, brun & jaune.

Picarde est panachée de rouge & un peu de gris de lin sur du blanc.

Plumerolle, est rouge mort & chamois.

Pommée, incarnat & blanc

Prevostale d'Abbeville est colombin, incarnat chargé & sale.

Presidente couleur de rose tirant sur l'Incarnat & blanc d'entrée.

Pretenduë est bien panachée d'un beau lacque sur du blanc.

Princesse, incarnadin, feüille morte, couleur de citron & blanc non d'entrée.

Proserpine est rouge, chamois & jaune doré.

Pucelle Nichon, rouge d'écarlate, colombin & blanc, non d'entrée.

Q

Quirinus, rouge velouté, colombin & blanc de laict.

Quatricolor, a quatre couleurs qui sont *couleur de feu, colombin chargé, chamois & blanc sale* ou *jaunissant.*

R

Ramonneuse, colombin obscur, colombin clair, & peu de blanc.

Raphaële, rouge, orangé & jaune.

Ravennoise num. 1. *Chapelle*, rouge, colombin & blanc.

Raymonde est blanche & rouge.

Recrocedée est panachée de colombin sur du blanc.

Reguliere, colombin clair, rouge & beaucoup de blanc.

Reine, amarante, pourpre & blanc d'entrée, tirant sur la Robinette.

Richemont a de belles panaches de gris de lin & rouge sur du blanc.

Richeval, est tres richement panaché de violet lané sur du blanc.

Robine, amarante, & peu de blanc.

Robinette, amarante, rouge, pourpre & blanche non d'entrée.

Rochefort, rouge, Isabelle & gris

Rosée, est couleur de rose, incarnat & blanc sale.

S

Sabine, est panachée d'un beau gris sur du blanc.

Satinée est d'un tres beau blanc de Satin, sur lequel elle se panache de rouge.

Savoyarde est d'un Isabelle couvert, rouge mort & jaune.

Scipion, rouge vif, & jaune blanchissant.

Seigneur, rouge clair, & chamois blanchissant.

Sergent, jaune & rouge, *fort tardif.*

Solimene, est de petite stature & ses couleurs font un beau pourpre & blanc.

Specieuse est d'un beau pourpre violet avec panaches blanches, & les étamines d'un bleu si brun & si enfoncé, qu'elles paroissent noires.

Specieuse d'Huard, pourpre, rouge clair colombin & blanc. *Printaniere.*

Suisse du Château, rouge brun & jaune pâle.

Suisse de Portugal, rouge brun, peu de colombin & blanc terni.

Sultane, rouge brûlé, gris lavante, obscur & blanc.

T

Tamise est panachée de pourpre, violet & blanc.

Tautre, rose seche, couleur de rose & blanc

Tarante est blanche panachée de rouge.

Tenebreuse, est une espece de Paltot panachée de rouge & de jaune.

Toûjours belle, est contente à ne point changer, & ses couleurs de blanc naissant & rouge pâle, ne diminuent jamais depuis sa naissance jusqu'à sa mort.

Travesti, gris lavandé pâle, rouge obscur & blanc, le tout broüillé.

Tuilloise, colombin, rouge & blanc.

Tulipe de Candie, colombin clair, fait sa fleur en forme de Colchique Troyene.

V

Valée est d'un beau pourpre sur du blanc.

Veuve commune, rose seche & blanche,

Veuve de vignes est pourpre brun, rose seche & blanc.

Venitienne, rouge en ses panaches, sur un beau chamois blanchissant.

Venus ou Ciprine, couleur de soufre, colombin vif & rouge.

Vernois, colombin clair, couleur de rose, & blanc terni.

Viceroi, pourpre violet & beaucoup de blanc.

Virginie, est panachée d'incarnadin sur du blanc, avec des pieces détachées qui semblent des gouttes de sang.

Ville neufve, rouge terni, colombin & blanc.

Villemarets, violet clair, peu de pourpre & blanc tres vif.

Vigni, Colombin clair, rouge & jaune.

Unique d'Ablin est panachée d'un beau pourpre violet d'un rouge éclatant sur de beau blanc.

Unique de Caën, est panachée à grands panaches d'un rouge éclatant sur de beau blanc.

Unique de Delphe est d'un beau violet & blanc, partagé par un peu de rouge.

Z

Zamet, colombin tirant sur la couleur de rose, chamois & rouge clair.

Zaiblon commun, violet commun, peu de rouge & de blanc.

Zaiblon rectifié, violet, pourpre & blanc de laict.

Zilane a de grandes panaches violet d'Evêque bordées de couleur de feu sur un beau blanc.

Zurandale commune a ses panaches rouges distinctement separées d'avec du blanc sur lequel elles s'étendent.

Zurandale rectifiée, rouge clair & beaucoup de blanc non d'entrée.

Zurandale de Goa, colombin & blanc.

De la *Violete double*

La violette double qu'on cultive dans les jardins est semblable à celle qui vient d'elle même dans les champs, sinon que celle-cy est simple, & que celle là est double, & tantôt blanche, tantôt rouge, & tantôt violet & de plusieurs autres couleurs : Elle court en terre & talle l'une comme l'autre.

S 2

Elle

Elle veut du Soleil médiocrement, la terre bonne & forte : on l'arrose dans les tems, elle se conserve mieux dans les pots qu'en pleine terre, parce que l'Hyver on la peut serrer. Comme elle ne graine point on la détale & on en replante separément les tailles.

De la Violette en Pyramide.

Elle s'apelle aussi *Violette Arborée*, Elle éleve une ou plusieurs tiges, qui depuis le pied jusques à la cime se chargent d'une quantité de petits boutons en forme d'une longue pyramide. Ses boutons, qui sont longuets & cannelés, s'élargissans sont comme autantde petites étoiles bleües, du milieu desquelles il s'éleve un petit filet blanchâtre : Ces fleurs sentent comme le storax ; cette plante doit être considerée, parce que par fois plus de six mois durant elle est en fleur.

Elle veut avoir du Soleil mediocrement, une bonne terre forte, il faut l'arroser abondamment : Elle ne graine point mais on la multiplie par le moyen des racines qui sont pleines de laict, on les rompt en morceau, elles reprennent, s'élévent & portent les fleurs.

F I N.

TRAITÉ